新亞洲佛教史中文版總序

弘揚漢傳佛教，從根本提昇漢傳佛教研究的品質與水準，一直是本所創辦人念茲在茲的心願。這是一場恆久持續的考驗，雖然中華佛學研究所自知能力有限，但仍然願意傾注所有心力，結合海內外的先進與同志，共同攜手為此一目標奮進。

在佛教學術研究的領域，日本學術界的成果一直受到全世界的肯定與注目。「新亞洲佛教史」此一系列研究是日本佛教學界近年來最大規模的結集，十五冊的規模，動員超過兩百位菁英學者，從耆宿到新銳，幾乎網羅無遺，可以說是當今日本佛教學界最具規模的成果展示當不為過矣。本套「新亞洲佛教史」系列海納萬有，概而言之，其重要性約有數端：

（一）「新亞洲佛教史」雖然以印度、中國、日本三大部分為主，但也兼顧中亞、東南亞、越南、韓國等不同地區，涵蓋南傳、漢傳、藏傳等不同的佛教傳統；處理時段從佛陀出世迄於今日。就目前同性質的著作之中，處理時間之長遠，空間之寬闊，迄今尚未有出於其右者。

（二）傳統佛教史的寫作總是詳古略今，無法充分呈現佛教演變的歷史面貌。此次

「新亞洲佛教史」對於近世以降佛教演變的軌跡著意甚深，可謂鉅細靡遺。

（三）傳統佛教史大多集中於思想概念以及政治關係的描述，此次「新亞洲佛教史」在可能的範圍內，嘗試兼顧語言、民俗、文學、藝術、考古學等文化脈絡，開展出各種認識佛法的不同可能性。

職是之由，「新亞洲佛教史」不僅是時間意義上，更重要的意義是一種研究範式的建立。中華佛學研究所取得佼成出版社正式授權，嘗試將日本佛教研究最新系列研究成果介紹給漢語文化圈。其間受到各方協助，特別是青山學院大學陳繼東教授居中聯繫，其功厥偉。同時也要感謝佼成出版社充分授權與協助，讓漢語文化圈的讀者得以接觸這套精心策畫的研究成果。透過高水準學術研究作品的譯介，借鏡世界各國佛教研究者的智慧，讓漢傳佛教研究的境界與視野更高更遠，這是中華佛學研究所責無旁貸的使命，以及未來持續努力的目標。

釋果鏡

中華佛學研究所所長

序言

一切生命皆面對著「生老病死」的命運輪迴，人類創造的歷史、文化現象也無法脫離發展、成長、延續、衰亡的循環。從這個角度縱觀宋代之後的佛教史發展，將其視為傳承或衰亡期，自有一番道理。然而，這樣的看法是否正確？

凝然（一二四〇—一三二一）所撰的《三國佛法傳通緣起》（一三一一年），是日本首次出現內容涵蓋印、中、日三國的佛教通史，時至今日，此書對於提供佛教史基本架構，依然具有舉足輕重的影響力。然而，若從闡論宗派成立史，或以教理為中心的日本佛教成立史的研究來看，此書仍有幾項缺點。

首先，《三國佛法傳通緣起》幾乎未曾提及宋代以後的中國佛教史。從凝然的狀況來說，他身處的時代相當於中國南宋遞嬗為元朝之際，因屬同一時代而力有未逮，可說無可厚非。真正的問題在於，日本直至近代為止，對中國佛教史的研究依然沿襲這樣的角度。若從「對日本產生何種影響」的觀點來看，所謂中國佛教式的或中國文化東傳的佛教文化，確實似乎都集中於隋唐時期。然而，這也是一種謬見。

第二項缺點是，從宗派成立史的角度來探討佛教史，導致研究焦點只著重於宗派人脈和基本教理的課題。宋代以後確實沒有新宗派成立，但不應就此將各宗派視為一成不變；事實上，它們應是順應時代而不斷求新求變的。

宋代形成朱子學等宋學（道學）思潮以此為指導原理，佛教在此趨勢下也絕非停滯。《大藏經》首次刊印、各宗派大部叢書陸續開版、僧制完善化、五山制度確立等發展，這些文物制度，隨著航海技術發達而陸續傳入了東瀛。宋代及其後的歷代佛教文化，對正值發展期的日本影響極為深遠。

中國版圖變化無定，自宋以後，歷代屢有異族強闖中原，每遇皇朝更迭之時，總是屢經破壞和創造。漢族形成的文化是貫通古今的基調特質，時而出現的對立與融合，則是理解現代中國的重要因素。儘管如此，宋代以後的中國佛教史，可說是由宋、元、明、清、加上近代中國總括形成的粗略史觀。

佛教因應各時代風氣，不斷豐富變化，概觀其發展，可發現元代是將統治階級蒙古族信奉的西藏佛教（喇嘛教）視為國家指導原理。西藏佛教在明、清時期深受帝室庇護，故能繼續維持其勢。

另一方面，傳統佛教在帝室崇抑政策下邁向隆盛期。基本上，元代對諸宗教採取寬容政策，儒、道得以共存，又因西方版圖幅員浩大，勢必涵蓋基督教和伊斯蘭教勢力，進而與儒、釋、道三教衍生出複雜關係。如此思想混淆形成的歷史深具意義，留下懸而未決的課題亦多。

其次，明朝立國後取代國祚較短的元朝，漢族得以復權，包括對元朝批判在內的各種回歸傳統的偏激運動趁勢興起，佛教因屬於外來宗教，自然備受冷落。這段壓抑時期反而讓佛教內部體制得以重建，新興的民眾佛教隨之勃興，而民眾佛教的盛行，也成為具體信仰型態的歷史課題。

隨後興起的清朝，是滿人（女真族）趁明朝內鬨之際征服中原、掌握霸權而建立的皇朝。清廷諸多制度沿襲前明，佛教在其統治下步入衰微，進入現代中國時期，又經歷毛澤東的徹底摧殘，之後再度復甦，發展出新的中國佛教。

本書以日本過去甚少理解的宋、元、明、清佛教做為探討課題，並集結各專家新發表的論述。此外，在特別論述方面，也收入中國佛教美術的最新研究成果。至於其他具有特色的課題，就以「專欄」方式，做點到為止的介紹。儘管仍有許多課題尚無法盡數網羅，筆者相信此書將可做為新研究領域的指針，充分發揮功能，並謹以此文代序，期盼能引發更多讀者進一步關注中國佛教並投入研究。

沖本克己

（編輯委員）

目錄

【第三章】民間佛教信仰的諸相　陳繼東

【第四章】中日交流史

西尾賢隆

年表／參考文獻

體例說明

一、本書（日文版）原則上使用現代假名，諸典籍引用則採用各作者的譯文及引用書寫方式。

二、（日文版）漢字標示原則上使用常用漢字，但依作者個人學術考量，經判斷認為需要使用正規表現字體之處，則遵照其表現方式。

三、主要人名、皇帝或國君在各章初次出現時，以括弧標明其生卒年或在位年代。若年份不明，以「未詳」表示。若有多種候補之說，則依各作者的學術考量與索引互作對照。年份無法確定者，則以「？」或「約」表示。例：玄奘（六〇二—六四），朱熹（朱子，一一三〇—一二〇〇）。

四、（日文版）書中的人名、地名、史蹟名、典籍名等，漢字假名之標音根據各作者的學術考量予以斟酌追加。

五、書中年號採用中國歷代皇朝使用的年號，括弧內以西元年份表示。例：洪武二十年（一三八七）。

六、書中的典籍名或經典名以《》表示，經典之品名以〈〉表示。此外，卷數標示依照各作者用法為準。例：《法華經》〈如來壽量品〉，《永覺禪師廣錄》卷三十。

七、佛典引用內容盡可能附加《大正新脩大藏經》記載的卷數及頁數。例：《佛說觀普賢菩薩行法經記》卷上（《大正藏》五十六卷二二七頁下）。

八、書中引文除了主要以「」表示之外，長文引用則與正文間隔一行、整段低二格的方式表示。此外，有關引用或參考論述則在句末的（）內附加研究者姓名與論述發表年份。例：（神田喜一郎　一九六九）。

第一章

宋代思想與文化

土田健次郎
早稻田大學文學學術院教授

第一節　宋代思想文化史素描

一、宋代思想史的定位

宋代在思想史上被視為一個轉捩點，原因是自古以來佛教雖主導思想界話題，在此時期卻將優勢拱手讓予儒家。佛教自東漢傳入中國後，從南北朝至隋、唐時期不斷引領思想界發展，此時儒家在經學領域自有拓展，形成許多可供思想史家探討的哲學議題，唯中唐時期的韓愈、李翱、柳宗元、劉禹錫、歐陽詹、皇甫湜等思想家就人性善惡或天人關係展開討論，卻未能成為思想界主流。

宋代以後，儒家在思想史記載中逐漸占有較多篇幅，道學（宋學）學派出現後，儒家居於主導的地位確立。

儘管如此，對於一般認為宋代以後儒家成為主流、佛教漸趨式微的說法，仍有人抱持反對意見，例如有人主張：中唐以後禪宗及淨土宗大為盛行，佛教信仰深入民間，以五山十剎為首的佛寺建構組織化，宋代以後反而是佛教隆盛的滲透期，這與日本學者欲將普遍認為儒家思想至尊的江戶時期重新定位為佛教興盛期的心態十分雷同。在江戶時期，日本百姓必須遵照寺請制度編入寺院檀家，儘管政府實施宗教控制，卻也是佛寺與社會關係最為緊密結合的時期。還有些意見積極主張佛教思想滲透於文藝、生活中，或強調佛教與幕府將軍家系的關係密不可分。此外，由於學僧累積了豐富的佛教研究，明治時期以後，佛教學者無論私下或公開皆善用這些研究。然而，關於江戶思想史的描述雖可列舉澤庵、盤珪、白隱、淺原才一等人，主軸卻仍是儒家或國學系統的思想家，因此，若稱此時為佛教興盛期，未免過於牽強。

中國的宋、明時期亦是名僧輩出，如宋代有佛日契嵩、圜悟克勤、大慧宗杲、宏智正覺，明代有蕅益智旭、雲棲袾宏、憨山德清等為代表。然而，這些佛學人士在與儒家交流中顯示不出重要性，或因缺乏超越固有宗派及創立新宗的創造性，因而與知名儒者相形遜色。許多耳熟能詳的宗派在宋代已經停止發展，相對的，儒家以朱子學、陽明學為代表，陸續出現諸多學派，甚至被冠上專有名詞。換言之，在思想創造層面上，佛教的優勢已逐漸由儒家所取代。

此時象徵儒家全盛的學問就是「道學」。「道學」有幾種不同名稱，例如「宋學」或「理學」等；之所以有「宋學」之稱，當然源自於從外在掌握宋朝的時代特質。此思想產生之後逐漸成長，在形成一大學派的過程中，一般稱為「道學」，本章亦採用「道學」之稱。

長久以來，許多人認為道學深受佛教影響，例如道學的關鍵字是「理」，尤其是道學的集大成者朱熹（朱子，一一三〇——一二〇〇）將「理」與「氣」這兩個概念視為思想基礎，它們或源自華嚴教學的「理」與「事」，而道學家常用的「體」與「用」，亦出自佛教的「體」與「用」。筆者在本章中將重新探討過去的相關論點，再從道學如何受佛教影響的角度來進行思考。

本章是《新亞洲佛教史（八）——宋元明清》書中的論文之一，基於對此主題的考量，本文標題雖是「宋代思想與文化」，但並非只是對宋代的思想、文化史的平鋪直敘，而是著重於道學與佛教之間的關係，難免在道學方面著墨較多，也因為筆者希望對宋代思想與文化能做一概述，因而不得不在道學部分增添說明的篇幅。

二、北宋前期

有關宋朝揭開新官僚社會序幕的課題，自內藤湖南以來即有各種論述發表（如內藤的《中國近代史》，弘文堂書房，一九四七）。支撐這種官僚制度的科舉，相當於現今日本採用高級公務員的甄試制度。科舉必須歷經地方、中央考試、皇帝殿試，故而衍生出慘烈的科考煉獄。根據內藤的說法，南北朝及隋、唐時期堪稱是貴族時代，以身分世襲為原則，透過科舉這種規律考試制度整備之後，前朝的身分世襲制必然難以延續，最後，由皇帝直轄的官僚成為社會核心，自然從中世的貴族社會轉變為近世的官僚社會。高官子弟縱然在任官制度中獲得皇恩庇蔭，但若無法取得科舉功名，社會評價難免低落。如同清水茂指出，人們將女兒許配給登科者，藉由姻親關係而逐漸擴大個人權益（清水茂〈北宋名人の姻戚關係——晏殊と歐陽脩をめぐる人人〉，《東洋史研究》，二〇—三，一九六一），尤其值得關注的是，當時逐漸出現由一般家族邁向大家族的趨勢。多年前曾有學者主張家族集團是從原始共同體逐漸轉型為大家族，再進而縮小為核心家族，如此逐步規模縮小化是必然的歷程。然而，自宋代以後，家族規模愈趨擴大，進而包容家族在內的宗族意識亦成為被強調的課題（先驅研究可參考牧野巽《近世中國宗族研究》，日光書院，一九四九）。南宋以後，大家族深植於中國各地，士大夫家族在各地延續發展，家族成員欲透過考取功名在中央政權謀得一官半職。家族成員愈多，登科者在一族中產生的比例愈高。倘若只看科舉這道至難關卡，原本無法將大家族或宗族功能如此單純化，但其所享之權益，卻超越了只限一代子孫考取功名的不穩定性，確實可透過擴充家族規模，求取家族在地方穩定紮根的永久傳承。

中國自宋代發展至清代，堪稱是科舉社會，科舉的確具有重大的時代意義。士大夫紛紛對科舉懷有強烈企圖心，意味著科舉的影響不僅限於考試制度。受科舉牽絆生活的，除了登科者外，還有更多落第者或預備投考者（近藤一成《宋代中國科舉社會の研究》，汲古書院，二〇〇九）。北宋時期包括落第者在內，廣義的「士」（士大夫）具有一種連帶意識，朝廷更有所謂「不殺大臣及言事官」的家規（余英時《朱熹的歷史世界》，允晨文化實業股份有限公司，二〇〇三），北宋宰相幾乎不曾遭處死，縱然失勢亦能保住性命，故而不易貪戀政權，產生較多短期政權。這種慣例維持至南宋時期終於瓦解，出現了長期政權及宰相遭處決的例子。總之，北宋士大夫之間雖有摩擦，但與其他時代相較之下顯然較為寬容，可讓士大夫徹底發揮己見。即使議論縝密程度有別，當時士大夫的豐富想像力委實令人歎為觀止。

在士（士大夫）階層的基礎下，則有大量民眾存在。就本質來看，士大夫與民眾的界限，在於是否能以某種形式與科舉產生關係（原本無意參與科舉、必須應試而早有所準備者亦包括在內），或與科舉根本無法產生關係。科考的應試資格因時而異，若從世界史角度來看，在這個屬於前近代的時間點上，這種資格開放的情形相當罕見。部分民眾的晉升仕途之道逐漸寬敞，士文化滲透民眾階層的機會隨之增加。

五代時期因印刷術改良，對科舉發展有推波助瀾之效。印刷書籍大量生產，導致讀書人口劇增，出版業在商業經營下穩定發展。出版業者因應讀者需求，大量出版科考用書和娛樂著作，促使投考讀書機會急遽擴大，加速滲入文化底層。宋代至清代的社會由「士」與「民」構成，科考資格雖未徹底開放，卻還不至於只為特定身分人士而設，兩者可相互滲透影響。士大夫階層擴大後，孕育形成了士大夫文化，渴望追求更高階級地位或對文化覺醒的一般民眾，紛紛受其影響。「科舉社會」這個稱呼，是不僅包括士（士大夫）也包含了民眾在內的社會整體。

科舉制度直到北宋第二任皇帝太宗（九七六—九七在位）時期才發展完備，至第四任皇帝仁宗（一〇二二—六三在位）時，才真正顯現成效。宋代的思想與文化，是身為官僚或即將成為官僚的士大夫自我實踐的思想和文化，而仁宗時期則可說是此種文化的起點及定位時期。

在進一步探討仁宗時期之前，筆者想先簡單說明宋朝開國皇帝至第三任皇帝——亦即太祖（九六〇—七六在位）、太宗、真宗（九九七—一〇二二在位）時期——的文化。簡單來說，這是以重新復興唐代為目標而發展的文化。

首先從佛教方面來看，太祖、太宗時期屢次招聘僧侶，或派遣留學生遠赴印度和西域，這是由於意識到唐代由玄奘（六〇二—六四）等僧侶推行的取經成就的緣故。唐代設有翻經院，宋代設了譯經院；唐太宗撰有《三藏聖教序》，宋太宗則撰寫了《新譯三藏聖教序》。《大藏經》的編輯方式亦效法唐代，藉由五代時期改良的印刷術開版藏經，因而為人所熟知（牧田諦亮《民眾の佛教——宋から現代まで》，中村元、笠原一男等編《アジア佛教史　中國編II》，佼成出版社，一九七六）。

道教也有相同的趨勢。以道教經典的編輯為例，唐代編有《三洞瓊綱》，宋代則有《大宋天宮寶藏》。唐朝歷帝與老子（李耳）同姓，故尊老子為始祖，宋真宗在位時因宗室為趙姓，故而創造了趙玄朗為道教神明降世之說。

儒家情況亦然。唐代有國家制定的標準註釋《正義》（《註疏》），北宋則重新編撰了四部《註疏》，與唐代編撰的九經合併，儒家十三部經疏就此完備，即世稱的《十三經註疏》。

除思想之外，在文學方面，唐代尊崇刻意修辭雕飾的駢文，北宋初期亦是如此。當時尊尚唐風之詩，繼承晚唐李商隱詩風的楊億（九七四－一〇二〇）編撰的《西昆酬唱集》等即為代表。

無論如何，唐代與北宋初期當然有所不同，兩朝皇帝治世也有若干差異，但概括而言，北宋自太祖、太宗至真宗，基本上是以追求唐文化為典範。宋朝王室推動這樣的文化政策，以加強其對大唐文化承先啟後的形象。

三、北宋中期、後期

然而，北宋中期之後，這種情況逐漸出現了變化。

這個思想的轉捩點，正是范仲淹（九八九－一〇五二）於仁宗慶曆年間推行的新政運動，亦稱為「慶曆新政」。這項運動發生在慶曆年間，由范仲淹等新興官僚群起對抗長期掌握朝政的實權者，進而動搖士大夫理念，迫使推行新政策。這群改革者素有「慶曆士人」（或稱慶曆士大夫）之稱，推出儒家思想做為個人立論依據，欲克服面臨的社會基礎薄弱和人際關係的疏離。

范仲淹的改革對象，就是培育或錄用官僚的教育設施（太學）與考試制度（科舉），其中尤其重視教育的改革，因為想培育出理想的官僚，必須先探討何謂官僚。范仲淹聘請「宋初三先生」——胡瑗（安定，九九三—一〇五九）、孫復（明復，九九二—一〇五七）、石介（徂徠，一〇〇五—四五）執教於太學。胡瑗以提倡「明體適用」的教育方針而知名，對經書學習（體）、實務知識（用）兩者並重，培育人才之際，要求應可堅持儒家理念，兼而因應實際行政的臨場能力，至於重新訴求的要點，則是儒家理念究竟為何。

當時，科舉應試以《正義》（《註疏》）為主流，但《正義》採用的是當時盛行的註釋及附加的新註，而不是從《正義》當中擷取一貫的理念。例如《易經》的《正義》採用深具道家要素的魏國玄學家王弼（二二六—四九）的註，以及東晉韓伯（韓康伯，四世紀）的註，《詩經》或與禮學相關的經書，採用的則是東漢儒學家鄭玄（一二七—二〇〇）的註，但這兩者在思想上原非一致。十三經是從漫長歲月中集結多元要素的典籍類群，雖大抵屬於儒典，但若嚴謹分析，其實並非透過一貫的理念彙集而成。若想從多部經書中汲取儒家理念，必須重新檢視原有註釋，甚至棄而不用，重新回歸經書原文，而不是將經書全盤視為一體；或者不惜摒棄部分典籍，凸顯可汲取自我理念的經書，從中發現足以流傳的儒家理念。因此，相對於既有的《正義》，另有稱為「新義」的經書新註問世，其始祖為劉敞（一〇一九—六八），著作為《七經小傳》，新義運動遂逐漸朝著改革派士大夫而發展。

這項新義運動不只是註釋學，更促進了積極回歸先儒所倡導的思想行為。當時除孔子、孟子、荀子外，深受矚目者還有漢代的董仲舒（前一七六？—前一〇四？）和楊雄（前五十三—十八）、隋代的王通（五八七—六一八）、唐代的韓愈（七六八—八二四）等人，尤其多將孟子、楊雄、王通、韓愈四人相提並論。

筆者腦海中浮現的例子，就是中唐時期勢力漸增的古文運動，這不僅是文學運動，更是標榜古代儒家思想重生的思想運動。韓愈等人在中唐積極推行古文運動，此後古文家雖未成主流，卻有部分人士具有中央官僚資歷，只是多處於在野立場。倒是韓愈素以批判佛教聞名，同時又留下與大顛禪師交流的事蹟，這是由於佛教與其關心的問題意識相符所致。韓愈等古文家試圖在佛、儒共同的論述場域凸顯儒家的優勢地位，故而只能接受與佛教接觸的宿命。另一方面，自唐代至五代的道教領域中，出現部分以一般士大夫為讀者對象的著作，其思想同樣與古文家關心的課題相符，身處在野立場即可接觸相關信息。例如成書於西元八八七年的《無能子》、上溯至肅宗（七五六—六二在位）時期的張志和《玄真子外篇》、撰寫年代不明的張孤《素履子》，甚至《關尹子》、《化書》等皆為代表。其中《素履子》可說更偏向儒家系統，《化書》等著作則深具儒家要素。

宋初古文家同樣積極關心思想，仁宗慶曆時期之前的古文家大抵帶有強烈不滿分子色彩，其思想難以通達中央。朝廷中央的文教政策既效法唐代文化，古文家與唐末時期的前賢同樣甘於在野立場，當時的柳開（九四七—一〇〇〇）或穆修（九七九—一〇三二）即是典型的代表人物。

如前所述，古文家雖具官僚資歷，但若以古文家身分表現或活動，卻只能處於在野地位。這種情況直到仁宗的慶曆新政後才幡然一變。慶曆士人對於在野古文思想產生共鳴，欲在中央實踐古文精神。

當時在重新檢討慶曆中央官僚的價值為何，以及支持官僚的儒家理念為何的情勢下，各地陸續出現新思想家呼應潮流，進而稱名於世。昔日與中央背道而馳的在野士人，就此邁向中央主流之道。

前文曾說過，「道學」是宋代思想的一大特色，周敦頤（濂溪，一〇一七—七三）則有「道學開祖」之稱。稱周敦頤為道學之祖是名實不符的，少時師事周敦頤的程顥（明道，一〇三二—八五）、程頤（伊川，一〇三三—一一〇七）兄弟（亦稱「二程子」）才是實質上的道學之祖。至於周敦頤屬於何種性質的思想家？其特質就是與宋初古文家有所關聯。周敦頤與將佛、道思想雜糅吸收的宋初古文家相同，留下「無」的思想殘渣。道學繼承古文家的問題意識，卻拂拭古文家因主張「無」而不得不困居在野立場的思想要素，徹底提出「理」這個屬於「有」次元的原理，提示朝、野雙方皆能獲得共識的思想。在此必須補充說明：道學界當初對周敦頤的評價不高，真正將周推崇為道學之祖的人物，就是道學集大成者朱熹。在程顥、程頤的時代，道學尚未成熟為完整的學派，二程與親戚張載（橫渠，一〇二〇—七七），以及同在洛陽活動的邵雍（康節，一〇一一—七七）等個別講學，仍處於透過血緣或地緣相互交流的階段。這群思想家由於思想的親近感而縮短了彼此間的距離，筆者將他們的類聚稱為「初期道學」。

程頤是初期道學的代表人物，曾入太學受教於胡瑗。胡瑗並未考取功名，身分相當於今日的地方公務員，但因范仲淹推舉而在太學執教，並受到廣泛支持。胡瑗曾以孔子的弟子顏回好學為何做為考題，對程頤的論答（〈顏子所好何學論〉）大為驚歎，更舉薦其擔任學職。程頤少時奉父之命，與其兄程顥一同拜學於周敦頤，從周敦頤處體會了顏回所好之學在於聖人之道，而此課題的重要性，在於顏回與至聖孔子最為親近，且能不求功名利祿。換言之，顏回與官銜位階無關，從純粹發自於內心崇高這點來看，已臻聖賢境界。對眾人而言，顏回才是提昇內在層次、足以接近聖人理想的象徵性存在。程頤繼承周敦頤的思想，在培育官吏的場域太學中，以系統化方式呈現這種思想架構。胡瑗則從程頤的見解中，吸收了或許可用來提示中央官僚的存在意義及行動原理的思想基礎。周敦頤的立場是主張官吏應恪盡職責，在心理層面維持在野精神，保持心靈高潔，追求接近聖人之道；程頤則更進一步指出，中央官僚只需謹守職責，與至聖境界並無矛盾之處。此後，眾人無分社會地位高下，只需提昇內在即可成聖，程頤將此思想以「理」的思想架構漸求體系化。士大夫歷經各種官職，時而沉寂於在野立場。就此層面來說，官僚生活並不安定，愈是直接面對這些課題，愈為理想與現實的差距感到迷惘。在此情況下，無論身處何種地位，皆不失官僚應有之矜持，兼而滿足自我內心浮現對完美內在的欲求。程頤提出的上述思想，逐漸成為吸引士大夫的重要課題。

慶曆之後，歷經波折的慶曆士人終於獲得主流地位，在身為改革派的士大夫脈絡中確立了共通的論述，也就是「天人關係論」與「性說」。這兩者皆是自古儒家立論的重要哲學依據，因再度重生而備受爭議。這種原理主義的變動，勢必在古文家之間蘊釀發展。

天人關係論在天人合一與天人分離之間衍生了許多論述；性說則更廣泛探討了性善說（孟子）、性惡說（荀子）、性善惡混說（楊雄）、性三品說（韓愈）。有關性說，必須補充說明：中國性說在探討人性與善惡的關係論時，探討的並非內心分析究竟可精密至何種程度。性說在漢代幾乎具足一切類型，宋代則將性三品說歸為韓愈之見，繼而秉承此思想，提倡性無善惡說（儘管此說早已見於漢代）。

慶曆士人將天人或性等問題視為共同課題，進而衍生連帶意識，歐陽修（一〇〇七—七二）正是引領這股潮流的意見領袖。他否認自古認同的《易經》中的「十翼」為孔子所撰之說，為此撰寫了《易童子問》，並以人情為基軸來詮釋詩經，著有《詩本義》，堪稱是代表「新義」的著述。歐陽修提出的論點乍看十分極端，基本上卻重新檢討了歷來的普遍觀點，強烈關注究竟該如何構築士大夫之間的共同理念。然而，隨著慶曆士人流派勢力漸增，彼此思想歧異也逐漸明顯，終於慢慢發展成黨爭。

所謂黨爭，指的是朋黨之爭。慶曆士人一致團結，與保守派勢力競逐高下，遭保守派指為朋黨。歐陽修在〈朋黨論〉中批駁保守派，表示小人之朋不可取，君子之朋則為必要。如此不以探討朋黨是非為首要目標、更注重朋黨實質問題的論述方式，在改革派中持續發展，讓朋黨之爭益顯白熱化。宋神宗（一〇六七—八五在位）憂心士大夫黨爭造成衝突枱面化，託求王安石（一〇二一—八六）倡導「一道德」，王安石進而發動了改革。

王安石不僅是銳意革新的政治改革家，更兼具思想家和文學家身分。後世將其思想定位為與道學完全對立，然而如前述歷史背景所說，他其實同樣出身改革派。王安石迄今仍被稱為法律至上主義者，但令人意外的是他曾述及應如何致力於道學對心性分析的「性命之理」。縱然僅是片面之評，王安石提出的問題意識卻承自慶曆士人，就此層面來說，他與道學系出同源。

王安石確實以制度為重，此傾向可從主要著作《周禮義》（一般稱為《周官新義》）窺知一二，故被視為制度及法律至上主義。事實上，王安石並非徹底漠視心性問題，反而能充分理解外境對個人心性的影響。人性可孕育善念，卻無法就此實踐善行；本性是與生俱來、屬於自我無法任意操控或賦予的特質。相對而言，環境反而可獲得改善，整頓環境最具成效的方式就是整頓制度。換言之，王安石藉由推行理想制度，期待眾人在環境影響下，將本性蘊涵的道德付諸實踐。他致力於文字學研究，撰成《字說》一書，不僅出於對學問的好奇，更在根柢中蘊涵強烈的思想冀求，期盼能藉由對文字的共同理解，促使經書詮釋化零為整，以防意識型態分歧。

王安石陸續推行青苗法、募役法等劃時代的政策，稱之為「新法」。青苗法，是將原本由地主以高利貸款給農民的方式轉由國家貸款於農民，而為求制度安定實施，即使是低利貸款卻能創收利息，故而招致司馬光（一〇一九—八六）等舊法派的強烈反對，以國家豈能營商興利為由而竭力抨擊。王安石舉出《周禮》記載利息可取加以反駁，當時正值天災為禍，反對派便以自古天人相關論為根據，舉出天災始於政亂的說法進行攻訐。王安石則提出主張，認為人若能完成己身營為即可，藉此否定天人相關論，雙方議論最終未有交集，原本期待由王安石整合士大夫意見，最後卻引發了激烈的黨爭。儘管如此，王安石因受神宗庇護，方能一展長才，士大夫對皇帝的存在意義，自此重新有了自覺。因此，王安石失勢後，復權的舊法派在教育方面窮盡心血，只為培育幼帝哲宗（一〇八五—一一〇〇在位），而當時聘用的教師，正是初期道學家程頤。此時，程頤又與文學史巨擘兼政治家與思想家的蘇軾（東坡，一〇三六—一一〇一）形成對立，黨爭持續發展，無有止盡。

慶曆年間呈現的宋代特色，除思想之外，更遍及所有文化範疇。就詩而言，從宋初的仿唐傾向轉為宋代風格的展現，例如，宋詩具有理性、日常性、連帶意識、哲學性、論理性等特質（吉川幸次郎《宋詩概說》，岩波書店，一九六二），這些特質因過於符合宋代的普遍形象，反而在論述中反映出預期的宋代形象。例如，符合士大夫所好的杜甫（七一二—七〇），從慶曆年間開始，其評價逐漸高昇。而談論文學，不可不提蘇軾。當時的皇帝對蘇軾的奏書寄予厚望，蘇軾縱使飽受批判，其文采之高，仍令人讚佩不已。蘇軾友人中知名詩人輩出，黃庭堅（山谷，一〇四五—一一〇五）尤以書法家而享有盛名，與蘇軾同樣對日後宋代文人形象建構有重要貢獻。日本常有的「蘇、黃、蔡、米」之稱，即指蘇軾、黃庭堅、蔡襄（一〇一二—六七）、米芾（一〇五一—一一〇七），亦成為北宋的風雅表徵。其他如梅堯臣（一〇〇二—六〇）、王安石等，則以詩人身分獲得美譽。

蘇軾受推崇為文人之祖，文人架構自宋代起逐漸穩定，「雅」與「俗」的概念與文人架構產生關聯，故成為探討課題。自宋代起，「雅」是文人的必備條件，至於相對概念的

「俗」，未必就是否定之意（吉川幸次郎，〈「俗」の歷史〉，《東方學報（京都）》十二—四，一九四二），只因與「雅」對照而成為貶辭，如同以石蕊試紙測試般，將文人特質設定為「雅——俗」的對照方式而逐漸定型。

顯然，此時詩文由於為文人增添素養厚度而深受尊崇，並進而延伸至書法、繪畫，偶爾也涵蓋了音樂。「琴、棋、書、畫」成為文人嗜趣的代表，逐漸定型。例如，在繪畫方面，除了以畫院為主的職業畫家作品外，文人畫領域漸趨活絡，蘇軾身為最早的文人體現者，其作品已臻於最高境界，工詩文、通書畫的印象，長久以來深植人心。

所謂的文人理念，是將士大夫理念拓展為多重層面。士大夫除了擔任政治家或官僚等既有生存方式外，還需具備科舉必須的經書、詩文等造詣基礎，即使未能及第，只要追求「道」（即儒者），標榜「雅」（即文人），就此開啟自我美化之道。如此一來，士大夫無論置身中央或地方，皆可發揮各自的士大夫特性。

此外，文人生活文化也擴及養生領域，逐漸與道教修練方法結合。文人好禪，相對而言又能兼具儒學造詣，如此多方學養並存，與其說雜然不純，有時卻可說是廣域的修習。

至於宗教方面，隨著中央朝廷逐漸吸收在野思想活動，士大夫對佛教的需求亦有所變化。除了退隱者執著於佛教外，佛教由於能為政治家或中央官僚帶來精神上的安定，因而備受期待。北宋初期，佛教教理書和史書以卷帙浩繁為特色，此後重點逐漸轉為直接影響士大夫心性的心法。北宋佛教在佛教史領域引發的問題除了禪宗、淨土宗外，就是所謂的「趙宋天台山家山外論爭」等教理論爭。一般士大夫鮮少關心此類論爭，反而不拘泥於任何宗派，純粹接受佛教的心法層面，尤其禪宗極為關注心性，最易引起士大夫關注。

提到宋代，往往令人聯想起青瓷或白瓷等瓷器，那鮮少華麗圖案或紋樣、四平八穩的風格，可說如實呈現了朱子學時代的形上之美。岡田武彥指出，宋代呈現的時代相，在底蘊中與此種美感有共通之處（岡田武彥《宋明哲學序說》，文言社，一九七七）。總體而言，宋代是慣常使用這類器物的時代。在繪畫當中，同樣亦可發現這種堪稱崇高意趣的特質。宋代山水畫登峰造極，郭熙（十一世紀）撰有畫論《林泉高致》傳世，享有中國美術史上最崇高的畫家之譽，其作品〈早春圖〉堪稱是山水畫之極致。郭熙的其他真蹟雖已散逸，卻對李成等五代至北宋的知名畫家影響甚遠，尤其是繼李成之後的范寬（十世紀末至十一世紀初）創作的山水畫，觀者皆為其磅礴之氣所震懾，許道寧、米友仁等人的畫作則蘊涵獨特意境。

從這些美術作品中，自然可感受到形而上的時代印象。不過，許多觀念認為，藉由朱子學開花結果的道學不僅屬於形上學領域，更形成中國思想史上最優秀的思辯哲學時代。或許受到這種先入為主的觀念影響，儘管明瞭如今備受珍視的作品在當時僅是少數，不應就此妄下定論，但事實上，學者在評論之際，仍難免受到道學的影響。

四、南宋

王安石的影響力持續至北宋末年。南宋初期，金朝勢力南下，趙宋王朝僅保有南方半片江山，道學在此時逐步拓展勢力，程頤、程顥的門生楊時（龜山，一〇五三—一一三五）等道學家，紛紛自我定位為批判王安石的新銳思想家。換言之，就是藉由製造「王學」與「道學」的對立模式，來增進道學方面的社會認知。

所謂王安石學派，原指採用王安石的經書解釋與政策，或是留在政界繼承新法派人脈的人士，換言之，這些人物皆以中央官僚界做為活動據點。相對的，道學家在各地從事講學，其中有部分晉升為中央官僚，道學本體則繼續在地方深耕，保有身為學派的持續性，這是與王學最大的差異所在。南宋以後，包括首都開封在內的北半部江山由金人所據，相對之下，扎根於南方的道學地位更為顯著。在此時期，士大夫已從志在中央任官轉而朝地方發展，此一變遷，對以地方為基礎發展的道學學派十分有利。

道學的集大成者是朱熹（朱子，一一三〇—一二〇〇），其論爭對手代表則是陸九淵（象山，一一三九—九三），以及陳亮（龍川，一一四三—九四）。這三人在當時往往被認為已涵蓋思想界的各種學說，但許多士大夫實際上對道學的問題意識漠不關心，或表示難以認同。不過就整體而言，此三人毋寧說是較接近道學。其中陸九淵甚至被視為道學家，而陳亮雖對朱熹提出批判，但批判的卻未必就是道學。極力關注心性的陸九淵，與重視政治、社會的陳亮，兩人看似立場截然相反，其實彼此頗為接近。朱熹、陸九淵、陳亮的關係並非一直線式的對立結構，反而可說是三足鼎立的型態。

比起陳亮，朱熹更在意陸九淵，原因是朱熹對道學漸朝陸九淵的思想發展產生了危機意識。歷史的發展證明確實如此。朱、陸之間曾展開著名的「朱陸論爭」，兩人初晤的「鵝湖之會」，成為中國思想史上的重大論題。這場論爭是中國思想史中特別值得記載的事件，也是一場完美結合的純粹思想論辯，其中完全不含政策論等要素，雙方以道學的語言運用方式無限延續思想論爭。此論爭在後世更顯得意義非凡的原因，也與道學議論場域在士大夫社會中逐漸普及有關。

朱熹晚年遭受彈壓，這就是所謂的「慶元偽學之禁」。然而，到了第三代學派傳人出現後，朱子學深入朝廷，推動者為真德秀（一一七八—一二三五）和魏了翁（一一七八—一二三七），據說當時皇帝理宗（一二二四—六四在位）的諡號為「理」，就是為了庇護朱子學。

朱熹對同有道學淵源的儒學諸派皆懷有強烈的抗衡意識，不久，又對佛教——尤其是禪宗——漸生戒心。南宋以後，臨濟宗出現重要的傳承者——大慧宗杲（一〇八九—一一六三）。大慧自北宋末期活躍至南宋初期，是推行打坐和參究公案問題的公案禪之集大成者，對士大夫深具影響力。據說公案本為提示萬人皆具佛性的邏輯式問答（小川隆《臨濟錄——禪の語錄のことばと思想》，岩波書店，二〇〇八），公案禪就是以非邏輯式的窮究思考，藉由打破邏輯性或單以價值觀評論表象的理解方式，讓心底湧現的佛性自然流露。在此同時，曹洞宗系則有宏智正覺（一〇九一—一一五七）積極推廣無念無想的坐禪法門。大慧流稱為「看話禪」，宏智正覺流則稱為「默照禪」，兩者佛性皆顯露於日常，深浸社會之中，不斷因應士大夫在各自場域中以活動為原本目的之意向。例如，大慧宗杲是宋代的代表禪僧，撰有致士大夫及其妻室的書信集《大慧書》，信中顯示大慧欲解決士大夫心中問題意識時所顯現的強烈意志，以及士大夫視大慧為精神依託的心境。

相對於南宋時期，統治淮河以北的女真王朝金朝在文化層面十分尊崇蘇軾詩文，尤值一提的是新道教運動的產生，其中的代表教派為王重陽（一一一二—七〇）所創的全真教，兼採儒、佛要素，不斷擴展勢力，漸成為道教主流。至於南宋，則以白玉蟾（一一九四—一二二八）等道士為代表。

蒙古勢力強盛後消滅金朝，進而滅南宋，成立蒙古族所創建的元朝。元政府起初漠視儒家，後來重新落實科舉制度，並以朱子學為基礎，朱子學形同國教，這項權威一直維持至清朝覆滅為止。

南宋詩人輩出，擁有可觀作品遺世的陸游（放翁，一一二五—一二〇九）是朱熹的莫逆之交，素以愛國詩人而馳名於世。說起宋代，不可輕忘的是以五代南唐君主李煜（九三七—七八）為銜接點、自北宋起即隆盛不衰的「詞」文化。詞是可譜曲的歌詞，深具敘情性。宋詩的特徵在於描寫日常和敘事性，相較之下，若說宋詞的敘情性是將敘事、敘情渾然一體的唐詩分化為二的表現，亦不為過。

第二節　道學登場

一、朱子學登場

（一）何謂朱子學派

如前文所述，以後世的角度來看，「道學」可說是宋代思想史上特別值得關注的事件。道學有許多名稱，諸如宋學、理學、性理學、程朱學、濂洛關閩之學等，在東亞全域廣泛發展為普遍的思想。中國至唐代為止、朝鮮自高麗時期為止、日本至室町時代為止，佛教在三國思想史上居於主軸，但此後無論是宋、元、明、清時期，或朝鮮王朝（李朝）及江戶時期，皆以儒家為重，道學成為核心思想。換言之，道學取代了昔日佛教在東亞固有的普遍思想性格。

朱熹（朱子）是道學集大成者，思想體系稱為「朱子學」，此學派成為道學代名詞。不過，最重要的是朱子學原本為道學的學派之一。過去的思想史以「最後必然導向朱熹學說」為前提來敘述道學史；朱子學是道學諸多學派之一，因其完成度之高，且可精準順應士大夫的社會需求，最終獲得正統派地位。

朱熹將統一道學視為人生一大目標。道學淵源可溯至北宋時期，原本是由程顥、程頤兄弟，以及思想同型、有血親關係的張載，加上同在洛陽講學的邵雍彼此互動交流。張、邵離世之後，二程吸收其部分門生，形成體系完整的學派。程顥、程頤以自身學問才是真「道學」而自詡，無形中形成學派的專有名詞。換言之，在程頤去世後，以二程為源祖的程子學派的形成過程中，同時也形成了「道學」學派。

基於這個原因，二程被視為道學之祖，語錄也被視為經典而受尊崇，更透過書院講學集結成學派。如此一來，道學有如宗教集團般同時具有「教祖」、「經典」、「結社」三項要素，也因而在當時受到攻訐，被稱為「喫菜事魔」（此詞原用來批判新興宗教）。此外，道學家身著儒服，此類衣裝特色獨具，也予人一種脫離日常的結社形象。

朱熹極為推崇二程之師周敦頤。如前所述，程顥、程頤雖受學於周敦頤，卻未曾推崇其師，二程的嫡傳弟子同樣對周不予高評，但對朱熹而言，周敦頤是絕對有必要之存在，原因是在道學中必須採取周敦頤在《太極圖說》中提出的觀點。《太極圖說》的篇幅不長，內容闡述宇宙自「無極」、「太極」而生陰陽、生五行、生萬物的過程，以及人心本具德行的宇宙基本法則。其中，周敦頤將「無極」與「太極」詮釋為「一元氣」，朱熹則將兩者牽強解釋為「理」，與「氣」的陰陽、五行加以對比，藉此奠定個人「理氣論」的基礎。此外，《太極圖說》中從未出現「理」字。常有人說，程頤開理氣論之先河，其思想是闡述「理」與「物」的關係論，卻尚未明確提示理氣論。至於朱熹則將程頤所言之「物」重新詮釋為「氣」，並徹底發展理氣論。由此可見，二程學說中不曾出現密緻且體系化的宇宙生成論，朱熹卻在此領域投入大量心血發揮議論，因此必須在道學之內引經據典，說明「理」與「氣」的宇宙生成及構造，《太極圖說》正成為雀屏中選之作。

前文提過，道學是以二程為源祖的程子學派，包含教祖、經典、結社三項要素。對朱熹而言，教祖既是二程，亦是周敦頤，問題則在於經典。當時二程語錄種類繁多，分別由其弟子或第三代學派傳人以不同語錄為依據，描繪二程之形象，完整彙集二程語錄成為勢在必行的課題。朱熹彙編語錄《程子遺書》、《程子外書》，提出個人對二程的理解觀點，又校訂二程文集和程頤主要著作《易傳》，意圖建構更精良的文本內容。

與朱熹同一時期的士大夫多受道學吸引，但勢力畢竟有限，又因道學家衣著獨特，時而令人誤以為是新興宗教，十分可疑。例如，朱熹晚年遭受彈壓時，有些門生甚至倉皇換下象徵朱子學派的儒服，佯裝與此學派毫無瓜葛。朱熹面臨如此窘境，試圖在士大夫社會中確立道學市民權，故而必須撰寫經書註釋。經書中備受重視的《論語》、《孟子》、《大學》、《中庸》四書，分別是孔子、孟子、曾子、子思的思想傳承。朱熹頗有自知之明，了解自身的主要著作正是為四書註釋的《四書集注》，臨終前仍孜孜不倦從事修訂。他在編撰過程中，首先完成以道學為主軸、闡釋《論語》和《孟子》解釋集成的著作《精義》，亦即《論語精義》和《孟子精義》，同時更撰寫《或問》，以調整道學內部對四書解釋不一的情況，亦即《論語或問》、《孟子或問》、《大學或問》、《中庸或問》。他的最終成果為《四書集注》，就是《論語集注》、《孟子集注》、《大學章句》、《中庸章句》。換言之，朱熹藉由修撰工作，彙整程子學派的四書解釋，並漸求統一。在此過程中，他以經書既有權威為依據，不僅試圖說服他者，亦追求自我明曉道學義理，兼而成為統一道學內部的重要環節。

朱熹試圖統一道學，為求在士大夫社會中獲得市民權而奉獻一生。朱熹辭世後，道學深入朝廷，在後繼的元朝成為國教。國教意味著將道學系統的經書解釋視為正統，朱熹的企圖終於得以落實。

（二）朱熹的思想

朱熹最著名的就是「理氣論」，此思想是將宇宙萬物萬象還原於「理」與「氣」這兩種概念。首先關於「氣」，李約瑟（Joseph Needham）將氣視為「物質＝能量」（《中國の科學と文明，第三卷思想史》下冊，思索社，一九七五年；原著一九五六）。根據李約瑟所述，西歐自近世以後才區分物質與能量，在此之前視兩者為一體。換言之，就是時而以物質、時而以能量來定義。「氣」同樣如此，時而以物質、時而以能量來說明。例如，若說人的血肉之軀是由氣而成，此時指的是物質，但若探討軀體的能量問題，指的則是能量。朱熹提出「廣義之氣」與「狹義之氣」的概念，若以公式化來表現，「廣義之氣」就是「狹義之氣」＋「質」。在此情況下，「質」是物質，「狹義之氣」是能量，軀體本身是「質」，軀體作用則是「狹義之氣」。

朱熹提出廣義、狹義的二重之氣，是由於氣的本質更偏向於能量，就是所謂的狹義之氣。所謂的氣，原本是一種說明作用或運動的概念。現實世界是充滿作用、運動的世界，氣就是說明此類現象。

朱熹提出氣有兩種作用，亦即「感應」與「消長」。所謂「感應」是指「感化」和「反應」，簡單來說是指作用。「消長」則是「衰退」與「成長」，就是指運動。例如：男女生子為感應，四季變化為消長。

朱熹也指出，「消長」亦是「感應」的型態之一。四季中的夏季是春「感」的對「應」。如此情況下，彼此並非相互關係，而是依時間軸存在，就是所謂的順時感應。無論如何，朱熹首先將此世界視為無限感應的空間。

「氣」為人所感知，屬於「形而下」。相對來看，「理」在單獨狀態下，是人無法感知其存在的，必須藉由氣來獲得確認，故屬於「形而上」。

與「氣」相對之下，所謂「理」是法則、秩序。例如投物，物體以拋物線方式飛出，眾人此時所見無非是氣而已，卻有明顯法則存在，此即為理。

物體呈靜止狀態、甚至無法預測有何作用或產生某種運動時，此物並不具有意義。當物體產生某種特定作用或運動，或是人們意識到它可引發這些功能時，此物的存在根據即可成立。例如朱熹稱四足為椅子之理（《朱子語類》九），當人們意識到某物具有四足、可安定而坐的功能時，此物具有椅子的意義，若缺乏此功能，此物就無法稱為椅子。若在世界中劃定一隅，當此地被意識為具有作用或運動、功能的場域時，此即是物，亦是氣。更進一步深入來看，即可確認此地具有作用、運動、功能的法則和秩序，此即為理。

此外，朱熹主張氣既是陰陽，亦是五行。過去亦有陰陽是一種關係概念的主張，換言之，物體是在與他者形成關係後才決定是陰或陽，並非自始就固定為陰或陽。試舉老翁為例，本身雖無陰陽之分，在與女性對比的關係中可稱為陽，而與少年對比則為陰。如同男女藉陰陽關係孕育生子般，在進入陰陽關係之際，容易產生諸多感應。

另一方面，五行本身即是素材。即使將金、木、水、火、土個別或互為對比，金、木、水、火、土的本質依然不變。例如人體是由五行構成（質），人體所具有的能量對外界或在體內進行各種反應作用，這就是「狹義之氣」，如此反應的法則或秩序則是理。

朱熹最關心的命題就是「心」。心為何物？即指人在氣之運行中最為「精爽」者（《朱子語類》卷五）。肉體對外界產生反應，此時核心在於心靈反應。人可實際感受自我心靈動向，「可實際感受」就是氣，屬於「形而下」，如此心靈動向可假設有法則存在，屬於「形而上」的理。《孟子》中有一名喻，當幼兒落井時，眾人皆生惻隱之心，此為仁道之體現。朱熹指出，心的動向本身即為氣。任何人面臨上述情況時，皆採取一定規律的驅動方式，其中具有法則的就是理。《孟子》將心之道德動向彙整為「四端之心」，根據朱熹說法，此皆為氣之動向。《孟子》提示之四端，乃是內心所具的仁義理智之顯現，朱熹則將仁義理智視為理。換言之，所謂的道德就是理。原本朱熹將「心」分為「情」和「性」，「情」是具體的心靈動向，「性」是存於其中之理，如此續承程頤「性即理」的主張。

人是小宇宙。眾人皆具頭圓足方的特徵，自古深信此為模擬宇宙「天圓地方」的形貌，原因在於人體既為小宇宙，內攝宇宙諸般作用，可說人體具備宇宙一切之理。正因為人是小宇宙，才具有適度因應外界大宇宙的各種狀況。換言之，人具有宇宙萬理，任何人皆可能成為聖人。

那麼，如何才能達到聖人境界？朱熹主張「格物」與「居敬」。所謂「格物」，就是窮究事物之理，中心思想為經學，可就此獲得儒家傳統的思想行為。至於「居敬」是常以心為專一對象，逐漸開啟內心本具的功能。窮究事物之理是對決定如何精確探索對象的方式，最終導向道德實踐。只是朱熹避免獨善思考，將經書視為外在權威依據並求取實踐，這些學問和修養的終極目標，將可獲得「豁然貫通」的覺悟，如此方能到達聖人境界。

朱熹思想中蘊涵的體系性，在中國思想史上可說史無前例，且涵蓋當時士大夫提出的一切問題領域。朱子學之後，甚至包括批判朱子學在內，幾乎可說所有思想家皆受其思想薰陶，筆者相信此種說法並無過言。

二、道學與佛教

（一）佛教對道學形成的貢獻

道學深受佛教影響已是常論，但在另一方面，有些主張認為此乃中國傳統思想的發展型態之一。筆者除了再次檢視這個問題，亦將探討一個基本問題——佛教以何種形式與儒家思想發展產生關聯。

以朱子學為代表的宋學（道學），以及以陽明學為代表的明學，兩者共通點在於將焦點集中於內心與外界的關係論。

無論宋學或明學，皆將成聖視為最大目的。所謂聖人，就是「不思而得」（《中庸》）、「心之所欲，不踰矩」（《論語》〈為政篇〉），換言之，就是無論外界給予任何影響，我心依然維持適切的反應。聖人因具有高潔純粹的心靈而為聖人，與本文後述的身分、地位尊卑等要件無關。朱子學提倡的理氣論發展宏大，亦是為成聖而存在。缺乏問題意識者所目睹的世界，充其量不過是充斥各種事物外象而已。一旦立志為聖者，就能強烈意識到世界的現實樣貌與本來樣貌之間的相互關係，這種關係可彙整為檢討對象，導入的概念就是「理」與「氣」。

陽明學亦主張聖人像是以心靈崇高而成為聖者，以及聖人是可藉由心來精確因應外界，這兩點與朱子學主張一致。

宋學（道學）、明學兩者的共通點在於：1.強調眾人皆可能達到最高存在之境界；2.最高存在與純粹心理狀態有關；3.心的本質可見於內心與外界之間的反應關係。筆者認為，這些共通點，正反映出佛教對宋學、明學影響最深。

（二）達到最高存在之可能性——佛與聖人

眾人皆可成聖的思想，讓人立即產生聯想的就是佛教的「悉皆成佛」，問題是中國古代性善說與「悉皆成佛」的關係為何。

湯用彤曾發表一篇簡短卻富啟發性的論文——〈謝靈運《辨宗論》書後〉（天津《大公報》十月二十三日《文史週刊》第二期，一九四六，收於《魏晉玄學論稿》，北京：人民出版社，一九五七），其中提到漢、魏以來針對聖人提出的問題是：1.聖是否可成；2.聖如何至。中國傳統思想認為既不可學聖亦不可至聖，印度傳統思想則相信既可學聖亦可至聖。聖人不可至不可學的思想在漢代已廣為流傳，玄學繼承了此思想脈絡。這兩大異說看似難以調和，東晉和南朝劉宋時期的謝靈運（三八五－四三三）卻在《辨宗論》中援引道生（竺道生，？－四三四）之論，將此二說折衷並提出新義。湯用彤根據此說彙整如下：1.聖人不可學不可至，此乃中國傳統；2.聖人可學可至，此乃印度傳統；3.聖人可學不可至，此說無理不能成立；4.聖人不可學但能至，此乃《辨宗論》述生公之新說。道生提倡的新說雖倡導萬人成佛，卻非經由累積學養的過程，而是頓時達到「頓悟」境界，故而主張「聖人不可學」。換言之，道生自印度思想中擷取聖人可至的理念，同時自中國吸取聖人不可學的理念，進而調和兩大異說。湯用彤認為，道生提出的概念與初期道學家程頤主張的眾人皆可成聖的思想有關，只是程頤認為有學方可成聖，此思想端倪可見於前文所述的〈顏子所好何學論〉。就湯用彤的說法，當時一般認為聖人可至卻不可學，程頤卻主張聖人可學，這也是為何胡瑗見程頤之文大感驚異的緣故。換言之，自道生以後，認為可成聖、成佛、成仙的思想逐漸普及化，這僅是成聖的必要手段的分歧而已。

戰國時期，《孟子》云：「舜人也，我亦人也。」（《孟子》〈離婁下〉）《荀子》則對於「學惡乎始？惡乎終？」之問的答覆為：「其義則始乎為士，終乎為聖人。」（《荀子》〈勸學篇〉）乍看此文，人人似乎可達聖人境界，但這些議論主張僅是為了強調人之本性蘊涵有可能接受儒家道德的能力，卻還不足以對心靈的完整性立下判斷。

所謂聖，原是指聰慧者，自春秋末期至戰國時期，聖亦包含聖王之意（吉川忠夫，《岩波講座　東洋思想十四　中國宗教思想二　真人と聖人》，岩波書店，一九九〇）。古代儒家文獻中可見聖人等同於聖王之例，但眾人無法皆成王者，只要採取這種聖人概念，眾人皆可成聖的思想應不存在。換言之，古代儒家雖將聖人視為修學實踐的最終目標，但有關人可至聖的議論課題此時仍未成為主流。若欲催化人可至聖的思想發酵，畢竟仍需要佛教思想刺激。

在此且多做一點說明。中國可說是接受佛教義理的精神土壤，其思想大致可分為「自然」與「作為」二派，以孟子為代表的思想家屬於前者，以荀子為代表的思想家則屬後者。前者主張人處於自然狀態方為理想，相對的，後者主張順其自然與禽獸無異，必須有所作為，以全人道。如此的區別，導致儒家在學派性格上與道家產生了根本的差異。老、莊等道家思想和孟子皆屬於前者，只不過，自然狀態究竟是讓道德價值無用化或極端明顯化，老、莊等道家思想和孟子等儒家思想之間也產生了分歧。換言之，自然派當中包含了有為自然派與無為自然派，儒家屬於前者，道家屬於後者。另一方面，荀子提出「性惡」的用語僅出現在〈性惡篇〉，對前引〈勸學篇〉中提示人可提昇道德的說法，荀子亦表認同。在此所謂的「作為派」，並非否定人天生具有道德能力，而是更強調人性的潛在危害，故而重視學習或環境的影響效果，亦即後天作為的意義。這點在本質上有別於基督教的原罪概念。嚴謹來說，其在構造上與自然派具有共同要素，但在觀點強調上卻產生極大的分歧。

這兩者之間，自然派逐漸居於主流。道學與此系譜連結；至於魏、晉玄學，則成為邁向道學發展的媒介思想，並因而形成問題。

探討玄學與道學關係的論述甚多，其中，島田虔次採取不應過於誇大佛教對道學影響的觀點，舉出郭象（？—三一二）、韓伯的言論，主張在其思想中已具有宋學（道學）的雛形（《朱子學と陽明學》，岩波新書，一九六七）。玄學式的思考方法確實極有可能對道學造成影響。

然而，筆者認為，玄學與道學並非直線式的影響關係。玄學中最接近道學的思想家是郭象，如前所述，湯用彤關注的課題是郭象在《莊子注》中雖主張以「名教」為末、以「自然」為本，卻顯現兩者不可分離的思想（〈魏晉思想的發展〉，收於《魏晉玄學論稿》，北京：人民出版社，一九五七）。郭象將有為自然的狀態視為理，在此範疇之內，堪稱是與道學思想同型。然而，北宋初期的道學家並未論及郭象；筆者認為，初期道學家關注的玄學家是王弼、韓伯。儘管這些道學家抨擊王弼、韓伯對《易經》的闡釋，卻仍認定道家無為自然的立場是「無」思想，並將自我主張視為「有」思想。換言之，面對無為自然之際，是將本身設為有為自然，將自我思想立場更鮮明化。這意味著不斷充分吸收重視自然的思想，成功彰顯有為意涵，程頤所撰的《易傳》即是代表著作之一。唐代編纂的《正義》（註疏），至北宋時期仍具權威。誠如前文所述，「新義」為此陸續出現不少富於思想性的註釋，程頤的著作《易傳》亦是其中之一。他們意識到的著作，在《易經》方面是《周易正義》，而《正義》正是採玄學家王弼、韓伯的註解。由於以上種種背景，道學是以批判角度攝取玄學思想的。

對人而言，完成理想自然狀態者為聖人，眾人內在皆蘊涵自然狀態，人人皆可至聖。尊重自然的立場，必然容易與悉皆成佛的思想結合。在佛教中，禪宗特別強調捨棄一切作為、成為自然狀態，就此意味來說，佛教亦屬於無為自然的類型。當藉由徹底成為無為自然而至佛境界的思想，逐漸傾向於有為自然，這種思想就會轉化為只要徹底遵循社會秩序就可成為聖人。所謂的最高存在，佛教中稱為佛，道教中稱為神仙，儒家則稱為聖人。道教受到佛教「悉皆成佛」的啟迪，提出眾人皆可藉修行成仙的「神仙可學論」，儒家則主張通達學問修養可至聖的「聖人可學論」。道學綜合三種學說，將王弼、韓伯對玄學批判式的攝取思想，加上佛教提倡佛性論的影響，其聖人觀在這兩個因素相輔之下於焉形成。

禪宗講求眾人皆具佛性，宋學（道學）或明學則著眼於人心皆可成聖，最重要的，這裡所謂的聖人，是指心靈完備者。換言之，就是將前述具有古代聖人概念的「王者」性格拂拭殆盡，僅保留純粹內在的完整度，這意味著無論處於何種地位，皆有可能成為聖人。

如此一來，當科舉階層變動比前朝更激烈時，士大夫無論是身為中央官僚、政治家，抑或在野文化人，皆可實現成聖理想，此說因而極具吸引力，亦是禪宗能滲透士大夫階層之故。不分社會階層，人人皆可成佛，在家亦有成佛機會，甚至身處高度壓力的官僚核心社會，同樣可獲得精神安定，這對士大夫而言，亦是禪宗之魅力所在。道學產生後，儒家同樣被期待具有如此功能。

在宋代，孔子的門生顏回逐漸受到重視。顏回是孔子最欣賞的弟子，亦是最接近至聖先師的境界，況且還能拒不出仕，安貧樂道，因此成為繼承聖賢的代表人物，備受矚目，一般人也將他視為達成人生境界的目標，程頤的著名論述〈顏子所好何學論〉即是其中的代表。程頤認為，將澹泊名利的顏回視為理想目標，重點不在於社會地位，而是純粹的高尚心境；他同時也導入「理」的概念，將周敦頤牽強運用「無」的思想殘渣拂拭殆盡，確立始終一貫的「有」次元思想。

此外，顏回有「三月不違仁」之稱，以三個月為限全力以赴，故而臻至聖人境界。還有，聖人維持永恆完美的心靈狀態，就是成全自然之存在。那麼具體而言，完美之心究竟為何？

（三）內心與外界

原本道學所稱的聖人，是指內心能對外界適度反應者，從先前引述的「不思而得」（《中庸》）、「心之所欲，不踰矩」（《論語》〈為政篇〉）等說法便可略窺端倪。當人獲此心境時，除了具有意識，尚能對外界產生條件反射式的反應，故可消除一切壓力。為求實現這項理想，就必須消除內心與外界的分別意識。例如，道學開祖之一的程頤曾主張：「不若內外之兩忘也。」（〈定性書〉）與其否定外界、肯定內心，倒不如不去意識內、外之念。

原本禪宗就有許多諸如此類的議論，包括朱熹在內的道學家，往往將心亂如麻、「思慮紛擾」視為問題所在，禪宗文獻亦主張追求滅絕思慮「紛亂」。若僅除「境」念，即無法除「境」，只徒增「紛亂」而已，必須「心」、「境」俱忘（黃檗希運《傳心法要》）。禪宗文獻以心與境來表現（除《傳心法要》外，尚有牛頭法融《心銘》、荷澤神會《顯宗記》，以及僧璨《信心銘》的「能」與「境」），「心」即是程頤所言的「內」，「境」則是「外」。這種心境才能被賦予「自然」概念，換言之，重視「自然」的思想收攝於內心與外界的反應關係。

這種內心與外界的自然反應關係，以消除自他界限感、達成萬物一體境界的方式來呈現。無論禪宗或道學，兩者共通的萬物一體觀，就是以此方式產生的。筆者想再次說明的，就是應注意心的本質為內心與外界的反應關係。禪宗對道學的最大貢獻，是集中關心心性，將心的本質凝聚於內心與外界的反應關係之中。

那麼，道學與佛教的分歧點為何？答案就在於在人倫方面將內心與外界的反應關係發揮至極致，或者藉此否定或排除人倫。

因此，當內心對外界反應明確時，道學讓人倫得以完美發揮，故而先徹底意識人倫，達到心隨人倫而動的境界，最後連追求人倫的意識也盡除。以道學用語來說，人倫是「理」，首先不斷累積「格物（「推究其物」，意即徹底理解事物之理，亦稱為「窮理」）」，最後獲得「豁然貫通」的感悟，達到「不思而得」的境界。對於道學的思惟方式，禪宗主張若意識到人倫，將阻礙自由曠達的心性發展。首先應拋捨對人倫的意念，最後實現外界和內心原本具有的自然的反應關係。在此情況下，即使是在禪宗接近士大夫的過程中，結果並未強烈傾向於實現不違背人倫的心靈作用，有時甚至比儒者更高唱愛國主義。即使是禪宗，最終仍暗示應如何實踐士大夫的價值觀。總之，在出發點上，究竟該徹底意識人倫，或否定及排除人倫，道學與禪宗出現了決定性的分歧。佛教在心性問題方面雖對儒家影響甚深，卻也出現接近儒家價值觀的層面，堪稱是互為影響。

（四）修養論的發展

除上述課題外，道學受佛教思想啟發的領域尚有「修養論」。在此同時，儒家雖受坐禪影響，卻亟欲構思與坐禪截然不同的修養法，例如司馬光提倡「中」修養法。「中」是以儒家經書《中庸》為基礎概念，司馬光有意在儒學中探尋可與禪宗抗衡的修養方式。

程顥、程頤則提出前述的「敬」修養法，就是以心為專一對象，不僅在靜室內澄澈心靈，並在日常事物的應對場域中實踐。「敬」是以《易經》為代表的經書為依據，二程從儒家經書中求取與坐禪抗衡的修養法。誠然，古代並無此類修養法，這畢竟是受禪宗啟迪的一種嘗試。

「敬」修養法堪稱是劃時代的構想。冥想法當中，一般分為對某特定對象集中意識型，以及無念無想型。前者多以神或公案等無形對象為主流，「敬」則不同於這些類型，其集中意識的對象是眼前之物，而非集中意識的行為，並且從中測定對此對象的感覺有多鮮明、能實踐多少「敬」。若將意識集中於此對象，便能開啟心的原有功能，經由不斷實踐，有助於日後發展的長久性。

此外，朱熹主張當心靈動向對某對象感到不協調時，剎那間就會發動本善之心。這項邏輯之所以成立，在於正因為發動本善之心，才讓歪曲之心顯現不協調。如此將心投注於某對象，一切日常情境將成為修養場域，就可避免直接以心為對象。此即為「敬」的意義。

在此提到避免將心視為對象，朱熹在邏輯或實踐方面，皆將以心見心視為問題。這項論述可見於「觀心說」等主張。朱熹縱然正面攻擊佛教，同時卻將屬於道學流派的湖南學、甚至陸九淵學派一併納入攻擊範圍。

朱熹對佛教式「觀心」的批判論點，在於若是以心觀心，將導致所觀之心與被觀之心同時並存。朱熹在其他場合提出疑問，認為縱然是以心觀心，最初生起惡心，繼而起反省善心，再起自覺反省之心，這些心念同時並存本非合理，萬一每個心念在霎時發生作用，則又顯得過於慌亂（〈答吳晦叔〉六）。在此所謂的慌亂，是指無法期待修養效果的實踐問題亦糾結其中，而朱熹在議論中不時出現邏輯上的整合與實踐上的要求相混的情形，或許也在此顯現。

（五）因應死亡

在儒家思想中，道學受佛教影響最深，但亦是與佛教最徹底頑抗的學說。道學受儒家思想的觸發，對佛教提出的一切議論進行爭逐，其中最大的難題就是死亡問題。

原本儒家就不倡說來世或輪迴轉生，但再如何探討死亡結構，亦無法克服對死亡的恐懼。北宋末年，劉安世（一一〇〇—六七）援用司馬光之說，指出五經無法讓人理解生死，佛教面臨此課題卻能處於優勢（馬永卿輯《元城語錄》上）。即使連朱熹本身，也聲稱經書雖充分述說聖賢行蹟，但對生死交關之事卻隻字未提（〈跋鄭景元簡〉），道學家張載、程頤則勇於挑戰此問題。

首先張載以自我之氣與太虛思想來說明死亡，人猶如水面浮冰，死則如冰融釋於水。冰無法以同樣形狀重生，水整體永恆不變，故應捨棄自我框限，與全宇宙同一化，如此便能感悟永恆。

其次，程頤主張人人必經成長及衰老的歷程，此為自然現象，故應徹底成為自然，與天地合一。換言之，就是經常維持與天地合一的恆常性，即可感悟永恆。

張載、程頤皆未提及來世或輪迴轉生，只藉由心靈作用克服對死亡的恐懼。然而，這種心境無法輕易獲得，畢竟佛教在死亡問題上所居的優勢地位屹立不搖。

原本在儒家思想中，死後魂魄分離，亡魂將轉移至神主牌，在祠堂接受祭祀。只要有血脈相傳的子孫持續祭祀，血族既能同心，亡魂將繼續顯應。然而隨著歲月增長，亡魂反應漸弱，卻仍被認為有跡象可循，在古代僅有上層階級方能設置神主。

程頤主張身為士大夫應祭祀神主，目的是促進士大夫從佛教信仰回歸儒家祭祀。佛教本無神主牌，至宋代方才採用，此習俗亦傳至日本。程頤的祭祀思想為朱熹所繼承，撰有《文公家禮》（亦有說法指出此書並非由朱熹完成）。程頤、朱熹試圖貫徹實行儒家祭祀，讓死亡問題成為儒家獨占的思想領域。附帶一提，二程兄弟向來以家室中不採佛教祀法為傲。

然而，靈魂移入神主牌的亡魂，既然處於凡是子孫缺乏祭祀就無法顯應的被動立場，加上顯應日漸衰微的情況下，無法徹底解決眾人被暴露在永恆之無的死亡恐怖下所造成的根本問題，人們縱然舉行儒家祭祀，依舊前往寺廟祈拜。佛教在諸多領域中遭致道學壓迫，但在死亡問題方面，卻能維持不變之重要性。

（六）三教並存之道

道學是提供士大夫生存原理的思想，如前所述，佛教人士亦親近士大夫，逐漸散播思想魅力。儒、佛皆嘗試因應士大夫的精神需求，中心課題就是心的問題。

佛教中的禪宗與淨土宗發展隆盛，淨土宗並非僅著重西方，而是傾向於發現心中淨土的唯心淨土思想。這種逐漸關注心性的傾向，與禪宗甚至道學皆有相通之處。至於道教方面，藉由冥想或呼吸法求取成仙的內丹十分發達，服用不死藥的外丹雖漸趨式微，卻同樣將重點置於身心層面，以順應時代潮流發展。

如此看來，更可感受佛教影響深遠，對集中關注心性的課題遍布各教派，紛紛引發各種思想交流或融合、駁斥之舉。

集中關注於心性課題，亦可發現探討心靈場域將導致議論分歧，另一方面，亦有思想流派試圖超越教派藩籬，加速議論同一化。換言之，儒、釋、道三教皆以達到本心至高境界為目標，只要提高心靈境界，無論何種方式皆具意義。三教儘管注重各自權威，更將心性權威視為其上，如此便可摒除三教藩籬，漸而形成「三教合一」形式。明代王守仁（陽明，一四七二－一五二八）倡導的陽明學強調心性權威，多數儒學家出自此流派，皆具三教合一傾向，正是受此風潮影響所致。有關此項問題，筆者已發表拙論〈三教圖への道——中國近世における心の思想〉（《シリーズ東アジア佛教五，東アジア社會と佛教文化》，春秋社，一九九六），在此暫容省略，但孔子（儒）、釋迦（釋）、老子（道）三聖暢談的三教圖（三聖圖），就是由此衍生而來。

以上屬於思想傳遞訊息方面，至於接受思想訊息者，則採取更柔軟的姿態。士大夫具有儒家涵養，在親屬或個人面臨死亡之際往詣佛寺，為求精神安定，參詣禪剎不曾間斷。儒、釋、道並列之中，士大夫與百姓多以因應狀況而選擇適於己身的思想。

三、朱子學之後

前文提及，朱熹晚年遭受彈壓平息後，朱子學逐步擴張勢力，因廣泛為士大夫接受而逐漸滲透朝廷內部。原本道學即具有帝王學的傳統權威，程頤、尹焞（一〇七一－一一四二）、朱熹、真德秀皆曾任帝師。程頤、朱熹雖不為皇帝所喜，但帝王學原本並非迎合帝意，而是敦促帝王對己身責任有所自覺，這些道學家同樣以身作則，向一般士大夫提出呼籲。朱熹常對皇帝講述《大學》八條目（以八階段提示心性修養的效果，可拓展至齊家、治國、平天下的歷程），對一般士大夫亦可要求實踐八條目，無論皇帝或士大夫，皆可逐步提昇至同樣層次。八條目的最高層次是「平天下」，這恐怕原本蘊涵安定統治之意，朱熹將士大夫各盡其責的行為，重新解讀為同樣參與「平天下」（《大學或問》），由此可見士大夫的社會定位意義非凡。

朱子學勢力擴大，代表朱子學議論領域隨之擴張。理、氣、性、情成為士大夫共同意識的議題，這些議題成為士大夫的論述場域，穩定發展，其中更衍生出多元議題。明代陽明學等學說雖與朱子學相抗衡，但其由來可追溯於士大夫的共通問題意識。

此外，朱熹積極彙整禮學思想，撰成《文公家禮》等著作廣泛流傳。禮學對士大夫行動規範標準化有所助益，極富於修養意涵。朱子學追求內心與外界一致，如何建構內在層面、以便與禮這種外在規制相應的課題十分重要。尤其重要的是禮的新意涵十分適合滲透士大夫社會底層。士大夫在各自區域倡導守禮，一般人若能接受即可，縱然與當地習俗乖違，仍可透過對抗方式來彰顯士大夫的自我特質。原本即有陽明學等學說取向主張脫離禮之桎梏，以確保心靈自在，進而衍生出活絡積極的思想史發展。

這種擴大議論場域的方式，毋寧說是與南宋以後士大夫逐漸以地方做為發展志向的趨勢有密切關係。換言之，無論是身處何地，皆與這種普遍議論有所關聯，以全國型士大夫的立場來發表自我主張。近年，有議論指出士大夫的地方志向與思想區域化迅速結合的傾向強烈，然而，地方發展志向反能讓朱子學的問題意識互為連結，最後邁向全國化。正因為朱子學是藉由跨域的普遍思想發揮作用，才能跨越中國境域，擴展至朝鮮、日本。

專欄一

佛教與朱子學

小島毅（東京大學副教授）

所謂朱子學，是活躍於南宋時期的儒者朱熹（一一三〇—一二〇〇，尊稱朱子）集大成的學術體系。儒家對此學說進行詮釋的變遷歷程和發展史相當悠久，在此過程中完成了幾項重大的變革。自十一世紀中葉以來，各新興流派活動漸趨顯著，朱子學在此歷史前提下持續發展，朱熹過世後，朱子學更被視為支持王朝統治的體制教學，成為儒家史上劃時代之創舉。

唐、宋時期是禪佛教發展的隆盛期，儒家知識分子（士大夫）對禪學的接受度因人而異，卻紛紛受其影響。自古儒家思想為倡說國政的言論，對個人安身立命並無多大助益，這也是士大夫為何受禪宗吸引的重要原因。尤其在心性問題方面，禪宗在佛教諸流派中是箇中翹楚，士大夫雖在表層政治世界中維持並構築儒家秩序，卻在自我精神世界內建構可親近禪學的環境。十一世紀時，儒家思想在如此思想延續下，漸而產生處理心性問題的傾向，其中程顥（一〇三二—八五）、程頤（一〇三三—一一〇七）兄弟更創立學派，標榜上承孔、孟之道，最終形成稱為「道學」的思想體系。

朱熹成長於道學發達的環境中，受其父之友感化，在某時期醉心於禪學，此後構築理氣論。然而，朱熹強烈批駁禪學，對於融合禪思想的儒家諸派（包括屬於道學的學派在內）交鋒論戰，藉此鞏固己說，故而在其主張中，可發現與表面言論截然相反、蘊涵濃厚的禪宗思想。有關朱熹學說及其意義，在本書第一章有詳細說明。

此外，朱熹在正統思想傳授方面，強調從遠古聖人至孔子、孟子，乃至上述的二程兄弟皆維持一貫師承關係（道統）。這點亦是運用禪宗傳燈的創思，朱熹本人則居於當時傳承者的立場。

誠然，朱子學是屬於儒家範疇的思想體系，與禪宗性質相異。朱熹傾全力註釋大量儒典，亟欲證明自我學說的正統性（與孔、孟之道的一致性），這點與在道學內部所見蔑視經書的傾向壁壘分明。根據朱熹的立場，以陸九淵（號象山，一一三九—九三）為代表的思想傾向才是深受禪宗不良影響、與儒家乖違的異端邪說。

在南宋滅亡、蒙古帝國建立元朝統治的背景下，朱子學擴展至中國北域和朝鮮半島（高麗）。整體而言，儒、釋、道三教融合的趨勢成形，佛教則不斷學習及接受朱子學。朱子學典籍在鎌倉時期傳入日本，並由禪僧引介，室町時期則以鎌倉、京都五山為中心，新傳入的朱子學與舊儒家互為融合，提供講學之用。到了江戶時期，朱子學才脫離佛教自立門戶，經由儒學專家從事研究。

明代朱子學在中國成為體制教學，地位無可動搖，隨後，對教條化教理有所自覺、進而提出反省的學者紛紛現身，陸九淵思想再度獲得高評，王守仁所創的陽明學成為延伸發展的思想學派。至此階段，捍衛朱子學的陣營出現一種趨勢——藉由不斷列舉朱熹對禪學的批判，再度確認儒家成為經典詮釋學的學說。即使與朱子學性質相異的清代考證學，對禪佛教亦採取嚴厲態度，簡言之，就是形成「究竟該重視學習經典？抑或自心獲得開悟？」的兩項對立模式。

有關朱子學的理氣論，雖有華嚴教學的「理」思想對其造成影響之研究，但兩者的歷史因果關係卻不曾獲得明證。唐代以後，「理」成為泛用術語，廣為滲透思想界，這兩者的相似之處，或許說是詮釋整體時代變動中的兩個表象更為貼切。

在比較中、韓、日三國近代化之際，究竟是朱子學或佛教能支持即將步入近代的社會體制思想？兩者之間產生了實質上的歧異。換言之，中、韓兩國將朱子學視為舊體制代表，日本因江戶時期以佛教立國，朱子學便成為結合國學與西學、廢佛毀釋和文明開化運動的推手。

文獻介紹

1. 武內義雄，《支那思想史》，岩波書店，一九三六年。
2. 荒木見悟，《佛教と儒教》，平樂寺書店，一九六三年。
3. 島田虔次，《朱子學と陽明學》，岩波新書，一九六七年。
4. 土田健次郎，《道學の形成》，創文社，二〇〇二年。
5. 小島毅，《宋學の形成と展開》，創文社，一九九九年。

第二章

元、明佛教

野口善敬
花園大學教授

第一節　宋代佛教傳承與獨自發展

斷代與通代——兩種觀點

元、明時期的中國佛教，往往讓人以為只繼承自古發展至宋代的佛教，既無宗派新創，亦無格外卓越的思想發展。南宋以後，禪宗在諸宗派中一枝獨秀，尤其是臨濟宗，以公定方式制定寺院等級——五山十剎之制，教團在國家制度保護下穩定發展，規模逐漸龐大。此外，原本為開悟而形成特定修行方式的公案禪，在發展完備後也漸趨於形式化。禪宗在這兩大現象相輔之下，漸漸傾向於折衷式的思想發展，亦即穩健的教禪一致（主張經文與禪悟內容相同）、禪淨一致（主張倡說自力悟道的禪宗教理，與倡說他力往生的淨土教理並無矛盾）、儒佛一致（主張中國儒家思想與印度佛教本質無異）。另一方面，隨著與在俗知識階級交流益深，僧侶漸受到詩偈、駢文等絢爛文藝活動的熏染。明儒陳建（一四九七—一五六七）對南宋以後的佛教發展，曾言：「佛學至朱子出而始衰，而儒佛異同之辯始息。而後士大夫自此無復參禪問道於釋氏之門者矣。」（《學蔀通辨終編》卷下）。這當然是學者朱熹的個人意見，是非與否尚待商榷，但儒家繼宋代朱子學之後，在明代衍生出陽明學這門新思想架構，從根本重探人之應有本質，相形之下，元、明佛教在思想上無法開闢新局面，顯然遜色不少。

然而，佛教至少在表面上絕不顯露步上衰微的跡象，從建造大寺和給牒（受戒證明文書）僧數來看，元代等歷朝反而出現空前未有的盛況。明太祖朱元璋在建國之前曾剃髮為僧，謠傳清初世祖在薨逝不久前曾出家，由這些例子可窺知，從元、明二朝轉換為大清帝國的過程中，中國佛教確實深植於民心，在歷史洪流中扮演舉足輕重的角色。

若欲概觀元、明佛教發展史，主要分為兩大觀點：按照慣例採取以元、明各朝為單位的斷代史角度，以及無關各朝代區隔，採取總括方式探討佛教興盛期的通史角度。

不局限於佛教這個領域，從各朝特徵來加以探討的觀點，當然也是重要課題。皇朝更迭導致國內文化型態幡然改變，更何況，新統治者在取代先前入主的異族政權時所引入的新文化，將與被統治者的固有文化形成摩擦。在此情況下，佛教自然無可避免受其牽連。

漢族與異族的霸權之爭，就如同築起萬里長城這道雄偉的防禦屏障一般，顯然主要在中國北地屢次上演。無論是元朝之前的蒙古語系契丹族所建的遼朝，或是通古斯語系女真族所建的金朝，皆是雄據北疆的異族皇朝，兩個民族皆未能統治中原。從這個角度來看，元朝併吞江北的女真金朝與江南的漢室南宋，成為最初以異族蒙古人身分掌控全中國的統一王朝。此後漢族勢力推翻元朝，建立明朝；從北方席捲而來消滅明朝的清朝，則屬於通古斯語系的滿族。統治民族隨著朝代更迭而改變，已到令人眼花撩亂的地步。南宋末期至元、明、清的皇朝變遷，正是異族間的霸權爭奪戰輪番競演著改朝換代戲碼。

欲了解明代佛教，從另一種通史角度來探討，亦有助於理解。佛教在明代三百年歷史中可分為前、中、後三期。明代前期與元代佛教關係密切，後期與清代佛教淵源甚深，皆跨越朝代之隔。明代中期夾於其間，前後出現兩段佛教輝煌鼎盛期，橫跨元、清二朝。

以下篇幅就是基於上述兩個觀點來探討，其中元朝佛教主要從斷代史角度進行分析，明朝佛教則是從通史角度作一概觀。至於明代後期佛教興盛的部分，將涵蓋清乾隆帝實施佛教去勢政策，成為時代劃分。因此，本篇將在附論中附帶說明明末清初至清乾隆時期的佛教發展。

第二節　元代佛教

一、元朝對佛教的禮遇措施

元代佛教隆盛的情形，可見於清代趙翼（一七二七—一八一四）所述：「古來佛事之盛，未有如元朝者。」（《陔餘叢考》卷十八〈元時崇奉釋教之濫〉）正如其所言，佛教受到十一位元帝的厚澤庇護。自世祖忽必烈開國以來，歷任皇帝薨逝後皆在大都大聖萬安寺、大天壽萬寧寺等處設置影堂（供奉牌位的殿堂），並未遵循儒家儀式，而是採取佛教祭祀（《元史》卷七十五〈祭祀〉）。忽必烈治世期間，寺院在至元二十八年（一二九一）已多達四萬二千三百一十八所，僧尼二十一萬三千一百四十八名（《元史》卷十六）。

元代崇佛的具體例子之一，就是僧侶在社會享有尊貴地位。據說元代有分為十階級的非正式身分制度，亦即「一官、二吏、三僧、四道、五醫、六工、七獵、八民、九儒、十丐」（《陔餘叢考》卷四十二）。換言之，僧侶地位僅次於官吏。此外，還有一說指第七、第八等級是「七匠、八娼」。元初謝枋得（一二二六—八九）在宋亡後絕食殉國，生前曾感歎：「嗟乎，卑哉，介乎娼之下，丐之上者，今之儒也。」（《疊山集》〈送方伯載歸三山序〉）。宋代掌理國政的儒士，此時地位已淪落至此。

謝枋得所描述儒者遭到貶抑的情形，有人認為原因在於「或謂九儒十丐，當是天歷未行科舉以前時語耶」（《居易錄》卷三）。元朝的確曾廢止宋代科舉制度，延祐二年（一三一五）才恢復其制，舉行八次科舉，登科總人數卻只有二百七十八名，若想光憑儒學立身為官，仕途將是狹隘難行。元朝推行吏員歲貢制，可說取代了科舉形式，這種任官考試亦包含儒學科目，縱然考取也徒為稗官，無論在官職或權益方面，皆無法與昔日登科者相提並論。

此外，中國人既成為被征服者，不僅從任官制度出現落差，在身分上亦有鮮明區隔——實施種族歧視制度下造成的區別。元朝依種族劃分為四個族群，亦即蒙古人、色目人（西域人）、漢人（前金朝百姓）、南人（前南宋百姓）。身為首要官吏的「達魯花赤」，規定只限於蒙古人出任，即使漢人、南人窮究儒學，榮顯仕途近乎是渺茫無期。

有看法認為，儒家在如此低迷的情況下反而有利於發展，菁英才俊放棄仕宦顯達後，成為注入佛教領域的基礎素材。

二、佛教宗派的階級關係

（一）西藏佛教的定位

元朝積極護持佛教，對各宗派的禮遇方式卻有差異，並將西藏佛教（喇嘛教）奉為最高階級。元代佛教與宋代以前最顯著的差異就是引進西藏佛教，對此後明、清佛教影響十分深遠。

蒙古人原本欠缺特定的高階宗教信仰，憲宗三年（一二五三），當時尚未稱帝的忽必烈與前來投靠中國、年僅十五歲的八思巴會面（《元史》卷二〇二〈釋老傳〉），並由八思巴為其受戒灌頂（《佛祖歷代通載》卷三十二〈癹思八行狀〉）。八思巴是西藏佛教四大宗派之一的薩迦派第五代教主，薩迦派的名稱，則是由創教者昆・貢卻傑布於西元一〇七三年在薩迦地方（拉薩西部）建立的薩迦寺而得名。此派屬於世襲貴族在家修行密教，與日後倡說轉生活佛的噶舉派和格魯派性質不同。

中統元年（一二六〇），忽必烈即位後，隨即封八思巴為國師，並賜以玉印（《元史》卷四）。八思巴奉命制定蒙古新字，至元七年（一二七〇），亦即完成新字翌年，又晉封為帝師（《佛祖歷代通載》卷二十一），次任帝師則是由八思巴的異母弟亦憐真襲位，第三任是由其侄答兒麻八剌乞列繼任。此後，帝師之位皆由八思巴的弟子或族人嗣任，薩迦派從此在元代佛教中常保有至尊之位。

若照字義來看，帝師即是帝王之師，帝、后皆向其受戒（《元史》卷二〇二〈釋老傳〉）。第五任帝師乞剌斯八斡節兒受賜的雕篆玉印為「大元帝師統領諸國僧尼中興釋教之印」（同前），帝師成為元朝統領佛教的最高權力者，設有直屬機關「宣政院」（元初稱為「總制院」）。宣政院不僅掌理佛教，亦是直接統轄西藏軍政的機構，帝師堪稱掌握絕大權限。

西藏佛教在帝師掌權的背景下，獲得朝廷全力護持，元武宗（海山）至大二年（一三〇九），宣政院向皇帝奏請施令，內容竟是「毆西番僧者截其手，詈之者斷其舌」（《元史》卷二十三）。這項偏激法令，最終在皇太子愛育黎拔力八達（元仁宗）的反對下被禁止，但從另一個角度來看，元朝傾向於皈依西藏佛教的立場，其實是向被征服者漢族誇示蒙古人位處優勢的手段之一。西藏佛教在性質上與漢族信奉的佛教大相逕庭，至今未能融入中土，蒙古人將西藏佛教視為國教信仰，可相對貶抑漢地傳統佛教的價值。

然而，西藏佛教新入中土後，以元朝國都大都為據點，受到朝廷極大權力保障，毋需對接受統治的傳統佛教採取強硬手段。中國各地的佛教宗派在思想上不受西藏佛教影響，基本上是延續金、宋以來的佛教發展。換言之，西藏佛教與漢地佛教宗派保持階級關係，思想互不干涉，維持重層式的並存之道。

（二）禪、教、律的關係

元代佛教除了西藏佛教外，仍比照宋代，正式保有禪、教、律三宗（《元史》二〇二〈釋老傳〉）。既分宗派，無疑必然引發爭論。宋代教宗（天台宗）與禪宗對立論爭的事實，可見於《佛祖統紀》等文獻記載。問題雖屬細瑣——例如雙方同席的席次先後等問題——亦受宗派間的階級關係所影響。

忽必烈對三宗採取的立場是「崇教抑禪」（《元文類》卷六十一），文人出身的道士張雨（一二八三—一三五〇）更補充指出，元代三宗關係是「國朝先教而後禪律」（《增修教苑清規》序）。元代後期的禪僧天如惟則（一二八六—一三五四），曾述及「錢唐上天竺寺為天台教宗」，說明了「有事於會同迎謁，則位在禪律諸宗之上」（《天如惟則禪師語錄》卷六），佐證此項事實。

盛行於中國北部的慈恩宗（法相宗），正是元朝崇尚教宗的典型之例，「其學盛於北方，而傳江南者無幾」（《蒲室集》卷十二）。至元二十五年（一二八八），忽必烈欲將華北慈恩宗移植於江南發展，「至元廿五年，詔江淮諸路，立御講三十六，求其宗之經明行修者分主之，使廣訓徒」（同前）。

據傳在南宋故地華南，與華北同樣將教宗確立為三宗之上的人物——屬於教宗的天台宗僧雲夢允澤（一二三一—九七）。就在慈恩宗移植於江南發展之年，亦即至元二十五年，根據文獻記載：「江淮釋教都總統楊璉真佳集江南禪教律三宗諸山，至燕京問法。禪宗舉雲門公案，上不悅。雲夢允澤法師說法稱旨。命講僧披紅袈裟右邊立者。於是賜齋香殿，授紅金襴法衣，錫以佛慧玄辯大師之號。使教冠於禪之上者自此。」（《佛祖統紀》卷四十八）。

禪宗與律宗的位階關係並無文獻特別述及，但在中國傳統佛教宗派中，教宗應是備受禮尊，他宗無可比擬其勢。

（三）與其他宗派的關係

《元史》關於宗教名稱之記載，多以僧、道、也里可溫、達失蠻（亦記為答失蠻）四種方式表現。也里可溫是包括景教在內的基督教，達失蠻是指伊斯蘭教，換言之，元代是以佛教、道教、基督教、伊斯蘭教為主要宗教。

其中，道教在歷史上與佛教抗爭不斷，目的為爭取中國宗教界之霸權。佛、道二教在元初時期嚴重對立，其詳細始末見於《佛祖歷代通載》所收的〈大元至元辨偽錄〉，當時與佛教相爭的全真教是道教支派，勢力擴及河北地區。早在忽必烈建國之前的憲宗蒙哥時代，道士丘處機、李志常等人就曾毀壞佛像，占領四百八十二處寺院。李志常將《老子化胡經》、《八十一化圖》等偽經刻版流傳，西京（河南省洛陽）少林寺的雪庭福裕上奏於帝，決定由僧、道兩方在天子御前辯論教理，約定倘若道方為勝，僧侶將戴冠為道，若僧方為勝，道士則剃髮為僧，結果佛教獲得勝利，十七名道士剃髮入僧籍，焚毀四十五部偽經。憲宗七年（一二五七），將三十七處道觀歸還佛寺，兩年後又歸還二百三十七座寺院。如此佛、道之爭，在忽必烈即位後繼續發展。至元十八年（一二八一）十月（此年日本發生元寇來襲，史稱「弘安之役」），大都的報恩禪寺住持林泉從倫奉敕在大憫忠寺焚毀《道德經》之外的道藏，三年後奉敕撰〈聖旨焚燬諸路偽道藏經之碑〉，此事件方告一段落。引發這場非宗教勢力之爭的原因，表面上是偽經問題，主因卻是為奪回道教侵占的佛寺。

佛、道二教之間的對立，僅限於元初全真教之爭，此後並無激烈抗爭，維持了長年穩定局面。道教諸派之中，尤其是華南的正一教，第三十六代世天師張宗演於至元十三年（一二七六）奉詔入宮，翌年受賜號為「演道靈應沖和真人」，執掌統領江南道教各派，勢力盛極一時。

除了道教外，元代色目人在中土大量定居，基督教徒（包括景教）和伊斯蘭教徒當然為數不少，元朝准許各宗教保有傳法設施和指導者。元代中期以後，比照元初設置佛教統治機構宣政院的做法，亦為道教設置集賢院、為基督教設置崇福司。佛教宣政院的官階從一品開始，集賢院和崇福司皆從二品，可知在待遇上有階級之分。至於伊斯蘭教方面，另設有哈的所（哈達所）。

這四種宗教以佛教為最高位階，彼此維持良好關係。至大二年（一三〇九）六月，因宣政院「奏免僧、道、也里可溫、達失蠻租稅」（《元史》卷二十三），此項奏議最終未獲准可，由此卻可窺知彼此之間維持友善關係。換言之，西藏佛教與漢地佛教維持重層式的距離感，且並行不悖。除了元初發生佛、道對立外，四種宗教在共存並立的情況下從事活動。

三、華北、華南的區域特色

蒙古帝國第五任皇帝——世祖忽必烈於至元八年（一二七一）立國號為「大元」，元朝就此展開序幕。早在三十七年前的太宗六年（一二三四），亦即窩闊台汗時代，蒙古帝國已經消滅北國金朝，忽必烈則在制定國號八年後的至元十六年（一二七九），徹底壓制南宋勢力。換言之，蒙古帝國在併吞金國長達四十五年之久、統御中國北疆約半世紀之後，才將南宋納為新領土。此時不僅南、北二朝淪為蒙古人統治的時期相隔過久，金朝、南宋因民族各異，元朝的因應措施自然有所不同。

南北統一後，地方及民族名稱皆有明確區別，中國北方稱為契丹，南方稱為蠻子，北方居民稱為漢人，南方則稱為南人。對南北的因應措施差異，亦具體表現在稅制方面，例如江北行稅糧、科差之法（無關田地所有，依戶數徵稅），江南行兩稅法（按土地所有比例課徵），採取不同方式。一國採取南、北兩種稅制的異例，在中國歷史上絕無僅有，而從稅制呈現出來的南北分歧的政治型態，在佛教政策上亦顯現其特徵。

四、華北佛教

（一）教宗的狀況

如前所述，元世祖忽必烈之後，華嚴宗與天台宗成為元代最崇高的宗派，地位尊於禪宗之上。不過從僧侶數量來看，存於青史的教學僧卻遠不如禪僧，在教學史上少有值得特別載錄的傳法事蹟，對日本的影響亦難與禪宗相提並論。儘管如此，仍有重要的教學僧散見於史料中。

華北教學自遼代以後發展至宋、金時期，華嚴宗與慈恩宗（法相宗）法脈興盛，慈恩宗則如前述般，在元世祖時期開始移植於華南發展。

遼代以後，慈恩宗跨越金、元二朝，以龍興寺（河北省真定府）做為據點發揚光大。古剎龍興寺創建於隋開皇六年（五八六），元初時採住持輪替制，「廊下耆舊以次循環主領」，延祐三年（一三一六）改為敕住制（皇帝任命住持）（《常山貞石志》卷二十二）。元代的知名住持有法照禧公（生卒年未詳）、密巖崇琛（一二七五—一三三五）、

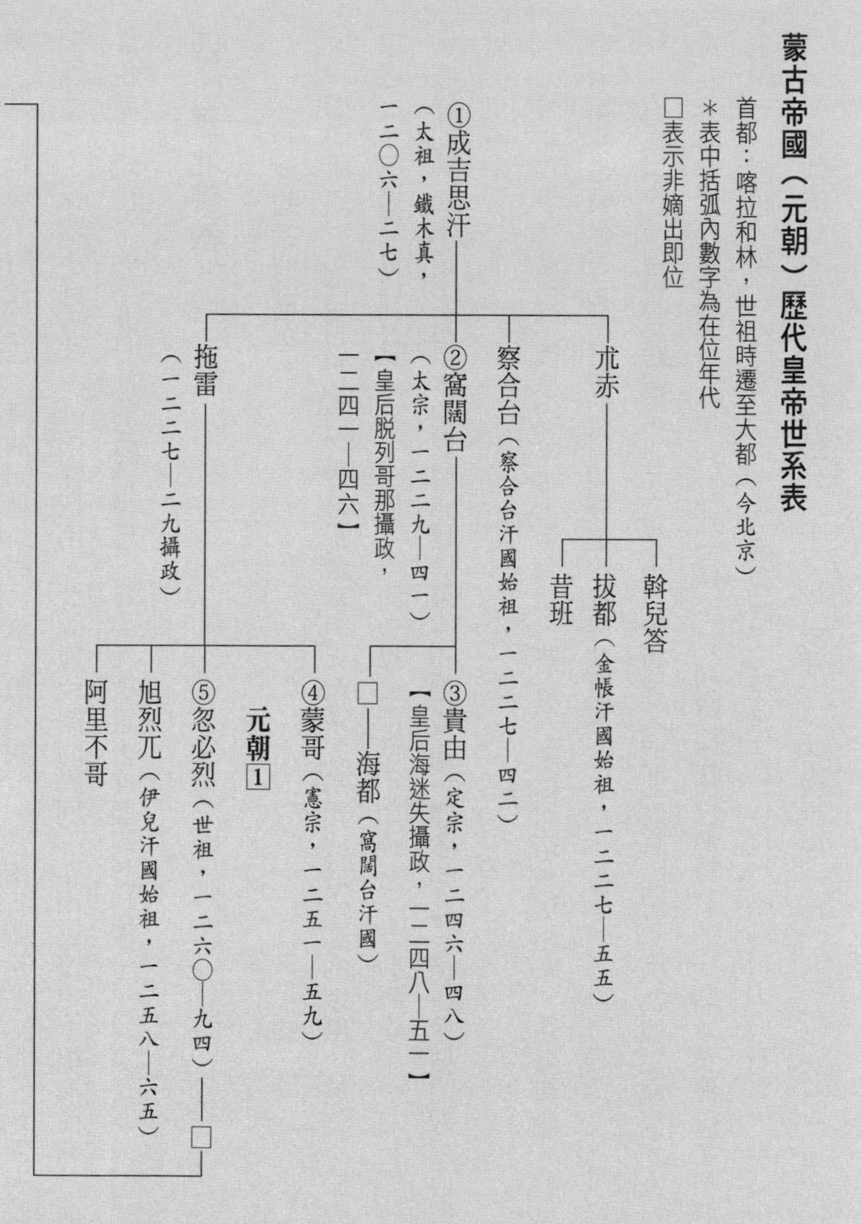

蒙古帝國（元朝）歷代皇帝世系表
首都：喀拉和林，世祖時遷至大都（今北京）
＊表中括弧內數字為在位年代
□表示非嫡出即位
①成吉思汗（太祖，鐵木真，一二〇六—二七）
朮赤
斡兒答
拔都（金帳汗國始祖，一二二七—五五）
昔班
察合台（察合台汗國始祖，一二二七—四二）
②窩闊台（太宗，一二二九—四一）
【皇后脫列哥那攝政，一二四一—四六】
③貴由（定宗，一二四六—四八）
【皇后海迷失攝政，一二四八—五一】
□—海都（窩闊台汗國）
拖雷（一二二七—二九攝政）
④蒙哥（憲宗，一二五一—五九）
元朝 1
⑤忽必烈（世祖，一二六〇—九四）—□
旭烈兀（伊兒汗國始祖，一二五八—六五）
阿里不哥

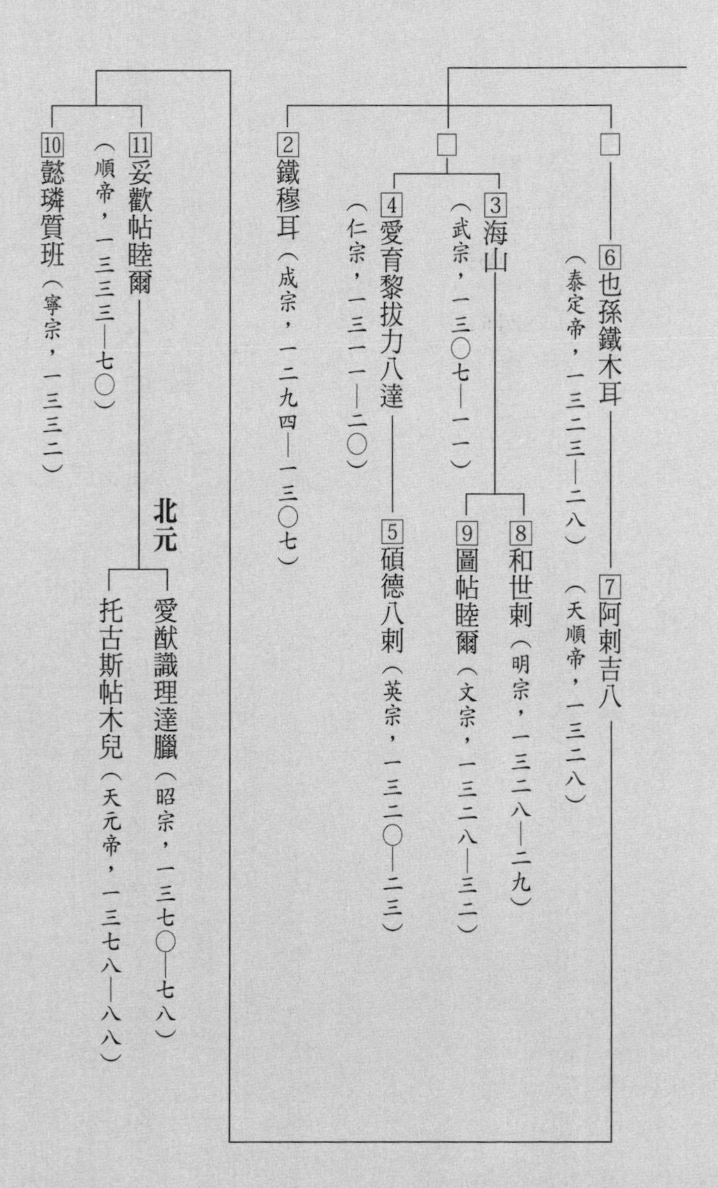
□
□
6 也孫鐵木耳（泰定帝，一三二三—二八）
7 阿剌吉八（天順帝，一三二八）
3 海山（武宗，一三〇七—一一）
8 和世剌（明宗，一三二八—二九）
9 圖帖睦爾（文宗，一三二八—三二）
4 愛育黎拔力八達（仁宗，一三一一—二〇）
5 碩德八剌（英宗，一三二〇—二三）
2 鐵穆耳（成宗，一二九四—一三〇七）
11 妥歡帖睦爾（順帝，一三三三—七〇）
北元
愛猷識理達臘（昭宗，一三七〇—七八）
托古斯帖木兒（天元帝，一三七八—八八）
10 懿璘質班（寧宗，一三三二）

妙峰福勝（一三一六—五二）。

華嚴宗的代表僧侶是洛陽白馬寺的龍川行育（？—一二九三）及其一門。行育曾受忽必烈賜號為「扶宗弘教大師」，至元十四年（一二七七）成為「江淮諸路釋教都總攝」。行育示寂後，仲華文才（一二四一—一三〇二）入白馬寺續承其職。文才、行育並無師弟關係，卻成為元成宗鐵穆耳創建五台山（山西省太原）萬聖寺的開山住持，受賜「真覺國師、總釋源宗」之印（《大明高僧傳》卷二），以撰著《肇論新疏》、《懸談詳略》、《惠燈集》而留名於世。從憲宗至世祖時期，擔任大都崇國寺住持的寂照大師定志（一二〇七—六七），於至元二年（一二六五）受任為「宣授諸路釋教都總統，掌理僧眾主教門事」（〈定志塔銘〉），其法弟定演（一二三七—一三〇九）亦於十年後出任崇國寺住持，世祖授號為「佛性圓明大師」（《松雪齋文集》卷九），可知華嚴宗在華北保有雄厚勢力。

（二）曹洞宗——在家士大夫的活躍

「曹洞宗至宋季，尤盛於河北」（《五燈會元續略》凡例），正如其述，南宋時期的北國金朝盛行禪宗流派的曹洞宗，其核心人物萬松行秀（一一六六—一二四六）撰有《從容庵錄》六卷。萬松門下主要在中都（後為大都）的萬壽寺、報恩寺等處傳法，知名弟子輩出，但首先最應予關注的就是在家弟子。

李純甫（一一八五—一二三一），號屏山居士，歿於滅金之前，與元朝並無直接關聯，卻是影響元代甚為重要的人物。純甫博通經史，善辭賦，曾為金朝進士，入翰林院，官任尚書省右司都事。不僅熟悉禪法，對華嚴思想通解亦深，運用淵博學識，批駁宋儒周敦頤、朱子等人的佛教批判，著有《鳴道集說》五卷。李純甫曾言：「三聖人者……其心則同，其迹則異，其道則一，其教則三」（卷五〈雜說〉），其著述對元代劉謐《三教平心論》、明初沈士榮《續原教論》等佛教護法著作影響甚鉅。

《鳴道集說》的撰序者耶律楚材（一一九〇—一二四四），則與李純甫同為萬松門下，此序撰成於天興三年（一二三四），恰為滅金之年。楚材原為遼朝（契丹）皇族，遼亡後改仕於金，金宣宗於貞祐二年（一二一四）遷都汴京（河南省開封），蒙古大軍攻陷中都之際，楚材不幸被俘，元太祖成吉思汗有意請其入仕，便言：「遼金世讎，朕為汝雪之。」楚材卻答道：「臣父祖嘗委質事之，既為之臣，敢讎君耶！」成吉思汗尊其言，將楚材視為側近（《元史》卷一四六）。若從儒家倫理來看，楚材成為仕金、元二朝的貳臣，不難理解其立場之複雜。太宗三年（一二三一）八月，窩闊台汗任命楚材為中書令，在制定漢地稅制方面貢獻輝煌，同時致力於儒臣考任制度化（同前）。楚材曾在萬松會下參禪三年，獲授印可（《五燈會元續略》卷一），又勸請萬松撰寫《從容庵錄》，成為萬松在河北禪林勢力宏盛的明證之一。至於楚材個人的撰著，則有《湛然居士文集》。

除了萬松行秀，曹洞宗在華北全域勢力顯赫，明顯是受劉秉忠（一二一六－一七四）所影響。劉秉忠最初為僧侶，法名子聰，為曹洞宗天寧虛照法嗣。虛照的詳細法統不明，只知較萬松晚三世，為青雲門下第二十三世（《五燈全書目錄》卷十二）。劉秉忠出家後才深受皇太子忽必烈賞識，隨同遠征大理和雲南。忽必烈即位後，劉秉忠常仕左右，參與制定國家基本法令，位封太保、參領中書省事，深獲世祖信任，包括國號制定為大元、中都改稱為大都等，皆出於其倡議（《元史》卷一五七）。耶律楚材在太祖成吉思汗、太宗窩闊台時期發揮所長，劉秉忠的發跡時間則較楚材晚一個時代，著有《藏春集》遺世。

然而，劉秉忠與楚材不同之處，在於其本身存有「以僧服而輔元主」的重大問題（《南宋元明禪林僧寶傳》卷七），更因此招致非議。換言之，問題癥結就在於劉秉忠是以僧侶身分問政。明末曹洞宗僧侶永覺元賢（一五七八－一六五七）曾言：「僧家寄跡寰中，棲身物表，於一切塵氛，尚當謝絕，況可貪祿位乎。一切文事尚不可與，況可操武事乎。自元時劉秉忠首開此禁，繼而姚廣孝效之。貪謬妄之勳名，破慈悲之大化。佛門中萬世之罪人也。」（《永覺元賢禪師廣錄》卷三十）。姚廣孝為臨濟禪僧，曾出仕明成祖，有關其人事蹟將在後文說明。姑且不論僧侶干政之功過，元初華北以曹洞宗為優勢，實際影響元朝統治華夏。

（三）曹洞宗——出家人的活躍

萬松門下除了李純甫、耶律楚材之外，最著名的四位出家弟子，分別是雪庭福裕、林泉從倫、五捨從寬、全一至溫。其中，全一至溫於憲宗八年（一二五八）開山於上都的大龍光華嚴寺，元世祖賜其號為「佛國普安大禪師」（《道園學古錄》卷四十八）。林泉從倫著有《空谷集》、《虛堂集》，至元九年（一二七二）謁見世祖（《五燈會元續略》卷一）。四大弟子之中，尤以雪庭福裕（一二〇三—七五）最為活躍。

正如前文所述，雪庭福裕在憲宗時期佛、道對立中扮演核心角色，當時奉皇太子忽必烈之命，於脫列哥那四年（一二四五）出任西京的少林寺住持（《嵩書》卷九），三年後，兼任和林（元朝故都喀喇和林）的興國寺住持。定宗貴由薨逝後，雪庭於憲宗元年（一二五一）謁見蒙哥，受命為總領釋教（《繼燈錄》卷一）。此事早於忽必烈奉喇嘛八思巴為帝師，可知雪庭已在華北佛教政策下立於至高地位。根據《五燈會元續略》卷一所載，忽必烈於至元八年（一二七一）集天下諸僧於大都之際，雪庭法嗣即占三分之一，可知已成佛教一大勢力。雪庭示寂後，從文獻中並未發現任何其門下在華北傳法之記載，但明末振興曹洞宗的門流，皆與雪庭九世法孫小山宗書（一五〇〇—六七）有關。

（四）臨濟宗的並立

華北臨濟宗在此時的發展，若與後述江南的輝煌成果相較之下，顯得黯然失色，但以大都大慶壽寺為據點，歷經元代一朝保有相當勢力。大慶壽寺是金世宗完顏雍（一一六一—八九在位）於大定二年（一一六二）在燕京定都之際，選擇城北敕建的大寺院（《釋氏稽古略》卷四）。寺內歷代住持皆是與北宋天目齊法系有關的僧侶，天目齊與撰寫《碧巖錄》而知名的圜悟克勤是師兄弟。天目齊的六世法孫海雲印簡（一二〇二—五七），嗣法於大慶壽寺住持中和章，歷任四剎住持之後，於太宗三年（一二三一）就任大慶壽寺住持（《五燈會元》卷四），一時辭去其職，八年後再度接任住持（《佛祖歷代通載》卷二十一）。海雲再任後，於定宗二年（一二四七）奉貴由之命統理眾僧，憲宗元年（一二五一），奉蒙哥之命統領天下僧事（同前）。西元一二五一年，正是前文提到雪庭福裕奉命成為釋教統領之年，可知元世祖之前的憲宗時期，臨濟宗其實與曹洞宗同樣備受尊崇。

大慶壽寺有「四方禪宗列剎之首」之稱（《金華黃先生文集》卷四十二），此後元代皆由法雲法系獨據住持之職，最著名的就是繼海雲之後的賾庵某、西雲安、北溪智延、魯雲行興、秋亭洪亨、顯儀成為歷代住持。至北溪智延為止的三世皆由各法嗣繼任住持，魯雲、秋亭則是北溪師兄弟，顯儀是秋亭法嗣。北溪之後的四世，除了皇帝賜予金玉及封號之外，尚有一項恩寵值得一提，就是北溪受到仁宗愛育黎拔力八達特別授賜「榮祿大夫大司空」，任「領臨濟宗事」（《金華黃先生文集》卷四十一〈北溪延公塔銘〉），正如魯雲所述：「奉天子命，佩以印章，而主其一宗，則自禪師始」（〈魯雲興公舍利塔銘〉），文宗圖帖睦爾賜其號為「慶壽長老」，賞賜刻有「領臨濟一宗」的兩塊玉印（同前），秋亭亦受順帝妥歡帖睦爾的玉印之賜（〈秋亭禪師亨公道行碑〉）。顯儀的事蹟並無史料詳載，推測應是同受玉印之賜。

「領臨濟一宗」究竟擁有多大權限，已無法確知，相信必然有所限制。正如前述，元朝中央政府所採取的佛教統制，自八思巴之後皆以藏僧位居至上，忽必烈即位之際所設的佛教統御機構總制院，於至元二十五年（一二八八）改稱為宣政院，此後存續不廢。「帝師——宣政院」的佛教內部專權模式，直至元末屹立不搖。設置宣政院的理由，是基於忽必烈的考量：「帝以俗制於僧失其崇敬」（《佛祖歷代通載》卷三十六），此為元朝特別禮遇佛教的制度特色，在臨濟宗發展興盛的江南地方，設有行宣政院、廣教總管府，另行統理佛教事宜，秋亭獲賜「領臨濟一宗」玉印之後，約於同時期的至元二年（一三三六），笑隱大訢亦受賜號為「釋教宗主兼領五山寺」（《笑隱禪師語錄》卷四〈行道記〉）。秋亭和笑隱的位階關係不明，恐怕權限皆受到限制。

此外，洪武十五年（一三八二），獨庵道衍經由僧錄司遴選為大慶壽寺住持（《增集續傳燈錄》卷五）。道衍與海雲法系截然不同，可知原本為海雲一派獨占大慶壽寺住持的勢力，在明初已面臨瓦解。

五、華南佛教

（一）獨自興盛與統制

中國南方如江南等地淪為蒙古統治的時間，較華北地區遲約半世紀。宋代華南地區孕育出與北地相異的佛教傳統，發展臻至鼎盛，其中心據點是南宋首都臨安（杭州），亦即馬可波羅評譽的「世界上最美麗華貴之天城」（《東方見聞錄》）。世祖忽必烈因有將軍伯顏（一二三六—九四）在征南宋之際提出進言，故而下敕詔保護杭州等地區：「名山大川，寺觀廟宇，並前代名人遺迹，不許拆毀」（《元史》卷八），江南寺院方才免受蒙古鐵騎的摧殘，幾乎在毫髮未損下占領，如此資源也成為華南佛教隆盛不衰的基本素材。

至元十三年（一二七六），杭州落入元軍之手，宋恭宗請降。翌年，元朝在華南實施佛教政策之際，首先在江南諸路設置釋教總統所，以取締佛教不法之事為目的。統轄各總統所的江南釋教總統，就是西番僧楊璉真加（生卒年未詳）。此人聲名狼藉，大肆盜掘前宋一百零一座陵墓，掠奪陪葬財物。至元二十八年（一二九一），楊璉真加因涉嫌侵占官物，最後遭到揭發失勢。

同年，杭州遵循大都的宣政院模式，設置行宣政院，身為首長的院使皆非漢人或南人，而是由蒙古人和色目人擔任。宣政院與行宣政院的關係，相當於直接統轄首都地區的中央最高行政機構中書省，以及執行地方統治的行中書省。行中書省共設於十一處，行宣政院僅設杭州一處，愈形強化江南佛教之盛勢。

行宣政院比宣政院約遲三年設置，大都宣政院一直延至元末，江南行宣政院卻二度遭到廢除，共三度設置。兩次廢除之中，首次是從至大四年（一三一一）至延祐五年（一三一八），正值仁宗愛育黎拔力八達在位之際，不僅是行宣政院，各機構的僧錄、僧正、都綱司等官吏悉遭廢除，僧侶制裁全權交由一般官衙處理，目的在於匡正崇佛造成的權益濫用之弊，卻為此引起諸多不便，仁宗時期再度恢復舊制。第二次廢除是從天曆元年（一三二八）至元統二年（一三三四），文宗圖帖睦爾設置十六處廣教總管府，藉以取代行宣政院，文宗薨逝後，順帝妥歡帖睦爾隨即三度重設行宣政院。換言之，行宣政院初設於杭州，至元朝覆滅的七十六年間，前後共廢除十五年，大部分時期皆在統理江南佛教。廢除行宣政院的仁宗有「通達儒術，妙悟釋典」（《元史》卷二十六）之稱，在元代是對漢族文化理解最深徹的君主，文宗則是在歷帝中所建寺院最為華麗，兩位元帝皆透過變更組織以求佛門大興，其中以杭州為中心發展的華南佛教，其空前盛況早已凌駕宋代。

（二）臨濟宗的榮盛

南宋時期江南以禪宗最為隆盛，其中猶如「學禪者流，多宗臨濟，而曹洞為孤宗」（陳晟〈雲外和尚語錄序〉）所述，臨濟宗居極大優勢，世祖忽必烈立教宗於禪宗之上，有意削弱江南禪林勢力，禪宗卻依舊久盛不衰。

支持禪宗興盛的重要倚柱是五山十剎制度。據傳此制度是南宋丞相史彌遠（一一六四—一二三三）於嘉定年間（一二〇八—一二四）開始推行，簡單而言就是區分寺院等第，在官吏監督下僧者有位階之分，住持由官吏任命。包括五山之首的杭州徑山在內的五座寺院之下，設有以杭州中天竺寺為首的十剎，其下又設有甲剎之稱的三十餘座寺院。根據這項制度，住持必須從甲剎晉升至十剎，再升至五山，或從五山、十剎之中位階較低的寺院循序晉升。除了杭州之外，這些寺院散建於明州、湖州、蘇州等以江南為主的地區。入元後，文宗圖帖睦爾（一三二八—三二在位）時期，在建康（南京）創建大龍翔集慶寺，冠以「五山之上」的封號。日本室町時期設置鎌倉五山和京都五山，將南禪寺另設為「五山之上」，亦是倣效中國制度。此後，大龍翔集慶寺至明初一直是中國佛教重鎮，享有舉足輕重之地位。

這種僧侶遴選制度，對於儒仕之途狹隘的元代知識階層而言，可說深具吸引力。志在僧道榮顯者甚多，相對出現「謀僧官，買大住持」的情形（《所南先生文集》〈十方禪剎僧堂記〉）。

大龍翔集慶寺的開祖笑隱大訢（一二八四—一三四四），曾積極引入五山十剎制度，為禪門組織正常化貢獻甚深。天曆二年（一三二九），文宗圖帖睦爾賜其法號為「廣智全悟大禪師」，笑隱於翌年受召至大都奎章閣謁見文宗。至元二年（一三三六），順帝妥歡帖睦爾加賜其號為「釋教宗主兼領五山寺」，笑隱獲得江南禪僧的最高尊銜。笑隱試圖從兩方面恢復宗門正常化。他一方面整頓禪門清規，欲匡正當時僧紀敗壞的風氣，於元統三年（一三三五）與師兄弟東陽德煇（生卒年不詳）共同編纂及推行《敕修百丈清規》，「翁清規嚴肅，衲子有犯無恕」（《山菴雜錄》卷上），另一方面，則招攬優秀僧侶至五山十剎。笑隱為求改善僧人「所至妄庸竊處」（《蒲室集疏》）的弊端，結合行宣政院使脫歡答剌罕（一二九二—一三二八）的勢力，對住持選任掌握絕大影響力。這項事實，從行宣政院請託的住持證明文書〈行院疏〉多出自笑隱大訢之手來看，便可略窺端倪。至於行宣政院使脫歡答剌罕，同樣配合笑隱的步調，參與這項改革。脫歡開創遴選住持的「公選之道」（同前），方式是由諸山推薦三名高僧，以抽籤方式決定人選。可確定的是，這項制度至少持續至脫歡逝後的至正二年（一三四二）為止（同前），正如笑隱本身也承認此制度為「拈鬮公而舉不公」（《蒲室集》卷十二），無法杜絕賄賂橫行，最後導致「公選大行，賢德退伏」（《蒲室集疏》）。

笑隱大訢素以詩文著稱，正如明代宋濂所評：「精貫儒釋二家，行文為世模範」（《護法錄》卷二下），其著作《蒲室集疏》成為禪門駢文的疏文典範，「蒲室疏法」對日本五山影響亦深。

（三）隱遁禪風

入元日僧天岸慧廣（一二七三—一三三五），於天曆二年（一三二九）求請杭州徑山的竺仙梵僊（一二九二—一三四八）渡日，曾言：「我觀此土，皆無叢林，唯日本尚有。公若不信，則同往一觀而回。」（《竺仙梵僊語錄》卷上）當時元朝佛教在表面上雖發展昌盛，不容否認的，骨子裡已流於追逐榮達顯貴。但在另一方面，仍有許多禪僧拒絕五山十剎住持之位，採取隱遁於巖窟修行的極端生存方式，其中最著名的就是高峰原妙（一二三八—一二九五）及其門弟。

高峰原妙在南宋亡後，隨即於至元十六年（一二九七）入天目山獅子巖，立「死關」之名而足不出關。如此隱遁之舉，與拒仕異朝的儒者生存之道頗為近似，但高峰禪風重視嚴守戒律，絲毫不受政治習氣熏染，以完修純一為目標。其弟子續承隱遁宗風，門下有中峰明本（一二六三—一三二三）為元朝代表禪僧，曾接受仁宗愛育黎拔力八達的依止，受賜號為「佛慈圓照廣慧禪師」及金襴袈裟。中峰拒絕五山之中的徑山寺、靈隱寺勸請住持，大半生倚舟隱居，棲泊於江湖山林，在各地結蘆名為「幻住庵」。暮年之後，以天目山師子院為傳法據點，「幻人於幻法，實未曾悟」（《中峰和尚廣錄》卷十六〈幻住家訓〉），屢言自身尚未明悟，「只憶山邊與水邊」（《中峰雜錄》卷上〈寄陸全之〉），對隱遁久慕不已。中峰拒絕出任住持的態度，弟子千巖元長（一二八四—一三五七）、天如惟則亦秉承一貫作風。前述的笑隱大訢曾向行宣政院推薦千巖、天如出任住持，兩人皆堅辭不允（《護法錄》卷三、《天如語錄》卷七）。正如中峰明本示寂前對千巖的遺命：「汝宜隱遁巖穴，不可隨世流布」（《千巖語錄》）般，拒不出任住持遂成為中峰一門的重要特性。

中峰明本所倡的宗風不僅盛行於中國，在東瀛亦為興盛。中峰法系在日本為幻住派，對中世禪宗史影響深遠。入元成為中峰法嗣的日僧共有七人，分別是遠溪祖雄、無隱元晦、明叟齊哲、業海本淨、古先印元、復庵宗己、義南菩薩（《延寶傳燈錄》卷五），此後幻住派日僧多追崇中峰禪行，貫徹拒絕出任鎌倉、京都官剎（五山十剎）住持的作風。

高峰或中峰追求的隱遁生存之道，從懷有儒家倫理意識的南宋遺民立場來看，似乎顯得不夠徹底。與中峰交流的居士中，以元代首屈一指的文人趙子昂（一二五四—一三二二）為例，據說子昂的知友鄭思肖（一二四一—一三一八），曾因子昂身為宋室皇族卻接受滅宋元敵的招請，為此甚感厭惡而與之絕交，子昂屢次造訪，總是吃閉門羹。這位鄭思肖，與素有「禪林白眉」之稱的中峰明本會晤之際，據說亦將隱遁的中峰斷斥為「世法和尚」（盧熊《蘇州府志》〈鄭所南小傳〉）。鄭思肖顯然是對趙子昂或中峰既身為宋遺民，卻缺乏儒家倫理意識的行徑表以不滿。

中峰明本法脈一直延續至明、清時期，成為中國臨濟禪正統法系，得以歷久不衰，清初東渡日本的黃檗宗隱元隆琦亦為其法孫。

此外，尚舉一位元朝代表禪僧，此人為松源派金剛幢——亦即古林清茂（一二六二—一三二九）。過去曾有研究指出，古林倡說的「偈頌主義運動」可與中峰明本的行蹟並稱。的確，古林法嗣中有渡日僧竺仙梵僊，以及入元日僧石室善玖、月林道皎、別源圓旨，對日本禪宗史發展影響深遠，在中國禪宗史上卻未能名留青史。

此外，尚有許多留名後世的高僧，皆以五山十剎為據點從事傳法活動，日僧在元寇來襲之後，一時停止入元，傳法活動卻積極遠盛於南宋，光是名留史傳者就高達兩百二十餘人（木宮泰彥《日華文化交流史》，富山房，一九五五）。

（四）華南的教宗發展

屬於華南教宗的慈恩宗（法相宗），在南宋時期是以杭州的仙林慈恩普濟教寺、慈恩開化教寺為主要傳法據點。如前文所述，元朝之後為挽救頹勢，於至元二十五年（一二八八）在江淮諸路設三十六處御講，派遣華北教學僧前來開講。當時「首被選（推舉之首）」的僧侶是雲巖志德（一二三五—一三二二），曾任建康（南京）天禧、旌忠二寺住持，將北地慈恩宗教學傳於江南，世祖忽必烈特賜其號為「佛光大師」（《蒲室集》卷十二）。

相對於北地弘揚華嚴宗、慈恩宗，自南宋以來，以江南為中心興盛發展的教學則是天台宗。元代的天台宗，是由南屏梵臻的四傳法孫北峰宗印門下的桐洲懷坦、燈源覺先、佛光法照的三法系為最盛，其中燈源的弟子雲夢允澤曾接受忽必烈授衣賜號，享有「權實之教魁、圓頓之宗碩」的稱譽（《續佛祖統紀》卷上）。正如前文所述，將天台教學立於優勢者，雲夢允澤堪稱功不可沒。

繼雲夢之後，其弟子湛堂性澄（一二六五—一三四二）奉英宗碩德八剌之招請前往大都，在青塔寺校正三藏，受賜金襴袈裟，其中《彌陀經句解》尚存至今，其他如《金剛經集註》等著述已佚。湛堂門下優秀學僧輩出，例如有「四天王」之稱的季蘅允若、天岸弘濟、我庵本無、玉庭罕（《護法錄》卷三）等為代表，法脈興至明初。此外，出自北峰門下的桐洲懷坦，其二傳法孫玉岡蒙潤（一二七五—一三四二）素以撰寫《四教儀集註》而知名。蒙潤門下有元末甚為活躍的大用必才，以及明初洪武末年，從僧錄司右善世晉升為左善世的啟宗大佑等人。北峰門下的佛光法照之二傳為東溟慧日（一二九一—一三七九），與行宣政院使關係深厚，於元末至正年間積極活躍。這些德宿講經的地點，正是位於杭州錢塘上天竺寺及下天竺寺等剎院、亦即有教宗五山十剎之稱的江南教寺（《七修類藁》卷五）。教宗亦效法禪門設置五山十剎制，與禪宗競逐盛勢。

至於律宗方面，並無顯著之舉，著名的代表人物筠岩大節（一二四六—一三三五），曾現諸多瑞象感應，故被譽為「佛菩薩果位者」。大節除尊律宗之外，亦兼修念佛三昧，撰有《懷淨土詩》已佚（《金華黃先生文集》卷四十二）。

此時的教、律二宗深受禪宗影響，這項事實可由教門引入五山十剎制度而知，亦見於元代問世的《律苑事規》、《增修教苑清規》。《律苑事規》是由演忠律寺的省悟（生卒年未詳）於泰定二年（一三二五）編述，這部律宗規範，是參考百丈懷海提倡的禪林清規所制定（〈省悟自序〉）。至正七年（一三四七），天竺大圓覺教寺的雲外自慶（生卒年未詳）所編的《增修教苑清規》，正如其題名「清規」所示，是以《百丈清規》為主要制定根據的教宗清規（〈黃溍序〉），雲外自慶從事增修的直接動機，正源自於編纂禪門的《敕修百丈清規》（〈張雨序〉）。

六、其他佛教——白雲宗與白蓮宗

除了禪、教、律之外，元代佛教宗派尚有白雲宗和白蓮宗，當時雖飽受批判為「皆假名佛教，以誑愚俗」（《佛祖統紀》卷五十四），卻是深植民間的民眾教團。此兩宗派皆創於宋代，白雲宗由孔子第五十二世孫孔清覺（一〇四三—一一二一）所創，白蓮宗則以慈照子元（？—一一六六）為初祖。

白雲宗的名稱由來，源於杭州靈隱寺方丈在深山築造的白雲庵，承繼於華嚴宗系，信眾茹素，不嫁娶。教團成員僅限於浙西地區（浙江省西部及江蘇省長江以南）的豪民富戶，南宋時期被視為邪教，入元後朝廷准其發展，設置白雲宗僧錄司於杭州南山大普寧寺，藉浙西的殷實財力為後盾，刊行《大藏經》，此版正是元版大藏經《普寧藏》。元代中期，白雲宗因掠奪田宅和納稅問題，屢遭朝廷壓制，勢力卻能維持至元末。明初洪武三年（一三七〇），朝廷頒詔禁止信奉白雲宗（〈明大政紀〉），明太祖在浙西推行壓制政策，白雲宗失去經濟基盤，最終趨於瓦解。

白蓮宗是秉承廬山慧遠（三三四—四一六）創始的白蓮社遺風所衍生的新興念佛結社，在慈照子元大力推廣下，以浙西地方為中心據點，獲得廣泛江南信徒護持。白蓮宗與白雲宗皆提倡菜食主義，表面上的差異僅在於白雲宗禁止娶妻生子（《佛祖統紀》卷四十六）。入元後，白蓮宗信徒杜萬一於至元十八年（一二八一）發動民變（《大元通制條格》卷二十八），朝廷以邪教之名出兵鎮壓。在此情況下，廬山（江西省）東林寺的優曇普度（？—一三三〇）撰寫《廬山蓮宗寶鑑》、《廬山復教集》等書，藉以推行白蓮宗復興運動。至大元年（一三〇八），由於建寧路（福建）的白蓮道人有不軌之舉，再度遭到禁教（同前卷二十九），優曇普度向當時尚為皇太子的仁宗愛育黎拔力八達晉呈「復教上書」，請求解除詔禁，三年後方准復教，並賜普度「白蓮宗主」之稱號（《廬山復教集》）。正統白蓮宗從此以廬山為主要據點從事活動。根據記載，至治二年（一三二二）發生的「禁白蓮佛事」（《元史》卷二十八），廬山白蓮宗應不受此禁所限。

白雲宗與白蓮宗以民眾教團的立場，在元代獲得一定地位推展活動，但支派卻成為反朝廷勢力。原本尊崇彌陀信仰的白蓮宗信徒，卻成為主張彌勒出世、亦即彌勒佛是救世主降生的集團，為與白蓮宗有所區別而稱為白蓮教。元代中葉，白蓮教之亂爆發於息州（河南省），平定後各地仍紛起未絕，終於導致元朝覆滅。

第三節　明代佛教

一、元代至明代

元朝重視佛教，正如所謂「元之天下，半亡於僧」（《陔餘叢考》卷十八）的批判，元亡之因在於過度崇奉西藏佛教（喇嘛教）等佛教勢力，以致國祚短暫維持百年。修建大寺、鋪張佛事以致朝廷財政支出龐大，尤其在文宗圖帖睦爾執政下，短期內建造大龍翔集慶寺等大剎院，造成無法挽救的弊害。繼文宗、寧宗（懿璘質班）之後，順帝妥歡帖睦爾下令禁建私寺，採取納錢給牒、削減佛事等措施（《元史》卷三十八），對佛教採管制之策，另一方面，卻又在宣政院使哈麻及其妹婿禿魯帖木兒的慫恿下，於至正十三年（一三五三）向西僧（梵僧）學運氣之術，並向西番僧修習密法，耽於房中之術（《元史》卷四十三、卷二〇五）。無論以何種形式來看，元帝崇佛的基本作風始終未有明顯改變。

至正十一年（一三五一），劉福通在潁州（安徽省）推舉白蓮教信徒韓山童，詐稱韓為宋徽宗八世之孫，圖謀起兵反元，史稱「紅巾之亂」。孰料計畫事前敗露，韓山童被捕殺害，紅巾軍在各地竄闖攻破元軍，劉福通又於至正十五年（一三五五）擁立韓山童之子韓林兒為帝，國號為「宋」，三年後設都於汴梁（開封）。

當時與劉福通共謀舉兵的紅巾軍武將之一，就是定遠（安徽省）的郭子興，其養女婿朱元璋（一三二八—九八）漸露鋒芒，在郭子興逝後率軍推翻元朝，建立新興皇朝大明，史稱明太祖（洪武帝）。朱元璋十七歲時曾在濠州府（安徽省）皇覺寺剃度出家，經三年乞食修行，二十五歲投靠郭子興麾下。元朝在飽受佛教亞流派白蓮教徹底摧殘根柢後，最後竟被一名曾入空門者所滅。

有鑑於元代過度保護佛教，入明後朝廷大幅修正因應之策，卻沒有斷然捨棄佛教。例如明太祖於洪武五年（一三七二）發願刊刻網羅諸佛典籍的漢文《大藏經》，洪武三十一年（一三九八）在南京完刊。永樂六年（一四〇八），版木遭焚毀，成祖即位後下令重刻《大藏經》，稱為《南藏》。成祖於永樂十七年（一四一九）又在北京刻造漢文《大藏經》，正統五年（一四四〇）完成，此版稱為《北藏》，另外刊行西藏版《大藏經》，則有「永樂版」之稱。換言之，明朝對教團及僧眾採取壓制策略，卻未曾排除佛教。

儘管如此，佛教畢竟是外來宗教，漢族對自國傳統文化必然有自詡之處。明太祖推揚儒家倫理所重視的忠孝仁義，以「聖喻六言（六喻）」普化百姓。儒家勢力復活，取決於科舉取士制度重新正式實施。明代首次科舉是在洪武四年（一三七一）舉行，因無新官可立即上任，暫以推薦制取代科考。洪武十七年（一三八四）重訂科舉方式，翌年實施新制。此後，科舉制度實施長達五百餘年延續至清末，基本上每三年一次，投考者皆需具備儒學涵養，應試內容中亦包括明代官學朱子學。明成祖於永樂十三年（一四一五）下詔編纂《四書大全》、《五經大全》、《性理大全》，稱「三大全」，做為維繫科舉制度的國子監與府、州、縣學等教育機構的教科書。三大全因內容粗雜，飽受抨擊，日本江戶時代卻出現翻刻本，在民間廣為傳讀。

在儒家復權之下，明代佛教已脫離主流，歷帝因應方策各異，基本上仍著重於強化管理。就明代整體來看，佛教盛衰起伏甚劇，歷史學者陳垣（一八八〇－一九七一）曾針對明代的佛教發展指出：「明自宣德以後，隆慶以前，百餘年間，教律淨禪，皆聲聞闃寂，全中土如此。」（《明季滇黔佛教考》卷一）誠如其述，除了明初、明末之外，中期一百四十年是佛教發展最低迷的時期，可供參考的史料近乎乏善可陳。至於具體的時期分界點，根據陳垣所述，宣德以後是指自南京遷都北京、亦即明成祖薨逝後的時期，隆慶以前是指明末隆慶、萬曆年間佛教興盛之前的時期。

以下是根據此分界點概觀佛教的三期發展，分別是明代前期三十餘年，中期一百四十餘年，以及後期八十餘年。

二、前期——洪武、永樂時期

元末戰亂頻仍，江、浙等地的名寺多毀於兵火（《宋學士文集》卷十五），元末的傳法名僧卻殘存至明初。簡而言之，明朝欲利用這些元末德宿，擺脫前朝窠臼，蛻變為佛教新制度。

從洪武、永樂年間的佛教制度沿革來看，可分為兩時期，亦即設置善世院統制佛教的最初十四年，以及自洪武十五年（一三八二）起，在禮部之下設置僧錄司以後的期間。基本上，明成祖仍沿襲太祖的佛教政策。

（一）善世院時期

明太祖建都於南京，洪武元年（一三六八）分別設置因應佛教事宜的機構善世院，以及道教機構玄教院，藉此統制佛、道二教。善世院沿襲元代的宣政院，設於南京天界寺內，由笑隱大訢法嗣的覺原慧曇（一三〇四—七一）負責掌理釋教事宜。明太祖於元末至正十七年（一三五七）攻占南京後，將曾為「五山之上」的大龍翔集慶寺改名為大天界寺，賜御書「天下第一禪林」的山門額，當時就任住持正是覺原慧曇（《護法錄》卷一上）。覺原深獲太祖信任，以「僧中御史」（《續佛祖統紀》卷下）及其狷介性格而獲稱譽。設立善世院的翌年，覺原因病請辭，病癒後，於洪武三年（一三七〇）以使者身分遠赴西域，次年客死異鄉（《新續高僧傳》卷三十四）。

善世院隨著天界寺於洪武四年（一三七一）改名為天界善世禪寺，翌年又改稱為善世法門（《太祖實錄》卷一百八十八），與天界寺合而為一。同年，白庵萬金（一三二七—七三）繼覺原之後擔任住持（《繼燈錄》卷四），為孝養年邁之母，僅就任一年即推薦季潭宗泐（一三一八—九一）代為出任（《護法錄》卷一下）。短暫五年間，竟出現三位要僧交替接掌佛教界的最高職權。在此期間，最特殊的事件就是明太祖曾四度盛大祭祀陣亡將兵，供養法會皆在南京蔣山舉行，第四次法會是在洪武五年（一三七二），共有禪、教、律三宗的十位名僧及兩千名弟子同參法會（《增集續傳燈錄》卷五）。

此後，明太祖著手整頓佛、道二教，於洪武五年命由隸屬禮部的祠部管理授牒事宜，同年給牒的僧、道人數為五萬七千二百餘人（《太祖實錄》卷七十七）。

翌年，申請者更高達九萬六千三百二十八名（同前，卷八十四），為杜絕僧眾遽增，此年實施合併或廢除寺、觀，決定僅在府、州、縣保留一座大寺觀，將僧侶及道士集中於此，給牒之際則舉行經典考試（同前，卷八十六）。洪武九年（一三七六），實際舉行考試後授予度牒（《金陵梵剎志》卷二）。考試採用的三部經典，分別是《般若心經》、《金剛經》、《楞伽經》。翌年，明太祖詔命天界寺的季潭宗泐與杭州普福寺的大璞如玘（天台僧，一三二〇—八五）作三經註疏並刊印（《增集續傳燈錄》卷五），分別為《般若心經註解》、《金剛經註解》、《楞伽經註解》。

（二）設置僧錄司

洪武十五年（一三八二），統理佛、道制度進行徹底大改革，「胡惟庸之獄」事件正是引發改革的契機。兩年前，左丞相胡惟庸企圖謀反而遭處決，中書省為此被廢除，六部獲得升格。統理佛、道制度的改革，應是受到這場大規模政體變革所牽連，成為鞏固獨裁帝權下的重要施政環節之一。

具體而言，是在隸屬六部的禮部之下設置官制機構管理佛、道二教，亦即在南京設置僧錄司、道錄司，在地方下游組織的府、州、縣內，分別設置管理佛教的僧綱、僧正、僧會，道教設置道紀、道正、道會（《金陵梵刹志》卷二）。這些組織官吏必須製作及管理寺院和僧籍名冊，處理住持考選或僧侶監督處置等一切職務。中核機構僧錄司則依舊例設於天界寺內，因逢火災，一時遷至天禧寺，待天界寺重建後又遷返故地。各司內僧官共有左右善世、闡教、講經、覺義等八名，皆由禪林高德和教宗菁英擔任。當初選任僧侶之中，恰有為三經註疏的右善世季潭宗泐、左講經大璞如玘。

給牒制度亦面臨改革。洪武十七年（一三八四），規定與科舉同樣每三年舉行一次試經給牒（《金陵梵刹志》卷二）。洪武二十年（一三八七），禁止二十歲以上者出家，未滿二十歲則在京師寺院修行，以三年為試驗期，唯有合乎標準者方能應試（《太祖實錄》卷一八四）。永樂年間（一四〇三－一四二四）甚至限定給牒數，永樂十六年（一四一八）僧、道人數僅限於府四十名以內、州三十名以內、縣二十名以內，應試前的修行期間延長至五年（《太宗實錄》卷一〇六），求入僧道的門檻愈益窄化。

朝廷為求徹底管理得度僧和取締偽僧，僧錄司於洪武二十五年（一三九二）奉敕編製及頒布《周知冊》（《太宗實錄》卷二二三）。《周知冊》是將全國各寺所屬的僧侶姓名、字號、出家、得度日期等資料編纂記錄為名冊，為各地寺院常備，用以區辨遊方僧之身分真偽，對違反者可施行重罪。後至英宗時期，再度於正統元年（一四三六）製作《周知冊》（《英宗實錄》卷二十三），對佛教採取相當強硬的管制政策。

（三）變更宗派分類

明朝在制度改革影響下所採取的特有佛教政策，就是改變宗派的分類方式。佛教教團之中，太祖於明初洪武三年（一三七〇）以邪教為由，下詔禁信白雲宗及白蓮宗（《太祖實錄》卷五十三），其他宗派則依舊制分為禪、教、律三類。洪武十五年（一三八二）設置僧錄司，同年又重新改分為禪、講、教，規定諸寺僧有義務歸屬其一（《金陵梵剎志》卷二）；為了便於從外表辨判僧人所屬宗派，僧服顏色亦有規制（《太祖實錄》卷一五

○）。

明代制定的禪、講、教之中，禪是指禪剎，講是過去的教宗寺院。取代律宗的「教」是新規制定，並非昔日發展至元代的教宗寺院，而是早已存於三宗寺院之外的甲乙院，凡是從事世俗佛事法會的僧侶皆屬此類。這些僧侶稱為瑜伽教僧或赴應僧，隨著佛會法要民眾化，實質上早在宋代就已存在，在佛教教團中蓬勃發展，其勢不可輕忽。明代認同瑜伽教僧在佛教內部占有一席之地，並由國家監管統制。洪武十六年（一三八三），規定瑜伽教僧應修習三年且入京赴試，國家另行規定佛事法會的儀式內容基於一定準則。至於法事所得酬金亦有規制，例如規定持誦《楞嚴咒》一遍五百文錢，《華嚴經》一遍一萬文錢，誦經僧從中收取三分之一至三分之二勞餉，其餘由寺眾均分（《金陵梵剎志》卷二），國家執行統制之徹底可見一斑。

（四）明初嶄露頭角的僧侶

自洪武至永樂年間，國家對佛教嚴加管理，僧侶受此限制，難以獨自從事宗教活動或任意隱遁修行。當時的知名高僧，亦僅限於執行宗教政策的僧官。

例如前述的覺原慧曇、季潭宗泐等即為代表，其任務尚有一大特徵，就是充任外交之職。前文已說明覺原於洪武三年（一三七○）受遣為西域使者，這是基於「廷議西域未臣伏，上以彼域敦尚佛乘，特命師往」，覺原在西域「布宣天子威德」（《續燈存稿》卷六）。同時，覺原的師兄弟仲銘克新（生卒年未詳）奉命為使者入遣吐蕃，同為敦促外蕃歸服，又將途中山川形勢繪製地圖，以利軍事之用（《護法錄》卷一上）。明朝在政治方面屢次利用僧侶，例如洪武六年（一三七三）派遣天寧寺禪僧仲猷祖闡、瓦官寺教僧無逸克勤等人，以使者身分渡日（《護法錄》卷八）。不可輕忘的是明朝與日本從事勘合貿易，堅中圭密、策彥周良等日本遣明使亦多為僧侶。此外，明朝三百年間，以絕海中津為代表的渡華日僧中，光是知其名者即超過百人（前出，木宮泰彥《日華文化交流史》）。

當然也有為求法而遣僧西行，季潭宗泐就是奉明太祖敕命，率三十名弟子赴西域調查尚未傳入中土的經典，得《莊嚴寶王文殊經》等典籍還朝（《增集續傳燈錄》卷五）。這不僅是刊行《南藏》事業的重要環節，亦是促進與西域友好關係的手段。

僧侶之中，尚有某些兼具政治手腕、備受主公期許的人物，季潭宗泐亦是其中之一。元太祖曾要求季潭還俗出仕（《續燈存稿》卷六），顯示當時僧侶之中，有不少深具儒家學養的儁秀之才。季潭再三推辭方免還俗，此後，卻果真出現一代名僧還俗為官，此人法名道衍，號獨庵，亦即日後的姚廣孝（一三三五—一四一八）。道衍於十四歲出家，修習天台宗，嗣法於徑山的愚庵智及，成為臨濟僧，亦虔修淨土法門，編著有《淨土簡要錄》、《諸上善人詠》。道衍旁通儒學，以詩文著稱，與王賓、高啟等文人有所交流。然而，正如季潭對其詩的觀感：「此豈釋氏語耶」一般，委實難將道衍框限於僧伽之道。洪武十五年（一三八二）馬皇后崩殂，朝廷遴選高僧誦經超薦，當時僧錄司季潭舉薦的人選正是道衍。同年，道衍受命為北平名剎慶壽寺住持後，以獨具慧眼，認定諸皇子之中駐守北平的燕王才識不凡，從此出入燕王邸，一展政謀長才。慶壽寺是元代華北臨濟宗首剎，對道衍而言，出任住持無非是一大拔擢（《明史》卷一四五、《增集續傳燈錄》卷五）。

洪武三十一年（一三九八）明太祖薨逝，當時年僅十六歲的建文帝（燕王之甥）繼承大統。建文帝是太祖嫡長子（懿文皇太子）之子，懿文薨於太祖在位期間，建文帝獲指名為繼位者。少帝畏懼分封各地的皇叔權勢，即位後羅織各種罪狀逐一削藩，燕王在諸王中掌握最大軍權，鎮守北疆抵禦蒙古軍南下。道衍洞悉建文帝意在剷除燕王之勢，便密勸燕王舉兵，亦自行練兵。燕王於建文元年（一三九九）七月舉兵發難，烽火連綿三年，南京在四年後的六月城陷、建文帝自盡，史稱「靖難之變」。燕王獲勝後登基為帝，即為明成祖（一四〇二—二四在位），入國都南京肅清反抗勢力，其中最著名的是以酷刑處決方孝孺（一三五七—一四〇二）。方孝孺是建文帝在位時參政的當代一流碩學，因拒絕成祖之命起草詔，憤而寫下「燕賊篡位」幾字，招致親族及弟子近九百名遭誅殺。

明成祖即位後，隨即命道衍出任僧錄司的首官左善世，永樂二年（一四〇四）年，以道衍參謀軍事有殊功，更命其還俗，賜名為廣孝，授以俗官資善大夫之銜（文官四十八階位中之第七品）、太子少師（輔育皇太子之職）。道衍在名目上已是還俗之身，卻不肯受命蓄髮且常住寺院，穿戴冠帶入朝，退朝返寺後仍披回緇衣。

明成祖弒帝篡位，殘戮方孝孺等名臣，在江南絕無良好聲評。身為推波助瀾的能臣道衍，遁入佛門卻未守殺戒，甚至參與促動軍事，風評慘澹自不待言。道衍步入仕途後，為賑濟飢民而歸故里，欲訪其姊卻避不相見，欲訪友人王賓，則對其遙遙疾呼：「和尚誤矣、和尚誤矣。」道衍之所以與元代劉秉忠並稱的原因，恐怕就在於如此超逸僧伽的生存法則，故而招致譴責。

道衍於永樂十年（一四一二）辭官引退後，為昔日撰著《道余錄》作自序成書。此書是批駁儒家排佛思想的護法著作，列舉宋儒程顥、程頤、朱熹對佛教批判中的四十九條，逐條予以反駁。道衍雖批判「程子見之偏也」、「晦庵失卻眼在」，卻主張儒、佛調和，倡說「佛氏之教，無非化人為善，與儒者道並行而不相悖」。《道余錄》在明末廣為刊行，閱者甚眾，對擁護佛教有實質推波助瀾之效，道衍對佛教的貢獻亦不該就此輕忘。

（五）對西藏佛教的因應措施

明初太祖對西藏佛教有所顧忌，並未仿效元朝以喇嘛代理管轄西藏，但為免受其威脅、維持友邦關係，仍持續賜封西藏高僧為國師及敕授玉印等禮遇，西藏則採取朝貢形式

（《明史》卷三三一）。

至明成祖時期，情況卻出現轉變。永樂四年（一四〇六），亦即道衍還俗出任太子少師的兩年後，西藏佛教噶舉派的德新謝巴（尚師哈立麻，一三八四—一四一五）接受成祖迎請，自西藏抵達明都南京，西藏佛教勢力得以在中土復甦。德新謝巴於翌年至靈谷寺（原為蔣山），在成祖御臨中舉行普度大齋（超薦大法會），此時受封為「大寶法王」之號，統領天下釋教（《明史》卷三三一）。這項稱號之尊榮，足以媲美元朝八思巴受封的「帝師大寶法王」，西藏佛教地位再度立於漢地佛教之上。

德新謝巴所屬的噶舉派，不同於元代獨占帝師之位的八思巴所領轄的薩迦派，是最早主張教主轉生的宗派，歷代活佛噶瑪巴皆冠以編髮製成的黑帽，亦稱為黑帽系。德新謝巴是黑帽系第五世噶瑪巴，在此之前，元寧宗懿璘質班和順帝妥歡帖睦爾在位期間，曾迎請黑帽系第三世噶瑪巴讓炯多傑以及第四世噶瑪巴若佩多傑至中土，因襲薩迦派獨占歷代帝師之位的舊例。隨著元朝滅亡，薩迦派在西藏勢力凋零，明代西藏佛教亦隨著西藏內部勢力消長，漸轉為噶舉派全權主導。當然，薩迦派並非被徹底排除，永樂十一年（一四一三），貢噶札西（昆澤思巴，一三四九—一四二五）受封為「大乘法王」，同樣統領天下釋教（《明史》卷三三一）。明成祖繼而迎請西藏佛教的最大教派、亦即擁立達賴喇嘛的格魯派創始者宗喀巴（一三五七—一四一九）來朝，卻由釋迦也失（一三八三—一四三五）於永樂十二年（一四一四）代理遠赴南京，當時僅受大國師賜號，宣德九年（一四三四）再度來朝才受封為「大慈法王」（同前）。德新謝巴、貢噶札西、釋迦也失三位高僧，在明代並稱為「三大法王」。明成祖在位之際，曾晉封闡化王等五名喇嘛為「五王」，另有九名大國師及十八名國師。此外，獲賜禪師之號或立為僧官者不計其數（同前）。

明成祖之所以迎請藏僧，目的在於利用其稀有性，誇示皇帝與科舉官僚之間壁壘分明，藉以強調帝權的優越性。

三、中期——宣德至嘉靖時期

道衍以八十四歲之齡逝去的兩年後，亦即永樂十八年（一四二〇），朝廷決議自南京遷至新都北京（《明史》卷七）。此後雖保留南京僧錄司，卻改移至北京大興隆寺，隨著政權中樞轉移，江南佛教界漸失活力。

成祖薨逝後，皇太子隨即繼位為仁宗（一四二四—二五在位），數度舉行盛大法會，佛教顯現久違盛況，卻因仁宗在位八個月後猝逝，再度回歸管制路線。宣德二年（一四二七），仁宗的後繼者宣宗（一四二五—三五在位）敕命遵照成祖決定的給牒定額與修行五年的考核制度（《宣宗實錄》卷四十四）。宣德八年（一四三三）嚴格取締擅自出家的私

明朝歷代皇帝世系表

首都：太祖定都金陵（今南京），成祖移都北京，十七代，一三六八—一六四四

＊表中括弧內數字為在位年代

○表示非嫡出即位

①太祖（朱元璋，洪武）（一三六八—九八）——皇太子懿文——②惠帝（建文，一三九八—一四〇二）

①太祖——③成祖（永樂）（一四〇二—二四）——④仁宗（洪熙）（一四二四—二五）——⑤宣宗（宣德）（一四二五—三五）

⑤宣宗——⑦代宗（景泰）（一四四九—五四）

⑤宣宗——⑥⑧英宗（正統、天順）（一四三五—四九，一四五七—六四）——⑨憲宗（成化）（一四六四—八七）——⑩孝宗（弘治）（一四八七—一五〇五）——⑪武宗（正德）（一五〇五—二一）

⑨憲宗——○

○——⑫世宗（嘉靖）（一五二一—六六）——⑬穆宗（隆慶）（一五六六—七二）——⑭神宗（萬曆）（一五七二—一六二〇）

⑭神宗——⑮光宗（泰昌）（一六二〇）——⑯熹宗（天啟）（一六二〇—二七）

⑮光宗——⑰毅宗（崇禎）（一六二七—四四）

度僧（同卷一〇〇），私度僧卻有增無減，篡改及偽造度牒橫行。英宗（一四三五—四九在位）於正統元年再度仿效太祖製作僧侶名冊《周知冊》，頒行於全國寺院（《英宗實錄》卷二十三）。

正統十四年（一四四九）發生「土木之變」，蒙古軍入侵，英宗被俘，代宗（一四四九—五七在位）倉促即位後，為調度軍資和賑饑，於景泰二年（一四五一）後破例採取納錢給牒的「賣牒」制度，一併實施賣僧官職的「賣官」措施。英宗復辟（一四五七—六四在位）後，為抑制僧、道人數增加，於天順二年（一四五八）將給牒資格從五年延長為十年（《古今圖書集成釋教部彙考》卷六）。憲宗（一四六四—八七在位）繼位後崇好佛、道，對釋、道尤為禮遇，對政局更是雪上加霜，加上國家財政窮迫在即，各地賣官鬻牒橫行，《周知冊》已形同虛設。自天順元年（一四五七）至成化二年（一四六六）的九年間，得度僧道人數為十三萬二千二百餘人（《憲宗實錄》卷一一九），成化二年至十三年（一四七七）的十一年間達到十四萬五千餘人，偽牒不計其數（同卷一九五）。成化二十年（一四八四）為賑濟山東饑荒，出售無記名度牒的「空名度牒」高達一萬張（同卷二五七），為了確保邊疆警備財源，朝廷准許賣牒於全國僧、道六萬人（同卷二五九），光是一年正式給牒數量即高達十三萬張，明初以來實施的抑佛制道政策就此徹底瓦解。

憲宗的後繼者孝宗（一四八七—一五〇五在位）是明代中期名君，弘治十二年（一四九九）為改革弊端，將太祖時期的《大明律》改訂編纂為《問刑條例》，力圖重建內政。孝宗對佛教施以嚴策，即位後隨即自弘治元年（一四八八）起調查寺院道觀、諸僧道人背景，廢除十年一度的給牒制，只准增發度牒給超過規定人數的地區（《孝宗實錄》卷十）。然而偽牒依舊充斥，弘治九年（一四九六）政策略趨緩和，以每二十年或二十五年為期，認准北京八千名、南京五千名的給牒資格，其餘地區僅限於補足原定額數（同卷一一四），實際上，此後兩年間的僧、道給牒人數總計為一萬一千三百六十名。

武宗（一五〇五—二一在位）繼位後無意問政，委政於宦官劉瑾。正如後文所述，武宗沉迷佛教，尤其是耽於西藏佛教，不僅在宮廷內院建立新寺禮遇西藏佛教，又再行賣牒之策，正德三年（一五〇八），給牒人數為僧侶兩萬名、道士兩千名。

武宗之後，世宗（一五二一—六六在位）繼位，明代佛教面臨極度壓抑時期。世宗因熱衷道教，在宮內建萬壽宮，任憑道士參政，反之對佛教陸續採取嚴厲措施。首先在嘉靖六年（一五二七），敕諭禁行僧侶得度之儀（《世宗實錄》卷八十三）；嘉靖十四年（一五三五），設有僧錄司的北京興隆寺（原為慶壽寺）遭焚毀，亦不准重建（《大明會典》卷一〇四），翌年宮中佛殿被拆毀，佛像和佛骨皆遭丟棄（《古今圖書集成釋教部彙考》卷六）。嘉靖十六年（一五三七），進而敕准僧侶還俗卻禁止修寺，凡是父母允准子女出家或贊助私度者皆予以懲處（《大明會典》卷一〇四）。終極手段則是在嘉靖四十五年

（一五六六）下詔禁設僧尼戒壇（《古今圖書集成釋教部彙考》卷六），目的在於抑制白蓮教盛行，取締佯稱受戒而聚集的不逞之徒，導致原本視受戒為至要的佛教徹底瓦解。儘管如此，世宗在位期間，仍於嘉靖十八年（一五三九）、三十三年（一五五四）、三十七年（一五五八）施行賣牒，穆宗隆慶六年（一五七二）發行空名度牒，有關此部分記載可見於《大明會典》，可知當時確實出現為確保財源而陸續賣牒的情形。

（一）明代中期的僧侶

明代中期一百四十年中，佛教一蹶不振，從明初至「土木之變」的最初二十五年沿襲太祖、成祖時期的抑佛政策，此後一百餘年則藉由賣牒催生大量僧侶。若光就僧侶數目來看，佛教堪稱是發展鼎盛。但從中期後半約三分之一的四十五年間，沉溺於道教的世宗施行排佛政策，加上賣牒橫行，無疑讓佛教深受重創，禪宗燈史類系譜中記載的僧數亦遽然減少。

在此情況下，無論是禪、講、教，留名僧人寥寥無幾，優秀著作未能傳世。勉強可舉之例是空谷景隆（一三九三—一四七〇）於正統五年（一四四〇）冠以自序的《尚直編》和《尚理編》。這兩部著述是批判儒、道最具代表的護法之作，尤其是《尚直編》提出偏激論點，主張宋儒排佛言論皆為朱熹偽造，將責任盡歸咎於朱子一人。《尚直編》與道衍的《道余錄》同樣顯示了儒家、尤其是朱子學的深厚影響力。

（二）西藏佛教的活動

在中國漢地佛教勢衰不振的明代中期，西藏佛教曾短暫活絡發展。成祖以後，除了憲宗禮遇藏僧之外，歷帝皆採抑佛政策。明中葉以後，出現一位耽於西藏佛教的帝王武宗，不僅親學藏語，更建「豹房」修習喇嘛教，賜封領占班丹為大慶法王，給牒三千藏僧。據傳領占班丹即是武宗本人，武宗常著喇嘛服，奉誦經典，在宮廷講法論道（《明史》卷一八四）。正德七年（一五一二），為藏僧重建五台山演教寺（《山西通志》卷一七一），正德十五年（一五二〇）招請黑帽系第八世噶瑪巴密覺多傑（一五〇七—五四），異常耽溺於西藏佛教。世宗繼位後卻崇尚道教，抵斥喇嘛教，西藏佛教至明末在中國漸趨式微。

四、後期——隆慶、萬曆至明亡

明世宗採取偏激的抑佛政策，造成佛教內部在歷史上產生失序，昔日的五山十剎在明末徒留虛名，正如明州天童寺之例，已成為特定派別專權的世襲制。在佛教制度層面上，穆宗（一五六七—七二在位）、神宗（一五七三—一六二〇在位）時期的抑佛政策自然較先前略顯緩和，卻未留下具體政策史料，故難知其詳。但從萬曆以後載錄姓名的僧侶人數遽增的情況來看，應是繼續實施給牒制。

此外，佛教受朝廷尊崇道教的刺激，反而重燃復興氣象，出現所謂的「萬曆三高僧」，此後自明末至清初，佛教界發展盛況空前。其最大誘因之一，就是儒家陽明學的產生及流行所致。

明代儒學是由國家認定的朱子學經由官學化，再做為教科書運用於科舉制度中。但如此方式，卻導致朱子學在思想上淪為刻板化、形骸化。此外，朱子學提倡「性即理」之說，欲藉窮究萬事萬物道理的「格物窮理」來恢復本性，然而窮究萬物之理不啻是理想論，是常人無法達成之目標。王陽明（一四七二—一五二八）就此提出省思，重新提倡「心即理」，以求恢復人的天賦本性，斷然論定「聖人之學心學也」（《王文成公全書文錄》卷七）。王陽明的學說正如「心外無理、心外無事」、「心即道，道即天，知心則知道」（《傳習錄》）所述，將一切責任盡歸於心，就此意味來說，其主張與佛教、尤其是窮究三界唯心的禪宗頗為接近。隨著陽明學發展興盛，著重心學的佛教必然受刺激而有所自省。明末紫柏真可曾言：「朱新安不識佛心與孔子心」（《紫柏尊者全集》卷二十一），又云：「儒也、釋也、老也，皆名焉而已，非實也。實也者，心也。心也者，所以能儒能佛能老者也」（同卷九）。

五、萬曆三高僧（明末四高僧）

雲棲袾宏與憨山德清、紫柏真可，後世並稱為「萬曆三高僧」，明末清初的代表文人錢謙益（一五八二—一六六四）曾言：「萬曆年中，諸方有三大和尚，各樹法幢，紫柏以宗，雲棲以律，憨山以教。」（《牧齋初學集》卷八十一）正如其述，三僧宗學各異。此三僧皆與顯臣名士交流，不僅對佛教、對當時思想界影響亦深，此後加上天台宗系的蕅益智旭，即有「明末四高僧」之稱。

（一）雲棲袾宏（一五三五—一六一五）

明末佛教界亂象迷離，欲興其道，首要則應恢復戒律。嘉靖時期禁設戒壇，仍准許賣牒，這種矛盾政策造成僧數徒增，敗壞風紀的破戒僧隨之增加。雲棲袾宏憂心此勢，有意重振戒律，便撰寫《梵網戒疏發隱》、《具戒便蒙》、《沙彌律儀要略》等戒學著述，制定獨自的僧團嚴規《雲棲共住規約》，受戒弟子甚眾，「其及門授戒得度者，不下數千計」（憨山德清撰〈蓮池大師塔銘〉）。

袾宏的嗣法弟子，分別是鵝湖山的受戒師養庵廣心（一五四七—一六二七）、真寂寺的聞谷廣印（一五六六—一六三六）（《八十八祖道影傳贊》）。袾宏對弟子廣心是採用

《授戒儀軌》（《無異元來廣錄》〈博山和尚傳〉），當時袾宏、廣心師徒是以律師而知名，甚至與南山律師道宣（五九六—六六七）並稱（《天界覺浪盛禪師全錄》卷八）。

在復興戒律方面，雲棲袾宏實踐和推廣兩項行動，亦即戒殺放生和編製功過格。前者是勸發慈悲心和放生，袾宏撰有《戒殺放生文》，實際是為了放生魚蝦而購置淨慈寺的萬工池，確保鳥獸放生地，盡力供應飼料（憨山撰〈塔銘〉）。後者則是獎勵在明末流行道教式的賞善罰惡，袾宏修訂內容後編成《自知錄》，將各條善惡項目予以評分，如此更易於檢點自我行為，寄願眾人在日常作息中勤於培養自省能力。

然而，袾宏等人對於對律宗的貢獻，在後世並未受到極高評價，清代源諒撰寫《律宗燈譜》之際，不僅沒有為其立傳，甚至連袾宏其名也未見其錄。入清後，正統律宗的知名人物是古心如馨（一五四一—一六一五）及其門下的三昧寂光、見月讀體等人。縱然如此，袾宏對萬曆時期的戒律復興可謂貢獻卓著。

雲棲袾宏像（出自《佛祖道影》）

除了廣宣戒律，袾宏並以宣揚念佛著稱，故有「彌陀再世」之稱（《無異元來廣錄》卷十二），甚至列入「蓮宗八祖」之一（吳應賓撰

〈蓮池大師塔銘〉），被譽為淨土宗門祖師。有關淨土法門，袾宏的主要著作是《阿彌陀經疏鈔》。此外亦宣講禪淨雙修，撰有《禪關策進》，日本禪林亦廣為傳讀。袾宏不偏於一宗一派，是兼具包容力及嚴格實修的人物。

（二）憨山德清（一五四六—一六二三）

錢謙益評為「教宗」之屬的憨山德清，的確以華嚴為首、對諸經論鑽修精深，據傳有註疏《華嚴經綱要》、《首楞嚴經通議》等二十餘種，現存十四種一百二十六卷。另一方面，德清對禪宗亦有顯著的論見成果。

德清自三十歲以後，主以五台山（山西省）為道場弘法利生，法號憨山是取自五台山的北台山名。德清三十六歲時，奉神宗之母慈聖皇太后敕命，在五台山大塔寺舉行為期一百二十二日的法會，因與宮廷關係愈深而博得盛名。豈料五十歲之際，卻為此遭忌受冤，以設私寺的罪名受笞刑，被流配至雷州（廣東省），六十一歲方獲恩赦。德清主要在曹溪積極振興中國禪宗之祖慧能的禪學思想，多採用六祖的「本來無一物」公案指導禪修，示寂後，遺體塗以金漆，效法六祖以肉身像保存，至今仍祀奉於南華寺（原為廣東省韶關市的曹溪山寶林寺）。

憨山德清兼重禪、教二法，正如其述：「初祖、黃梅，以楞伽、金剛印心。乃禪道初來，恐學人用心差錯。故以經印正其心，不致誤謬」（《夢遊集》卷十一），此應源於教禪一致，亦即經文與禪悟內容毫無矛盾、互為一致的立場。宋代以後，教禪一致的思想體系在禪門多流於形式主張，像憨山這般涵括註疏、經論在內徹底實修的禪僧十分罕見。

南華寺供奉憨山德清肉身像（法鼓文化資料照片）

（三）紫柏真可（一五四三—一六〇三）

紫柏真可是三僧中以最激烈手段參與社會行動，最後命喪獄中的人物。

紫柏在禪僧中亦屬殊異之輩，幾乎不曾使用當時主流的看話禪，指導禪修時好用〈毘舍浮佛偈〉（《景德傳燈錄》卷一），以此取代《碧巖錄》、《無門關》等既有公案，曾斷言：「此頌四句二十八字，包括大藏，透徹禪源，靡不罄已」（《紫柏尊者全集》卷十五）。早在宋代即有覺範慧洪（一〇七一—一一二八）重視〈毘舍浮佛偈〉，且在其著作《智證傳》之中述及修此偈而獲頓悟的緣由。從紫柏重刻《智證傳》及採用〈毘舍浮佛偈〉做為禪修，可知其實是根據覺範的方式，進而受覺範倡說的「綱宗」理念獲得啟發，主張「綱宗乃宗門之命脈」（《紫柏尊者全集》卷二十三）。紫柏亦言：「性相禪三宗，各有綱宗」（同卷二十四），禪宗所謂的「綱宗」是指禪宗五家宗旨如「三玄三要」、「五位正偏」之類。紫柏曾言：「大法之衰，由吾儕綱宗不明」（同卷十四），為求重興禪宗，恢復綱宗才是首要課題。錢謙益將紫柏歸為「禪宗」，並非無憑之舉。

紫柏真可的禪學並非空論，而是與菩薩行融會如一。湖南太守吳寶秀因礦稅問題（宦官在全國各地礦山非法徵稅）遭到彈劾被捕之際，紫柏四處奔走成功救其出獄，當時開示吳寶秀應唱誦十萬遍〈毘舍浮佛偈〉，據說誦至八萬遍時，即脫離牢獄之災（憨山撰〈達觀大師塔銘〉）。

紫柏與憨山同樣受慈聖皇太后依止，據說取名為「真可」，是出自神宗之言：「若此真可名一僧」（陸符撰〈傳略〉）。紫柏在憨山流配八年後，於萬曆三十一年（一六〇三）受妖書案牽連，以謗妃之罪被捕下獄，遭受拷問。紫柏在獄中僅留下昔日時常叨唸的「三大負事」，就此無言而逝。所謂三大負事，乃是「老憨不歸，則我出世一大負。礦稅不止，則我救世一大負。傳燈未續，則我慧命一大負」（同前，憨山撰〈塔銘〉）。

紫柏尚有一件重要事蹟不可輕忘，就是盡心投入《嘉興藏》開版事業。前文提到明代官版《大藏經》，在太祖、成祖時期刊有《南藏》與《北藏》，《嘉興藏》則是皈依佛門的知識分子及民間人士共同協力刊刻而成的。昔日《大藏經》為卷本或折本形式，《嘉興藏》卻是最初採取簡便易用的冊籍形式。日本復刻這部《大藏經》，稱為「黃檗版（鐵眼版）」，版木現存於京都宇治的萬福寺寶藏院，如此重大事業，對日本佛教界堪稱是一大惠賜。《嘉興藏》刊刻事業的實質推動者，正是紫柏門下眾弟子，其中以密藏道開（生卒年未詳）為代表。原本這是由紫柏主宰的諸位人士提倡及發願的事業，紫柏扮演的角色及影響力極其深遠。開版事業幾經波折，卻在紫柏、密藏示寂後傳延不絕，一直持續至清康熙年間。

（四）蕅益智旭（一五九九—一六五五）

明末四高僧是指前述三僧之外，另外加上蕅益智旭。蕅益較三僧約晚半世紀出生，當時禪宗正居於優勢，一般對蕅益的印象卻為天台宗振興者。根據蕅益自述，三十二歲時，曾為不知該歸屬何派教學而深感迷惘。究竟應選擇華嚴、天台、法相宗，抑或自立別宗，委實無從抉擇，只好做四張籤，結果抽中天台宗，從此決定深究天台教理。蕅益憂心當時教派各執其宗，難以圓融和合，便採取「究心台部而不肯為台家子孫」的立場，曾言：「皆云道人獨弘台宗，謬矣，謬矣」（《靈峰宗論》〈八不道人傳〉）。

蕅益智旭能兼融各法，原因在於個人博通經論，初始修習儒學，二十歲時對《論語》所述的「天下歸仁」懷有疑惑，思惟三天三夜後終於了悟孔子、顏回心法。皈依佛門後，二十五歲在坐禪時驗證身心、塵寰盡消，對諸經論公案皆能徹悟，三十一歲時為革除禪門流弊，決心弘揚律宗（《靈峰宗論》〈八不道人傳〉）。其著述領域多元，涵蓋儒、禪、律、教。蕅益自號「八不道人」，所謂「八不」，是指「古者有儒有禪有律有教，道人既蹴然不敢。今亦有儒有禪有律有教，道人又艴然不屑，故名八不也」，不受宗派羈絆，撰有《周易禪解》、《四書蕅益解》、《閱藏知津》等四十餘部著作。

六、超越禪門三高僧的發展趨勢

三位高僧兼容禪、教、律，進而融入儒家思想後，繼而出現一股擺脫思想融合、追求純化的趨勢。形成這股趨勢的核心力量，正是當時發展最榮盛的禪宗。原因在於除了蕅益被視為天台系之外，紫柏、憨山、雲棲雖參修各異，卻皆與禪門淵源匪淺。這股轉變趨勢，藉由宗派正統意識抬頭的形式出現，具體分為兩大主軸發展，亦即重視師承法系，以及推崇五家宗旨。

明末清初盛行的禪宗門派為臨濟宗和曹洞宗，最顯著的派別，分別是臨濟宗幻有正傳（一五四九－一六一四）門下的密雲圓悟（一五六六－一六四二）和天隱圓修（一五七五—一六三五）兩派，以及曹洞宗無明慧經（一五四八—一六一八）和湛然圓澄（一五六一—一六二六）兩派。其中尤以密雲圓悟一派，對師承法系與五家宗旨問題採取最激進的行動方式。

臨濟、曹洞法系簡表

臨濟宗

- 笑巖德寶—幻有正傳
  - 密雲圓悟
    - 漢月法藏—潭吉弘忍
    - 費隱通容—隱元隆琦（日本黃檗宗開祖）
    - 木陳道忞
  - 天隱圓修
    - 玉林通琇—茆溪行森
    - 箬菴通問—（中略）—迦陵性音……雍正帝

曹洞宗

- 小山宗書
  - 蘊空常忠—無明慧經
    - 無異元來
    - 永覺元賢—為霖道霈
  - 幻休常潤—慈舟方念—湛然圓澄—瑞白明雪

重視師承法系

萬曆三高僧在禪宗法系上並無明確嗣承，紫柏真可等人為深究明心，無論是對儒家或禪宗、教宗，皆跨越藩籬汲取各方要素。誠如憨山德清所述：「如紫柏者，嗣法不嗣派可也」（《列朝詩集小傳》〈紫柏大師可公〉），紫柏以窮究真理為最要，無關乎特定法系或宗派，可謂明知故犯之舉。然而禪宗首重師資相承，明末有鑑於此，屢用六祖慧能門下玄策之說：「威音王已前即得。威音王已後，無師自悟，盡是天然外道」（《六祖壇經》〈機緣品〉第七），就此意味來看，三高僧以法嗣未明不得歸入禪門。三僧示寂後，在崇禎四年（一六三一）撰成的禪宗法系圖《禪燈世譜》中，完全不見其名。禪林並非徹底摒除三僧，只是在燈史類記載「嗣法未詳」而已（《五燈會元續略》、《五燈嚴統》），根本不認同三僧為正統禪僧，曹洞、臨濟對應亦然。

然而，將三高僧排除在外的強烈正統意識，益發引起禪門內部對立，最大癥結在於禪宗五家的法嗣歸屬問題。除了元代以後的臨濟、曹洞之外，唐宋時期的禪宗既存派別尚有溈仰、雲門、法眼三宗，合稱為五家。一般而言，雲門、法眼二宗與曹洞宗皆屬青原派，溈仰宗和臨濟宗同屬於南嶽派，卻有資料顯示自北宋釋惠洪撰《林間錄》以來，雲門、法眼宗與南嶽派亦有關聯，成為未解之問。倘若資料正確，五家之中有四派與臨濟宗為同系，唯有曹洞宗是別系。明末清初的臨濟宗、尤其是密雲圓悟一派，自前述的《禪燈世譜》問世後，執意採取上述立場，與曹洞宗屢次發生論爭。密雲的弟子費隱通容於清初順治年間編撰的《五燈嚴統》，在曹洞宗控訴下遭致毀版，亦與法嗣問題有關（可參照陳垣《清初僧諍記》）。

此外，禪僧師承問題亦成為法系歸屬的一大難題。禪林至萬曆年間，已歷經明朝中期漫長的佛教停滯期，嗣法逐漸混沌不明。尤其曹洞宗如此傾向更強，以湛然圓澄為例，就無法確定其世數，以致出現「第二十七世」（〈重刻正法眼藏序〉）或「第三十一世」（〈宗門或問〉結尾），甚至「第三十二世」（〈楞嚴經憶說序〉）的不同記載。《禪燈世譜》和《五燈嚴統》之中，曹洞兩大宗匠湛然圓澄、無明慧經皆被歸為「嗣法未詳」，亦是一大問題。

臨濟宗雖引發爭論，卻未必蓄意排除曹洞宗，根本目的在於強調師承之重要。如此情況可從臨濟內部對木陳道忞的「代付（代理付法）」（《費隱禪師別集》卷十五）、雪嶠圓信的「遙繼（妄自嗣法於前代祖師）」（《五燈嚴統》卷首凡例）、漢月法藏的「複數拈香（向多位他師焚香致禮）」（《費隱禪師語錄》卷十一）的批判略窺端倪，這是禪門將師資相承視如己命才會出現的批判論爭。

七、宗旨論爭

明末禪宗無論是臨濟或曹洞，皆以公案禪達於鼎盛，許多禪僧與三高僧同樣汲取教禪一致或禪淨一致、儒佛一致的融合思想。但至臨濟宗的密雲圓悟之際，卻出現顯著改變，棒喝禪就此復甦，如同密雲所放言：「千問千棒，萬問萬打」（《天童直說》卷三）般，將棒喝推崇至極，形成一大特色。密雲否定公案禪，一概不認同與經典、淨土、儒家融會，目標唯指根本不立文字的純禪。從此以棒打機用的臨濟禪為主軸，進行法系論爭之際，兼而推展宗旨論爭。其論爭主分為三種，亦即棒喝與綱宗論爭，濟、洞宗旨論爭，以及「主人公」論爭。

密雲圓悟像（出自《佛祖道影》）

（一）棒喝與綱宗論爭

前述的三項論爭中，對後世影響最深遠、最後由清世宗所裁奪的，就是棒喝與綱宗論爭。如前文所述，三高僧中的紫柏真可受到宋代覺範慧洪的影響，重視「五家綱宗」，此後由密雲圓悟的弟子漢月法藏（一五七三—一六三五）繼承，發展出獨自見論。漢月撰有《五宗原》，有言：「師承在宗旨」，臨濟宗尤將「三玄三要」視為要旨，批判其師密雲主張的棒打是「只得一條棒打人，不識三玄三要」（《天童直說》卷一）。密雲則主張臨濟宗旨是「一棒打殺」（《密雲禪師語錄》卷二），更唾棄漢月之說，認為「三玄三要真箇是龜毛兔角」（《闢妄救略說》卷六），火速連撰《七書》、《後錄》、《三錄》批判漢月思想。此時，漢月尚不及駁論便撒手人寰，其弟子潭吉弘忍（一五九九—一六三八）撰寫《五宗救》代為宣揚師說，密雲又著《闢妄救略說》批判《五宗救》。潭吉亦來不及辯駁而驟逝，與漢月同為密雲門下的朝宗通忍（一六〇四—四八）支持漢月之說，法兄費隱通容為此撰寫《金粟闢謬》、《規謬見長老》予以批判，但漢月門下仍有眾多優秀弟子繼續擁護師說。清初順治十八年（一六六一），漢月的法孫晦山戒顯（一六一〇—七二）著有《禪門鍛鍊說》一卷，亦是循漢月的論說宗旨為基礎。至於清世宗對此論爭將如何做出定奪，則待後文詳述。

（二）濟、洞宗旨論爭

第二項論爭是臨濟宗以密雲的棒喝機用為宗旨，造成與曹洞宗之間的齟齬及對立。費隱通容（一五九三—一六六一）最忠實繼承密雲的棒喝禪，評喻臨濟宗為「一棒一條痕」（《費隱禪師語錄》卷六）。費隱曾針對湛然弟子瑞白明雪所言的：「從金粟來底，我以棒喝接他，從博山來底，我以語句接他」（《費隱禪師別集》卷十一），在自著《室中偶言》、《黃檗勘語》中批判曹洞宗盜用臨濟宗的棒喝禪法。瑞白為此在《闢語》之中反駁：「元不在語言棒喝上，只用本分事接人」（同前，卷十二），費隱卻斷然主張：「從語句下發明，則以語句接人為本分，從棒喝下發明，則以棒喝接人為本分」（同前），堅決強調洞、濟二宗在指導方法上迥然各異。如此想法是基於二宗名稱既異，原應根本有別，但自古曹洞亦採棒喝禪法，歷代臨濟祖師並未一意執用棒喝，就史實來看，費隱的主張過於強辭奪理。

說起素以「棒打」聞名的祖師，應屬唐中葉以後、與臨濟義玄同時代的德山宣鑑。正如前文所述，費隱通容在著作《五燈嚴統》中，將雲門、法眼二宗與臨濟宗同歸於南嶽門下，其實德山被定位為雲門、法眼二宗的源祖之輩，若將德山與曹洞宗同歸於青原門下，棒打禪法只屬臨濟宗所倡的憑據將就此瓦解。此外，費隱與密雲同樣主張唯用棒喝一法，餘者盡斥，欲藉此純化禪法，曹洞宗的永覺元賢則指評為：「若不策進其功夫，而唯以機用接人，則上根上器，當下知歸者，能有幾人？」（《永覺禪師廣錄》卷十一）。正如元賢所述，如此恐讓臨濟宗陷入曲高和寡的危機。

（三）「主人公」論爭

與前述論爭同樣，濟、洞二宗尚有一項對立主題：「主人公（從禪悟中獲得絕對的主體性）」。這是針對元代禪僧高峰原妙的悟道體驗所引發的論爭，高峰在參修過程中二度開悟，爭論焦點就在兩次悟道的內容定義為何。

以湛然圓澄為首的曹洞派主張第一次開悟是證悟主人公，第二次開悟是連主人公亦不留痕跡，徹底成為「無」狀態。另一方面，以密雲圓悟為首的臨濟派則從「小小省發，原不可謂悟」（《闢妄救略說》卷六）的立場，主張第一次尚未徹底開悟，第二次才是大悟主人公。換言之，臨濟宗是認同主人公的一悟說，曹洞宗則是否定主人公的兩悟說。

雙方因立場差異，引發論爭當事人為悟道內容互為詰難，曹洞派指稱密雲等人的立場是「仍蹈高峰舊得」（《梅山普說》），臨濟派則指湛然的立場是「未嘗自悟箇中本分主人公」（《天童直說》卷八），最後各執其見告終。

關於此論戰，臨濟派幾乎只由密雲一人因應，其批判之論可見於《判語》（《天童直說》卷八）。曹洞派的參戰者是湛然弟子瑞白明雪、法孫歷然淨相，分別撰有《判誣說》、《梅山普說》。

瑞白明雪示寂後，濟、洞論爭暫告終歇，此後臨濟內部再度引發爭論，源自於密雲的法侄玉林通琇提出疑異，在自著《辨魔語》和《判魔直說》中發表獨到見解，指出高峰的一悟是大徹大悟，二悟是「向上一著」。密雲尚不及嚴正駁斥而示寂，弟子牧雲通門則提出「高峰主人公論」（《四悉書》卷十一）予以反駁，費隱通容更撰寫《判狂解》、《又判狂解》強烈駁斥。

「主人公」論爭因內容殊異，難以從客觀的悟道體驗作判定，正因如此，在當時引發極大反響，最終未有定論。有關此論爭，居士唐世濟（一五九八年進士）倒有一番見解：「旁觀者，口呿目眙，莫適所從。乃吾聞之兒竑。師數稱天童，命兒速往瞻禮，且曰，『老人年尊矣。不往更復何待』。嗚呼，此足以見師之心矣。末法鬪爭堅固，諸善知識，即現鬪爭身而為說法」（《瑞白禪師語錄》卷十七〈瑞白傳〉），將整起論爭視為權巧方便，確實也成為一樁未解公案。

八、基督教批判

明末佛教發展趨勢中有一項特徵，就是對基督教的批判書籍確切問世。

利瑪竇（Matteo Ricci，一五五二—一六一〇）以義大利耶穌會士及天主教司祭的身分於萬曆十年（一五八二）入華，萬曆二十九年（一六〇一）獲准在北京宣教，以中國式名稱「天主教」確保穩固地位。利瑪竇受到李之藻（一五九八年進士）的協助，出版世界地圖《坤輿萬國全圖》（一六〇二年刊），以及利瑪竇譯、徐光啟（一五六二—一六三三）筆授的歐幾里德幾何學譯著《幾何原本》（一六〇七年刊）等，致力介紹西洋文明，並為宣教撰寫教理書《天主實義》（一六〇三年刊），在中國傳布天主教。這部著作是以問答形式撰成，推廣天主（神）之存在等天主教理，內容因涉及批判佛教六道輪迴、戒殺放生思想，遭到佛教人士強烈駁斥。

這些佛教人士的反駁著作中，以雲棲袾宏的〈天說〉（收於《竹窗三筆》）、密雲圓悟的《辨天說》、費隱通容的《原道闢邪說》等為代表，皆收於徐昌治編《聖朝破邪集》。此外，蕅益智旭亦撰有《天學初徵》、《天學再徵》（收於《翻刻闢邪集》）。

至於批判內容，首先從佛教界無法理解一神教的立場展開，雙方從最初即無法在理念上契合，例如利瑪竇為能讓中國人易懂教理，時而採用儒家辭語如「吾天主乃經所謂上帝也」（《天主實義》第二章）等用法，反而招致佛教人士抨擊：「彼所知者，萬億天主中之一耳」（《聖朝破邪集》卷七〈天說〉），最終以痛斥收場。

中國天主教在入清後持續發展，因有湯若望（Johann Adam Schall von Bell，一五九一—一六六六）等人積極奔走，康熙三十一年（一六九二）終於獲准宣教。後來，羅馬教皇下令禁止天主教徒在中國進行儒式禮俗活動，但活動自利瑪竇以來即容許傳教士參與，於是引發所謂的「儀禮問題」，觸怒聖祖，於康熙五十六年（一七一七）禁止天主教在華的傳習活動。世宗更於雍正元年（一七二三）再度敕令禁教。乾隆三十八年（一七七三），教皇命令解散耶穌會，天主教勢力從此一蹶不振。

附論　清初佛教

一、辮髮與遺民僧出現

明朝自隆慶至萬曆初年，宰相張居正推行實際測量耕地的「丈量法」等政策，欲求重興財政，國財一時轉虧為盈。但張居正逝後，萬曆中期發生「萬曆三大征」，亦即蒙古叛變（寧夏之役）、豐臣秀吉侵攻朝鮮（朝鮮之役）、苗疆土司叛亂（播州之役），耗盡鉅額軍資，又因神宗（一五七二—一六二〇在位）浪費成性，財政再陷虧損。熹宗（一六二〇—二七在位）時期，宦官魏忠賢趁東林黨與敵派政爭之隙掌握實權，加上思宗（一六二七—四四在位）主政時期，為調度軍費屢次增加賦稅，難忍苛稅剝削的百姓，藉陝西饑饉引發暴動，範圍擴及河南、山西、河北，形成大規模叛亂。叛軍中以李自成（一六〇六—四五）聲勢最盛，崇禎十七年（一六四四）正月入陝西省西安自立為王，國號為大順，年號永昌，同年三月陷北京，思宗被迫自縊。

另一方面，東北滿洲的努爾哈赤（一五五九—一六二六），趁明朝窮於應付豐臣秀吉出兵朝鮮之際，擴張勢力統一女真各族，並於萬曆四十四年（一六一六）建立後金國，屢次南下與明朝發生衝突。後繼者皇太極（一五九二—一六四三）於天啟七年（一六二七）迫使朝鮮臣服，崇禎八年（一六三五）又降蒙古，翌年改後金國之國號為大清，與明朝正式形成對峙。皇太極逝後，繼位的清世祖尚是六歲幼帝，皇叔多爾袞（一六一二—五〇）代為攝政並發軍征明。李自成因逼迫前朝末帝自盡，多爾袞便以弑君及剿討流賊之名攻入北京。

當然此時明朝尚未徹底屈服，思宗賓天之後，華南陸續出現擁立南京福王、紹興魯王、福州唐王、肇慶永明王等勢力，樹立南明政權以期匡復明室。直至康熙元年（一六六二）南明徹底覆滅為止，各地慘烈抗爭不斷，其中引發最大抗爭的原動力，就是清廷強制要求剃髮留辮。漢族一向採取結髻束髮，滿族則是剃額髮，餘髮留編為長辮，稱之「辮髮」。順治二年（一六四五），世祖敕曰：「留頭不留髮，留髮不留頭」（《明季南略》卷四），漢人被迫剃髮留辮，招來猛烈抗清運動，清廷更為此大舉屠殺漢民，其況之慘，《嘉定屠城紀略》中有詳細載述。

若欲逃避強行剃髮留辮，唯有入佛門一途。金之俊（一五九三—一六七〇）曾在李自成攻陷北京後仕李，李遇害後改仕清朝，官銜從尚書晉升中和殿大學士。金之俊本為明朝進士出身，思宗在位時任兵部右侍郎，其變節行徑，當時被譏諷為：「仕明仕闖仕清，三朝之俊傑」（《清詩紀事初編》卷三）。金之俊在多爾袞招降明臣之際，曾提出若能接納自身要求，方才答應降清。此要求有十條，就是所謂的「十從十不從」（《滿清外史》上卷）。例如第一條「男從女不從」，意為「男子依滿人習俗留辮，女子可循漢人習俗束髮」，清朝統治漢族之際，並未徹底強迫完全遵照滿式，而是附帶緩衝條件。多爾袞接納十條要求，其中第六條是「儒從僧道不從」，即指「在家儒士結辮著滿服，僧侶道士則維持貫有舊俗」。

在強行實施剃髮留辮的政策下，大批明朝遺臣以拒絕金之俊倡議為由，選擇隱逸出家，這些人稱為「遺民僧」。知名者如：熊開元，法名正志，字檗菴，天啟五年（一六二五）進士，於唐王政權下擔任文淵閣大學士。方以智（愚者大智），崇禎十三年（一六四〇）進士，在永明王政權下出任少詹事、翰林院侍講學士。金堡（澹歸今釋）與方以智同年及第進士，曾任禮科給事中等。如此實例不勝枚舉，眾多政壇英傑紛紛投歸僧籍，以致清初佛教界菁英輩出。然而身為明遺民代表之一的黃宗羲（一六一〇—九五），卻將「遁入空門」的遺民僧列為「七怪（逃釋、學者、文章、深淺、神童、葬地、醫）」之首（《南雷文案》卷十），如此從儒家倫理立場來看，遺民僧不啻是謀求己生、揚棄道義，並不見容於理法。

就此意味來看，隱元隆琦雖非遺民僧，卻志願遠渡伏桑，此舉則更為人所稱譽。隱元與鄭成功（一六二四—一六二）有所往來，鄭以臺灣為據點力抗清廷，始終志堅不移，隱元

清朝歷代皇帝世系表

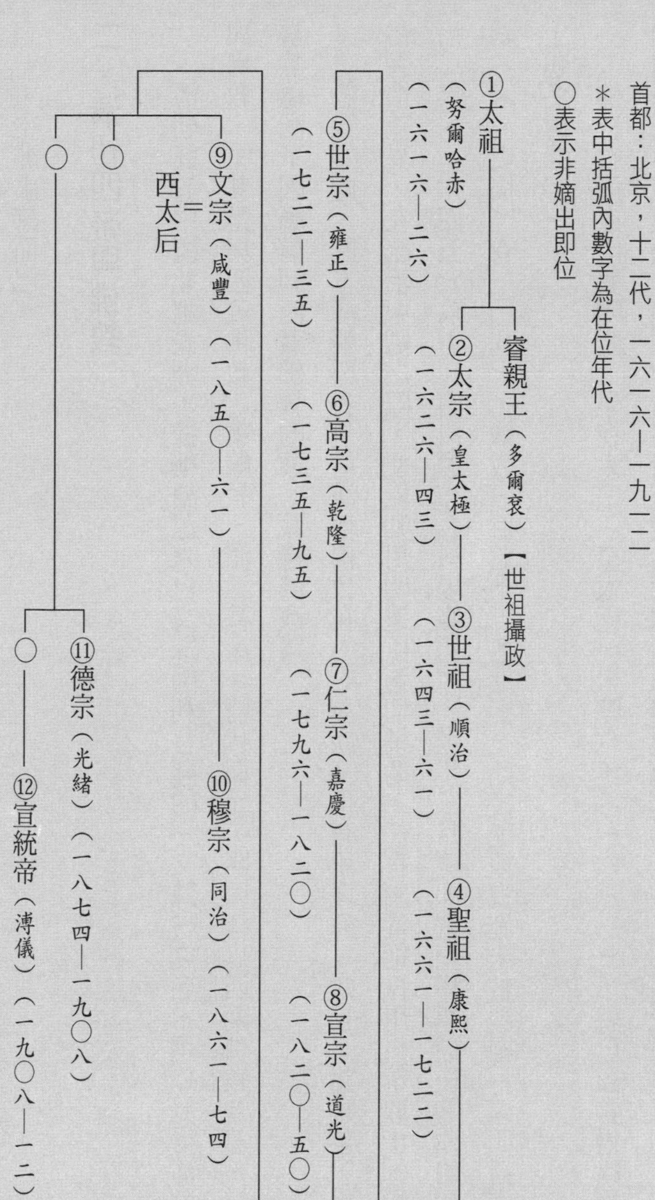
首都：北京，十二代，一六一六—一九一二
＊表中括弧內數字為在位年代
○表示非嫡出即位
①太祖（努爾哈赤）（一六一六—二六）
睿親王（多爾袞）【世祖攝政】
②太宗（皇太極）（一六二六—四三）
③世祖（順治）（一六四三—六一）
④聖祖（康熙）（一六六一—一七二二）
⑤世宗（雍正）（一七二二—三五）
⑥高宗（乾隆）（一七三五—九五）
⑦仁宗（嘉慶）（一七九六—一八二〇）
⑧宣宗（道光）（一八二〇—五〇）
⑨文宗（咸豐）（一八五〇—六一）
＝西太后
⑩穆宗（同治）（一八六一—七四）
⑪德宗（光緒）（一八七四—一九〇八）
⑫宣統帝（溥儀）（一九〇八—一二）

為求重興明室，不惜赴日乞師求援。附帶一提，隱元是日本黃檗宗開祖，為倡導棒喝禪法的費隱通容法嗣，在懷有正統禪門的強烈意識下渡日，隱元遺墨上的落款印「臨濟正宗」，絕非虛飾而已。

二、清初四帝與佛教

清朝興於中國北疆滿洲，據稱語源來自文殊師利菩薩的「文殊」之名，足以見得清朝與佛教、尤其是與西藏佛教（喇嘛教）淵源甚深。清代與元、明同樣以西藏佛教為尊，這當然蘊涵了因應信仰西藏佛教的蒙、藏邊疆政策。

儘管如此，原本清朝即對包括漢地佛教在內的漢族文化有所理解，姑且不論辮髮等風俗習慣差異，在統治中國之際，便能利用明遺臣適切輔助。任官制度則採用科舉取士，順治二年（一六四五）攻占江南後頒布《科場條例》，翌年三月隨即實施科舉最後階段的殿試（《清史稿》卷一〇八），錄取三百七十三名進士，此後陸續實施未曾廢絕（《明清進士題名碑錄》）。

佛教政策亦沿襲明制，早在太宗（皇太極）天聰六年（一六三二），就已設置僧錄司和道錄司，規定通經義、守清規者方發給度牒（《清史稿》卷一一五）。此後自崇德（一六三六—四三）至順治（一六四四—六一）年間，屢次廢除納銀給牒制，順治八年（一六五一）改由禮部掌理給牒事宜（《大清會典》卷九十二），給牒制度就此存而不廢。順治二年（一六四五）廢止試經制度，亦即廢除給牒之前的考試（陳繼東〈清初試經廢止考〉）。另一方面，卻嚴格取締私度僧，禁止建寺，沿用明朝以來的抑佛政策。此後歷經康、雍二朝，佛教至乾隆時期已遭去勢，完全喪失活力。不過這段歷程未必如此單純，禪宗之中，尤以臨濟宗與皇帝保有密切關係，在傳法活動上得以大展所為。

三、世祖與兩位禪僧

清世祖（一六四四—六一在位）幼時即位，實權為攝政王多爾袞掌握，卻因此在成長過程中充分學習漢族文化。世祖對佛教傾服之深，誠如自述：「前身的確是僧」（《北遊集》卷四）。多爾袞於順治七年（一六五〇）逝後，世祖方始親政，召謁當代名僧，因感「臨濟一宗，禪風獨勝」（〈順治十六年敕諭〉），陸續招請臨濟僧入宮。其中，最著名的是順治十六年（一六五九）二月謁見玉林通琇（一六一四—七五），同年九月又謁木陳道忞（一五九六—一六七四），此二僧皆出於幻有正傳法系，玉林為天隱圓修法嗣，木陳則為密雲圓悟法嗣，法系關係甚為密切（天隱與密雲為師兄弟）。

玉林通琇天資穎悟，十九歲悟道，二十三歲繼天隱之後出任湖州報恩寺住持（《玉林國師年譜》）。二十八歲時，曾與師叔密雲圓悟及其弟子費隱通容引發大論爭，故而

玉林通琇像（出自《佛祖道影》）

木陳道忞像（出自《佛祖道影》）

名噪一時。順治十六年（一六五九），玉林四度受詔入宮於萬善殿上堂（為修行僧正式說法），翌年在殿內結冬（冬季結制的安居），撰有〈工夫說〉，內容是向皇帝闡述修行之道。玉林撰述的〈客問〉深獲世祖讚譽，大學士金之俊奉敕為其撰附「評註」，此後付梓刊行（收於《玉林禪師語錄》卷十）。這位金之俊，正是曾向多爾袞提出「十從十不從」條件的人物。至於世祖法名「行癡」的由來，是由玉林列舉數字，經皇帝御選一字，再加上與玉林弟子同輩的「行」字而成。此後玉林受封為國師，順治堪稱為玉林弟子。玉林歸返報恩寺後，順治十七年（一六六〇）七月，世祖在騎馬之際證悟，為確定是否真獲明悟，又重召玉林入宮，對玉林信賴倚重之深，可見一斑。

另一方面，木陳道忞亦為俊逸秀傑，既身為

費隱通容法弟，又以密雲圓悟的後繼者身分入天童景德禪寺擔任住持。木陳兼修儒學，善詩文，語錄之外尚有《布水台集》等著述，不採用偏激的棒喝禪法，亦能重視「語言三昧」（《布水台集》卷七）。木陳奉詔入宮的時間略晚於玉林，順治十六年（一六五九）十月始在宮內萬善殿開堂（迎任住持儀式），受賜禪師之號，當時上堂說法與世祖問答等事蹟皆詳載於《北遊集》。

玉林、木陳獲得世祖厚遇，不僅是個人問題，而是在朝廷倚盾下中興宗門，促使臨濟宗在明末清初盛況之中，形成兩大雄厚派系。

據傳世祖在薨逝前不久曾出家，並有剃髮之實，為其剃度者正是玉林法嗣的茚溪行森（一六一四—七七）（《續指月錄》卷十九），在遵循佛教儀式為世祖舉行火葬之際，茚溪奉遺詔執行秉炬之儀（佛事中秉持火炬的儀式）（《五燈全書》卷八十一）。玉林門弟除了茚溪之外，尚有白松行豐、棲雲行岳、骨巖行峰、美發行淳等人，於順治十七年（一六六〇）奉敕參與菩薩戒會（《玉林禪師語錄》〈皇壇戒牒〉）。木陳道忞南還之際，命弟子旅菴本月、山曉本晳留於京師說法（《宗統編年》卷三十二），故比玉林留下更多法嗣傳世。

四、西藏與世祖、聖祖

世祖年僅二十四歲賓天，當時聖祖康熙（一六六一—一七二二在位）以八歲之齡繼位，治世卻長達六十載，力圖推動儒家理想政治，實施開源節流等優良治績。正如耶穌會士白晉（Joachim Bouvet，一六五六—一七三〇）之美譽：「是自古統治人世的君主中，最完美無缺的明君」（《康熙帝傳》）。對於佛教，聖祖未如其父採取支持，而是抱持否定態度，康熙九年（一六七〇）頒布《聖諭》十六條，其中第七條為「黜異端以崇正學」，在制度上進行強化僧規。康熙十三年（一六七四），僧錄司、道錄司改制，兩年後規定凡私度僧杖八十，篡改度牒者加笞刑四十，管轄僧官被迫還俗，翌年禁止寺院男女同席說教（《大清會典》卷九二）。儘管如此，聖祖屢次巡行寺院，並非一味排佛而已。但在西藏佛教政策上，康熙時期卻出現明顯轉變。

明、清遞嬗之際，西藏內部爭權不斷，主導權漸從噶舉派轉為格魯派。格魯派的第五世達賴喇嘛阿旺羅桑嘉措（一六一七—八二），在占領青海（藏北）的和碩特部顧實汗的軍力支持下，於明崇禎十五年（一六四二）統一西藏，清順治二年（一六四五）在拉薩西郊建造布達拉宮，費時三年完成後住錫於此。

五世達賴在統一西藏翌年、亦即清崇德八年（一六四三）及時遣使北京，此後連年入貢，歷時數載（《清史稿》卷三一五）。清廷屢次迎請達賴五世來朝未果，順治九年（一六五二）才得以遂願。世祖為迎請達賴喇嘛而建西黃寺，賜其號為「西天大善自在佛所領天下釋教普通瓦赤喇怛喇達賴喇嘛」，自此西藏佛教在中國發展的主要教派為格魯派。原本西藏問題在中國不單是宗教方面，更包括政治要素，從達賴賜號「所領天下釋教」來看，可知用意在於以藏、蒙佛教為支配主導，與漢地佛教明顯區隔。

聖祖即位後，康熙十二年（一六七三）吳三桂謀反，占據江南，達賴五世卻有失因應。聖祖請求西藏提供軍援平亂，達賴五世未能答允，此舉招致聖祖疑惑，從此干預西藏問題。康熙五十九年（一七二〇），七世達賴為清廷認可後，在清軍衛護下於布達拉宮即位，這無疑顯示了達賴勢力在中國佛教內部產生地位動搖，逐漸喪失公信力。

五、法王世宗現身

延續康熙盛世的清世宗（一七二二—三五在位），素有「近世中國獨裁君主代表」之稱（宮崎市定《雍正帝》），他以禪僧身分而有劃時代之舉，在中國佛教史上堪稱是稀有之君。

世宗是康熙帝第四子，年屆四十五方即位，僅在位十三年即猝逝，在位期間設軍機處鞏固獨裁專制，崇尚質樸儉風，以致國庫充盈，更不惜御批奏摺定奪諸事，素以勤政著稱。

對於西藏問題，世宗為壓制與達賴政權關係密切的顧實汗一族，將青海地區直接納入清朝管轄，雍正六年（一七二八）將達賴政權分權於班禪，軟禁達賴七世於四川，試圖削弱其政治權力。

另一方面，世宗早年即對佛教、尤其對禪宗深為傾服，撰有《御選語錄》、《御製揀魔辨異錄》、《御錄宗鏡大綱》、《御錄經海一滴》等相關著述。不僅身為居士，世宗亦親任禪宗師家分上（具備可指導修行僧之學德才識者），此身分必須獲得開悟及印可方可適任。

康熙四十一年（一七〇二），世宗時年二十五歲，參禪於北京柏林寺的獨超超方、釋仁岠、迦陵性音（一六七一－一七二六）（《理安寺志》卷五、七），此三僧皆屬臨濟宗，出自於玉林通琇的師兄弟箬菴通問（一六〇四－五五）法系。尤其是迦陵性音，世宗評之為「深悟圓通」，在迦陵生前即賜以禪師號，為其在西山建大覺寺。迦陵於雍正四年（一七二六）示寂，世宗宣「上諭」追謚為國師，命其語錄入藏，可謂厚遇有加。

康熙五十一年（一七一二），世宗在坐禪中悟道，迦陵性音授以印可。此後世宗卻認為當時並未徹底開悟，表示在獲得印可翌年接受章嘉活佛指導後，方才真正獲得證悟，章嘉活佛才是證悟之師（《御選語錄》卷十八〈御製後序〉）。這是考量到若尊迦陵為嗣法之師，世宗將成為中國禪宗某特定宗派的弟子，如此恐將紆尊於漢人之下，為了避免窘境，才利用與蒙古淵源匪淺的藏僧。世宗此番宣稱章嘉喇嘛為師的言論，其實是在迦陵和章嘉活佛遷化後表明，逝者已無法親口證實。從禪宗師資相承的立場來看，當然無法認同具有西藏高僧印可後，又能以禪僧身分大為活躍，但在帝王權威下，相信無人敢有非議。

章嘉活佛是清代四大活佛之一，屬於內蒙格魯派系。具體而言，章嘉活佛是指第十四世（世數說法不一）章嘉呼圖克圖，亦即阿噶旺羅布桑卻拉丹（一六四二—一七一四），其在康熙年間繼達賴五世之後入華，深獲聖祖崇信，康熙四十五年（一七〇六）受封為「灌頂普善廣慈大國師」。章嘉活佛一派自雍、乾時期以後，就以北京雍和宮為據點從事傳法活動。

總而言之，世宗悟道後便以禪僧自居，在宮中說法問答，當時情形可從《和碩雍親王圓明居士語錄》（《御選語錄》卷十二）略窺一二。據稱曾受欽點教化的親王大臣中，有八人未及半年即悟得證道（同卷十九），其中包括四皇子和碩寶親王（長春居士），亦即日後繼位的高宗。

然而，世宗身為法王卻肅清禪門，其偏好者多如雲棲袾宏等無害治世、宗風穩健者（《御選語錄》卷十三〈御製序〉），對於唐代德山宣鑑、丹霞天然提倡「訶佛罵祖」的禪風，則斥為狂悖（同卷十四〈御製序〉）。

有關密雲圓悟、漢月法藏在明末清初引發的宗旨論爭，世宗在自著《揀魔辨異錄》中支持密雲的立場，批判漢月為「魔藏」，更裁奪下令焚毀《五宗原》、《五宗救》，進而斷絕漢月法派，眾弟子別嗣他宗。這項制裁不僅是針對宗旨問題，就如世宗己身所述：「今其魔子魔孫，至於不坐香，不結制，甚至於飲酒食肉，毀戒破律。唯以吟詩作文，媚悅士大夫」（《揀魔辨異錄》卷首〈上諭〉），矛頭更直指漢月一門與仕宦階級過從甚密。漢月一門在清初與黃宗羲等遺民皆有往來，漢月門下有熊開元、張有譽等遺民僧，與仕宦階級關係甚深，被視為不滿清朝體制的反動派。南宋大慧宗杲（一〇八九－一一六三）親近高倡主戰論的士大夫，基於同一理由，亦被世宗斥為：「非實透關之侶」（《御選語錄》卷十四〈御製序〉）。

世宗嫌忌僧眾倚仗朝廷，恃寵而驕，將世祖賜封禪師號的木陳道忞所撰的《北遊集》，以及隨同玉林通琇奉旨入宮的骨巖行峰所撰的《侍香紀略》二書列為禁書，又將骨巖一派自玉林法系削除（《文獻叢編》第三輯，雍正十一年〈上諭〉）。在此同時，世宗削奪迦陵性音的禪師號，刪其入藏語錄（同前），更在八個月後否認自身為迦陵法嗣，顯然目的在於杜絕迦陵一派勢力抬頭。

世宗唯一保護玉林通琇、茆溪行森這對師徒的法脈。除了雲棲袾宏之外，明、清禪僧中僅有玉林、茆溪二人的著述獲入載《御選語錄》之譽。世宗有感於茆溪法嗣不興，雍正十一年（一七三三）敕命超盛、超善、超鼎繼其法嗣，兩年後又命超海、超源、超廣、超成繼承法脈（乾隆八年閏四月二十八日〈上諭〉）。法王世宗就此以帝權為恃，徹底掌控佛教界。

六、高宗的佛教去勢行動

世宗的後嗣高宗（一七三五－九五在位）通曉佛學，卻較先帝更為崇儒，致力推揚漢族文化，纂輯古今既刊及未刊書籍，最為人熟知的就是編成卷帙浩繁的《四庫全書》，此古典全集共達七萬八千餘卷。

雍正時期雖肅清禪門，世宗個人卻傾心佛教，並未在制度上採大規模管制行動。雍正十三年（一七三五）十一月，高宗下諭速審給牒制，表示：「多一僧道則少一農民」（《大清會典》卷九十二），藉此強化抑佛制道政策。另一方面卻表明：「然苟能遵守戒律，焚修於山林寂寞之區，布衣粗食獨善其身，猶於民無害也」（同前），根據修行態度良否，推行篩選僧人的方式及獎勵還俗。根據乾隆元年（一七三六）諭文：「應付僧火居道士，竊二氏之名而無修持之實甚」（同前），此時主要針對從事喪儀法會的瑜伽僧，斥之為破戒蓄財，迫其還俗，尼僧則限四十歲以上方可出家。此乃高宗身為世宗之「弟子」，才能洞悉佛教界良弊，最後做出裁奪。縱然如此，據說自乾隆元年起四年之間，仍給牒三十四萬張（《大清會典》卷九十二），高宗於雍正十三年（一七三五）敕諭中曾表示：「朕之諭，令清查僧道者。（中略）若朕有沙汰僧道之心，則何不降旨勒令伊等還俗」（《東華續錄》卷一），翌年（乾隆元年）上諭亦強調：「原以護持僧道，而非有苛刻僧道」，至少未有根絕佛脈之意圖。

以下之例，雖無法就此證明高宗護持佛教，但在乾隆年間已有敕版《大藏經》問世，稱之為《龍藏》。此經最初由世宗籌畫刊刻，附有雍正十三年（一七三五）的〈御製重刊藏經序〉，乾隆三年（一七三八）完成。乾隆三十八年（一七七三）起，又將漢文《大藏經》譯為滿文，歷時長達十七載。

《龍藏》之中，當然收入世宗維護的玉林通琇、茚溪行森語錄。但世宗立為茚溪後嗣的超善、超鼎、超海恃寵而驕，乾隆八年（一七四三）詐稱詔旨，超海更涉入買官弊案，最後畏罪自縊，高宗遂將三人自茚溪法派削除（同年閏四月二十八日〈上諭〉）。明末清初隆盛一時的禪門各派盡遭去勢，此後徒具形式而已，中國佛教包括西藏佛教在內，長久積弱不振終至清末，恰巧符合了高宗於乾隆四年（一七三九）六月敕諭所言：「將來可以漸次減少，此朕經理之本意也」。

七、結語

由盛轉衰——僧侶的自覺

佛教自元代至清乾隆時期的五百年間，與宋代以前相較之下，最大差異在於西藏佛教一直立於至尊地位。然而西藏佛教淪為帝王等為政者所掌控，傳法行動備受限制，對漢地佛教宗派的傳揚並未造成極大障礙。儘管如此，中國佛教在此時期未能顯現嶄新的思想發展。佛教思想哲學早已完成於唐、宋時期，有些學者提出見解，認為已無發展餘地，隨著教團過度膨脹與國家強化管理，宗教本體的生命力已趨於萎靡。

再從時代潮流來看，禪宗和教宗皆在元代過度保護下鼎盛一時。入明後，歷帝因應措施明顯各異，整體上採取抑佛政策，佛教在耽溺於道教的世宗時期陷入極為慘澹的景況。明末萬曆時期因有三高僧出現為契機，得以重興佛門，尤以叢林發展隆盛，入清後，禪門卻在帝權掌控中漸趨於無力化。

毋庸置疑的，佛教藉由喪儀法會等方式深植於庶民生活中，持續彰顯其效，為此不能只針對佛教與國家、君主的關係妄下論斷。

此外，提到中、日佛教關係，元、明、清三朝皆有禪僧往來，尤其在清初隱元隆琦等漢僧渡日，不僅為日本禪宗注入新氣息，其他如引進普茶料理或煎茶道等，在文化層面亦給予深遠影響。

雖說如此，中國佛教自元代以後漸入衰途，卻是不爭之事實。清高宗對當時的佛教現象曾言：「今之僧道，不過鄉里無依之貧民，竄入空門，以為餬口計。豈古昔異端之可比，而能為正教之害耶」（乾隆十年六月〈諭旨〉），佛教早已不足為懼。誠然如高宗所述，最大原因就在於某些情況下，佛教恰可成為逃稅者或無賴漢尋覓隱遁的藉口，歷朝假賣牒而灌充僧數，助長歪風，如此情況不可漠視之。明末之際，雲棲袾宏曾歎述：「末法中，頗有出家比丘信心，不如在家居士者。（中略）何惑乎學佛者多，而感佛者少也！」（《竹窗隨筆（初筆）》），無論任何時代，佛教興衰最終維繫於僧侶的個人自覺。

專欄二

佛教與陽明學

馬淵昌也（學習院大學教授）

陽明學是王守仁（號陽明，一四七二－一五二八）於明代中期提倡的新儒家學說，當時儒家的正道淵源「天」之本質，就是儒學道德的「理」（天即理），亦是人性本質（性即理）。這種屬於「天」本質的儒家道德，眾人生來即透過完美的「性」而獲得此稟賦，故應讓其徹底發揮，成為完全體現儒家道德的「聖人」。

南宋末年以後，陽明學備受儒家知識分子尊崇，與明朝政府奉為正學的朱子學相抗衡。兩者思想對立的核心點，是推量凡人在現實內心作用中，能顯現多少藉由「性」來顯現的「理」。朱子學的主張認為，凡人的心性認知或判斷力，會受到身心構成要素「氣」的濁雜所影響，為此無法發現「性」，導致錯誤百出，不足為信，故而必須援引儒家經書，對外事外物逐一審慎窮理、確認其正後，方能展開行動。

陽明學卻認為，眾人心中的「性」具有完全正確判斷善惡的能力，以完美十足的明證性加以彰顯。人們因應事物的方法，只需審視自我內在，當這種被稱為「良知」（道德良心）的「性」被發現後，只有遵循其道，才有可能發現正確的生存準則，同時也必須力求實踐。陽明學的立場被認為較朱子學更接近現實人性，可真正落實儒家原理，卻也引發廣大爭議，在明代後期的中國思想界掀起狂瀾。

不僅是陽明學，認同「天即理」、「性即理」的宋、明儒學亦講求「性」或「心之本體」超越語言分節，這些分節依具體情況而顯現，就此點來看，與隋、唐佛教倡說的「佛性」理念相同。只是佛教主張日常語言的認知分節最終仍是錯誤，儒家則認為，遵照無分節的「性」所表現的日常語言產生的分節才是正確無誤，甚至以「家」為秩序中心、蘊涵親疏關係的社會文脈才是「理」的真正型態。換言之，兩者在日常語言意義與社會評價上的理念有所差異。

朱子學擔保「性」有可能全面顯現，但在現實情況中——依個人見解來看——卻被設定為不可能實現。陽明學則主張在眾人心中，「性」是藉「良知」來顯現。王守仁及其學說的後繼者認為，在現實中，的確可確認或體會自我心中存在著無分節的心之本體，故而親近佛教，欲確認佛教對於該如何掌握無分節的心之本體所提出的主張，是否與自家學說雷同，亦意識到上述這些思想上的微妙差異。因此，以王守仁為代表、在陽明學的後繼者或積極接受此學說的思想家之間，對佛教產生一種強烈親近感。他們感受的心之本體是屬於儒、佛分歧前尚未分化的共有物。

原本朱熹（一一三〇—一二〇〇）在確立朱子學理論之際亦關注佛學思想，勤勉的宋、明知識分子嗜讀儒學之餘，多不忘涉獵佛典道論，付諸實踐，與佛、道之間屢屢拿捏分寸，逐漸確立自我定位。陽明學流派的學者中，認同佛、道思想與倡說儒、釋、道三教一致論者輩出。在這些學說中，達於心之本體的終極點眾所一同，差異僅在於抵達終點的歷程或發自心之本體的分節型態有所不同而已。

在陽明學積極影響下，李贄（一五二七—一六〇二）將眾人天賦的心之本體稱為「童心」或「真心」，主張從「不容已」躍發的心靈作用才是自我的本來面目。李贄不惜與批判其思想或行動者奮然相抗，儒家士大夫一向重視「身體髮膚受之父母」，李贄卻剃除鬚髮，改著僧服。對李贄而言，在個別情況下，只要從心之本體的「真心」躍發顯現，可分節或定位的具體形式「迹」就無價值優劣之別。然而，李贄的思想行動究竟是更有效擔保社會秩序整合，或只是徒然造成破壞，因贊否兩極而引發廣大反響，當時適逢出版業風潮等傳播訊息管道發達，故而成為議論風暴的中心。

當時中國人口增加，受到墨西哥銀元和日本銀元輸入影響，經濟流通活絡，都市工商業和消費文化發達，另一方面，明初制定的各種制度卻陷入成效不彰，貧富差距急遽擴大，社會呈現流離紛亂的局面。當知識分子欲確立屹立不搖的自我主體性，直接面對重建世局的情況下，有部分人士發現唯有佛教才有助於砥礪人心、化育百姓，發現佛教在此功能上較儒家更能落實目標。這些人士與陽明學派的思想家之間多半積極交流，保持認同感和連帶感，努力確認彼此悟達境界，識見高遠。就此意味來說，明代後期廣受陽明學思潮所影響，儒士大夫與佛僧卻能超越社會立場歧異，共有一處思想場域，這堪稱是中國思想史上十分罕見的時代。隨著明朝覆滅，儒家立場轉為關注朱子學和考據學，陽明學逐漸式微消失。

文獻介紹

荒木見悟，《佛教と陽明學》（レグルス文庫），第三文明社，一九七九年。

荒木見悟，《佛教と儒教》（新版），研文出版，一九九三年。

其他荒木見悟的多部著作，皆極具參考價值。

第三章

民間佛教信仰的諸相

陳繼東
青山學院大學教授

第一節　中國庶民與佛教信仰

儀式、教派、結社

佛教自印度東傳入華後，因有「翻譯」做為媒介，常由學識淵博的高僧或在家居士做為引介。他們主要在寺院發展教團，提供具權威性的教學體系和儀規。但在此同時，另一種佛教史亦確切存在，就是早已習慣固有宗教和地方習俗的一般民眾，為求擺脫以菁英為訴求的佛教，以便配合各種日常活動或個人信仰，逐漸自行發展出對佛教的另一種認知及實踐方式。故而高僧或知名居士在歷朝護持下編纂的《大藏經》或經錄之中，總是嚴格區分「真佛教」與「偽佛教」。實際上，這兩種佛教在歷史中悠久並存，隨著年代久遠，辨明真偽的界線也更為曖昧不明。

近年有關「民眾佛教」與「民間佛教」的議論逐漸盛行，永井政之在《中國禪宗教團と民眾》（內山書店，二〇〇〇年）一書中，指出教團和民眾的差異為何。據其所述，中國佛教教團是指具備人物和寺院、教義這些核心要素，可確保教理傳承及影響力，以及集團得以獲得社會認同，充分發揮功能。永井並未對「民眾」定義做出明確答覆，卻對道端良秀、毛澤東、金岡照光等人的說法提出批判性檢討，最終仍認同這些議論主旨，認為民眾是指人口居大多數、缺乏知識、遠離權力、參與勞動生產和從事經商貿易者。永井政之根據此項觀點考察宋代的「民眾佛教」，在研究成果中闡明民眾歸信的禪林高僧特色、年中例行活動、喪葬儀式的信仰型態等課題。永井認為在此所謂的「民眾佛教」，並非與正統佛教產生對立或區別，而是更類似一種被正統佛教容許的附屬宗教。

此外尚有一種集團存在，就是以在家信眾為主要成員集結的世俗佛教團體。這些人物與寺院、僧侶為主發展的正統佛教教團往來密切，大量攝取儒、道二家等本土宗教要素，就是所謂「民間佛教」或「民間佛教教派」的信仰型態。如此概念最早是由歐大年（Daniel L. Overmyer）提出，在其著作《中國民間佛教教派の研究》（*Folk Buddhist Religion: Dissenting Sects in Late Traditional China*）之中的用法，是將民間佛教與正統佛教教團做出區隔，意指深受大乘佛教影響、強調以菩薩慈悲度眾的佛教民間教派。具體而言，中國自五世紀至二十世紀陸續出現彌勒系的信仰教派、白蓮教、白雲教、羅教（無為教）等。據歐大年所述，歷來研究將這些民間佛教教派與宗教結社、祕密結社，甚至農民起義等自發性團體相互混淆，其實許多教派始終維持和平活動，未有訴諸暴力，且透過領導者世襲制或經典文書化、推廣傳統儀禮等方式普遍公開，促使組織存續不廢，活動本質絕非隱密不明。

香港中文大學教授譚偉倫根據歐大年的研究，更深入探索此主題，並在近年成立「民間佛教研究」計畫，邀集有志學者共同出版論文集《民間佛教研究》。根據譚偉倫的研究成果，民間佛教可彙整為三種型態，即「地方佛教」、「宗派佛教」、「儀式佛教」。首先，地方佛教的概念是受到歐大年的「地方宗教」所啟迪，所謂中國社會的宗教，並非以傳統的儒、釋、道三教型態存在，而是定義為以地方廟宇或祠堂為主發展的宗教。例如臺灣各地村鎮建造的觀音廟，或散見於福建各地的各種高僧祀廟等，就相當於此類型。這些祭祀對象成為民間信仰，或成為保鄉神明（守護神），甚至針對不同信仰對象而產生獨特奉祀方式。其次，所謂的宗派佛教是指有別於正統佛教教團的彌勒教或白蓮教、白雲教、羅教等民間教派。最後，所謂的儀式佛教，就是以民間傳承的佛教儀規為主，專事民眾壽喪等祭禮的香花僧，或是尊奉宋代普安為祖師、依循佛儀舉行喪儀或驅邪、吉慶法會等民間信仰的普庵佛教，以及皈依佛門、在家堅守茹素或五戒規範、定期誦經禮懺的齋公齋婆等即為代表。譚偉倫針對以上三個面向作探討，促使民間佛教的信仰型態更為鮮明化，成功闡明今後民間佛教的研究方向。

然而，仍有許多研究並未採取上述方式，也就是不從佛教主題探討民眾或民間信仰型態，而是從「民間宗教」或「民間宗教結社」的立場探論與佛教之間的關係，淺井紀的著作《明清時代民間宗教結社の研究》（一九九〇）即為代表。根據淺井論述，所謂的民間宗教不僅是民眾宗教，更定義為具有異端性或反體制、組織化、祕密傾向特質的宗教。淺井指出民間宗教的教義特徵，是藉由包含支配者思想在內的既有教義——主為儒、釋、道三教的教義——做為素材，經獨特方式自行重組後，再賦予新意義。民間宗教研究雖認同佛教要素存在，其實採取的觀點，更傾向於綜合其他宗教要素後形成的一種獨立宗教型態，因此並未將白蓮教或羅教等民間教派稱為民眾佛教或民間佛教。

有關民眾佛教、民間佛教、民間宗教的各種研究，必然是從個別觀點貼近庶民層面的佛教信仰，以闡明其真貌。本章就以這些研究成果為基礎，從幾個面向來介紹明、清時期的民間佛教信仰。

第二節　佛教四大名山

一、聚集於「名山」的信仰

若說中國佛教聖地與香客的朝山巡禮，是在明代集其大成、發展出四大靈山信仰，此說法並非過言。所謂四大靈山，係指文殊菩薩道場五台山、普賢菩薩道場峨眉山、地藏菩薩道場九華山、觀音菩薩道場普陀山。四大菩薩在中國被視為佛教教義之表徵，亦即文殊菩薩為「智」、普賢菩薩為「行」、地藏菩薩為「願」、觀音菩薩為「悲」的象徵。

中國自古即有將名山視為聖地的信仰方式，其中又以泰山信仰最為人所知。古代君主如秦始皇登泰山峰頂祭天（神），祈求長生不老及獲得仙力。如此祭祀以各種型態傳存，一逕發展至北宋真宗時期（一〇〇八年）。然而，四大靈山有別於皇朝主導的信仰型態，堪稱是以民眾佛教信仰為主而形成的聖地（有關現今四大名山及發展趨勢，可一併參考本書專欄三）。

二、文殊菩薩道場——五台山

五台山位於中國山西省東北部，自古有「清涼山」之稱，五峰聳峙，頂無林木，呈平坦壘台之貌，故稱為「五台」。最高的北台葉斗峰，海拔高達三千零五十八公尺。

五台山在成為佛教聖地隆盛之前，其實自四世紀初就開拓為修行神仙方術的靈地，亦稱為「仙者之都」。佛教徒繼而入山修行，與修行神仙方術之道融混，尤其是北魏自五世紀起大興寺院，例如清涼寺、大孚靈鷲寺、顯通寺等名剎即為代表。

北魏名僧曇鸞（四七六—五四二）、亦是日本淨土宗五祖之一，據傳最初因聽聞五台山有仙跡靈顯而入山，親睹靈跡後感動至甚，決心出家。曇鸞為求道教「仙經」，赴江南師事於道士陶弘景，獲得仙經後，卻在北返途中遇見來自西域的高僧菩提流支，獲授《觀無量壽經》。據說曇鸞讀畢此經，隨即拋下仙經而去，如此傳說可反映出五台山佛教與仙道昔日融會的情形。

自《華嚴經》譯出流傳後，五台山方成為文殊菩薩道場，匯集四方信仰。具體而言，《六十華嚴》卷四十五〈菩薩住處品〉中出現的清涼山，據經文所載：「東北方有菩薩住處，名清涼山，過去諸菩薩常於中住。彼現有菩薩，名文殊師利。」《六十華嚴》譯於西元四一八至四二〇年，廣傳於中國各地。尤其是在北地研究不輟，據說北魏靈辨（四

五台山殊像寺本尊文殊菩薩像（法鼓文化資料照片）

七七—五二二）即撰有《華嚴經論》一百卷。北魏時期，相傳文殊菩薩住清涼山（五台山），為五百仙人說法。北魏末期酈道元的著作《水經注》則有記載：「其九台之山，冬夏常冰雪，不可居，即文殊師利常鎮毒龍之所。今多佛寺，四方僧徒善信之士，多往禮焉」，可知當時已將五台山擬作文殊菩薩顯跡的聖地。《華嚴經》在中土弘傳，文殊信仰隨著研究過程愈漸篤厚，但在經典中完全不見任何有關清涼山即中國五台山的記載。決定兩山繫緣的經典，正是唐代初期（七一〇年）譯出的《佛說文殊師利法寶藏陀羅尼經》。根據經文所述，佛滅度後，在贍部洲東北方有國度，稱為大振那（中國），此國中部有號稱「五頂」的靈山，據說文殊菩薩即住於此。

此經流傳之後，五台山被擬作《華嚴經》中的清涼山，五台山與文殊菩薩信仰就此結合為一。在五台山鑽研《華嚴經》的高僧居士甚多，最知名者如註疏六十卷本《華嚴經疏》的澄觀，以及撰著《華嚴新論》的李通玄等人。

此外，另一項將五台山與文殊信仰密切結合的理由，則是獨特的地理環境。當地可見自古在殊異氣候下生成的自然百象，聖威俱顯，其山容險峻，形成深具宗教意象的淨土。又據《般泥洹經》所述：「若稱名字，一日至七日，文殊必來。若有宿障，夢中得見形象者，百千劫中，不墮惡道」（《古清涼傳》卷一），據說虔信這段經句者，常能見五台山示現的文殊菩薩。

歷史長河中形成的各種靈異傳說，是朝禮聖地不可或缺的要素。建於七世紀末的尊勝寺，就是因梵僧佛陀波利與文殊菩薩在此相遇而聲名遠播。佛陀波利聞說文殊菩薩在清涼山（五台山）示現，便於西元六七六年，自北印度遠抵南方之地五台山，正當祈求瞻禮聖容時，山中驀然出現一位老者，以梵語詢問：「梵土有《佛頂尊勝陀羅尼經》，能消眾生所造惡業，不知大師是否攜此經而來？」佛陀波利回答：「貧僧只為禮謁文殊菩薩而來，不曾攜經來此。」老者便道：「大師應西歸取此經來，流傳於漢地。若取經書來，老身即指點文殊所在之處。」佛陀波利歡喜震顫，誠心禮拜，舉頭一望，老者已消失影蹤。佛陀波利隨即動身歸返西域，取得《佛頂尊勝陀羅尼經》之後，於西元六八三年入長安，與漢僧共譯這部經典。此後再度入五台山，據傳踏入金剛窟後，再也不曾現身塵世（《廣清涼傳》卷中〈佛陀波利入金剛窟〉十二）。佛陀波利最初遇見的老者正是文殊菩薩，此後在遇聖之地建立尊勝寺，寺名取自西域傳來的《佛頂尊勝陀羅尼經》經題中的兩字。根據這段因緣傳說，此後中國各地的寺院經幢便鐫刻《佛頂尊勝陀羅尼經》。

這些古傳中，有的是文殊化現顯靈、瑞雲瑞光湧現、感得異香妙音，或是虛空大地驀然浮現堂塔伽藍、文殊菩薩像安置其中等，其中尤以文殊化現傳說最為豐富。例如化身僧人為病苦者親予神藥或療疾，有時則化女身試探求道信念，或化為乞者測僧人悲心等故事均廣為流傳。

至唐、宋時期為止，五台山一貫維持固有傳統佛教。元代西藏佛教入華，此後陸續發展至清代，仍備受歷帝尊崇，素有「黃廟」之稱的藏傳佛寺數量遽增，西藏人和蒙古人也視五台山為聖地，至今朝訪不絕。此外，自古以來朝鮮、日本佛教信眾對五台山亦懷有憧憬，紛紛來此巡禮。日本比叡山延曆寺的三祖慈覺大師圓仁所撰的《入唐求法巡禮行記》，以及入宋僧成尋所撰的《參天台五台山記》，皆是記載當時風貌的珍貴紀錄。對許多佛教徒而言，五台山堪稱是一座聖地靈嶽。

三、普賢菩薩道場——峨眉山

峨眉山位於四川省峨眉縣西南部，距成都一百六十八公里。根據《峨眉志》所述，昔日有蒲翁者入山採藥，朝山頂眺望之際，發現五色雲放白光，此時一隻鹿驀然現身，蒲翁隨鹿的指引來到岩上，觀見普賢菩薩在此示現。蒲翁便將此地視為靈跡，侍奉普賢菩薩，至晉代建立寺院，名為「白水普賢寺」。

峨眉山成為佛教道場之前，原本是道教信仰興盛之地，如今遺留許多道教遺跡，例如昇仙台、丹砂洞、三仙洞等皆為代表。根據北魏酈道元《水經注》所述，峨眉山被視為仙人羽化之處，東晉道士乾明在峨眉山建立乾明觀，聚集道士百人，隆盛一時。乾明道人逝後，相傳有一尾巨蟒化身老道士入居觀內，每年食童子一人。僧人明果行經此地時識破此乃妖孽，代為驅除蟒害，道士們心生感激，從此棄道從佛，將道觀改為佛剎中峰寺。如此說法欠乏史實根據，難以令人信服，卻充分說明佛教在峨眉山已凌駕道教之勢，如今全域幾乎盡為佛寺。

峨眉山究竟在何時與普賢菩薩信仰結合，已無從考察，可確定在宋代（十世紀以後）達於鼎盛。北宋乾德四年（九六六），太祖趙匡胤（九六〇—七六在位）因嘉州屢次呈奏當地有普賢菩薩現真身，便命內侍張重進至四川供養普賢菩薩。太宗趙匡義（九七六—九

峨眉山萬年寺塼殿（法鼓文化資料照片）

七在位）繼位後，於太平興國五年（九八〇）敕命在成都鑄造二丈高的普賢菩薩金銅像，安置於白水普賢寺內興建的大閣，就是今日供奉於萬年寺內的普賢菩薩乘白象造像。此外，太宗又命修繕峨眉山白水普賢寺、黑水華嚴寺、中峰寺、乾昭寺、光相寺共五寺。北宋初期五十年間，屢次有類似敕令立像修寺。不僅大量使用黃金裝飾普賢像，各寺投入極為龐大的修繕費用，僧侶亦受豐厚供養，峨眉山佛教迎向全盛期。

峨眉山興起後卻三度遭逢火劫，明嘉靖年間（一五二二—一五六六）重整修復，再度毀於祝融之災。萬曆年間（一五七三—一六一九），白水普賢寺更名為聖壽萬年寺，歷經修復過程後，至清代繼續修繕，《峨眉山志》記載的現存寺院幾乎皆建於明、清時期。

《四十華嚴》〈普賢行願品〉在中國佛教史上極受重視，其中普賢曾立十大行願（誓願），誓言奉行，此十大願為：1.禮敬諸佛；2.稱讚如來；3.廣修供養；4.懺悔業障；5.隨喜功德；6.請轉法輪；7.請佛住世；8.常隨佛學；9.恆順眾生；10.普皆迴向。換言之，普賢菩薩具大悲心、履行救度一切眾生的形象，在中國漸能廣為民眾理解，生起信仰之心，峨眉山自此成為象徵普賢菩薩行願信仰的聖域。如今萬年寺供奉的普賢菩薩銅像深受百姓崇信，對巡禮者而言，觸摸普賢的白象座騎已成為例行儀式，可受普賢菩薩庇護，祈求慈悲、智慧之庇佑。

四、地藏菩薩道場——九華山

九華山位於安徽省南部青陽縣，山勢闊及一百餘平方公里，自古稱為陵陽山或幘山、九子山。唐詩人李白（七〇一—六二）曾詠詩曰：「昔在九江上，遙望九華峰。天河掛綠水，秀出九芙蓉」，此後方有「九華山」之稱。

八世紀中葉，唐僧檀號入山，在此之前，九華山被視為仙人棲居的靈境，亦被尊為道教聖地。根據《九華山志》記載，檀號在九華山結廬說法，卻遭當地強豪驅逐，此後佛、道相互妥協，漸能融會。九華山之所以成為地藏菩薩聖域，是源於以下這段因緣：釋地藏

（亦稱金地藏，俗名金喬覺、金大覺）是出身新羅皇族的僧侶，唐開元七年（七一九）渡華後，行腳至九華山，隱修於山谷中。某日村民諸葛節等人入山，發現釋地藏住在洞窟中，僅食些白土和粟米。諸葛節眼見這番苦行，甚為感動，就在檀號昔日入山的舊地施財建造寺院，未經數年發展為大伽藍，建中元年（七八〇）改名為「化城寺」。釋地藏的兩位舅父來造訪之際，見侄兒苦功修行甚為感動，最後也留居終老於九華山。眾人緬懷這兩位舅父，興建寺院做為紀念，據說就是保存至今的「二聖殿」。

釋地藏示寂之後，受信眾崇信為地藏菩薩化身、地藏轉世，九華山從此定位為地藏菩薩道場。此後新羅僧陸續來訪九華山，其中一位淨藏和尚創建了雙峰庵。由上述可知，九華山開山者是新羅僧而非漢僧，此點頗耐人尋味。近年有研究指出，九華山信仰始於唐代，其實是晚至明末清初時期，才出現金喬覺被奉為地藏菩薩化身的信仰。其理由在於明代中葉以前，已有五台、峨眉、普陀並稱為「三大山」之說，地藏道場九華山被列入「四大名山」的記載，則出現於清初王鴻緒（一六四五—一七二三）所撰的〈潮音和尚中興普濟寺記〉。此外，明末萬曆年間，僧人量遠在皇太后護持下修繕焚毀的化城寺，故受朝廷敕封為「護國月（肉）身菩薩」，賜以紫衣，金地藏信仰才漸而普及。

唐末之際，九華山建寺已達十餘座，宋代增至近三十座。明神宗（一五七二—一六二〇在位）敕賜《大藏經》於化城寺，寺院因有朝廷尊禮，增建逾百座，僧侶雲集。入清後，聖祖（一六六一—一七二二在位）、高宗（一七三五—九五在位）分賜題匾「九華聖地」、「芬陀普教」於九華山，另有敕賜修寺費用。此後伽藍盡毀於太平天國之亂，清廷亦投以鉅資修繕，據說當時寺院多達一百五十六座，僧尼人數增至三、四千人，九華山就此獲得中國四大名山的地位。

金地藏（金喬覺）的墓地、亦即在肉身塔上築造的「肉身寶殿」乃於唐代創建，明代賜名為「護國肉身塔」。唐人一夔有詩云：「渡海離鄉國，辭榮就苦空。結茅雙樹底，成塔萬華中」，藉以詠讚金地藏。塔內安奉地藏王菩薩像，為祈求現世利益，掛起「有求必應」的紅旗。每年地藏菩薩的壽誕七月十五日與成道日七月三十日（皆為農曆），可見大批信眾集聚在塔下獻供或徹夜守塔、繞塔誦經的情景。

九華山肉身寶殿（法鼓文化資料照片）

佛塔北門走廊上，刻有地藏菩薩的誓願：「眾生度盡，方證菩提；地獄未空，誓不成佛」。意旨為地藏斷立誓言，地獄縱有一人未得度脫，即未願成佛，除非救度一切眾生，方證佛地果位。九華山成為地藏菩薩道場的信仰原點，可說盡在此句之中。

五、觀音菩薩道場——普陀山

普陀山是位於浙江省舟山群島的一座小島，東西長逾三公里，南北未達九公里。西漢末年（西元前後）以來有「世外仙境」之稱，古昔為道教神仙靈境。如同《重修南海普陀山志》所記載的「普陀山梵名補怛洛迦」，佛教界愈形強調普陀山和觀音菩薩居所「補怛洛迦」之間的關聯。

《八十華嚴》卷六十八〈入法界品〉中，有以下敘述：「善男子。於此南方有山，名補怛洛迦。彼有菩薩，名觀自在。汝詣彼問菩薩云何學菩薩行，修菩薩道？即說頌曰，海上有山多聖賢，眾寶所成極清靜。華果樹林皆遍滿，泉流池沼悉具足。勇猛丈夫觀自在，為利眾生住此山。汝應往問諸功德，彼當示汝大方便。」〈入法界品〉中的善財童子聞頌後，前往觀音所居的補怛洛迦山，但見觀音菩薩在金剛寶石上結跏趺坐，為無量菩薩及眾生宣說大慈悲法。中國百姓就將普陀山擬作觀音常住的寶山。

唐宣宗大中年間（八四六—五九），據說有梵僧遠渡此島，在潮音洞前結廬敬拜觀音菩薩。相傳在唐代，亦有日僧慧萼漂流來此開創「不肯去觀音院」。入宋後，皇帝敕令在島上建寺，佛教聖地於焉成形。元豐三年（一〇八〇），遣使高麗（朝鮮）的使節

普陀山日本僧慧萼「不肯去觀音院」（法鼓文化資料照片）

從此島出發，遭遇駭浪無法出航。使節眺望潮音洞，正祈求觀音庇佑之時，海上頃刻風平浪靜，終於平安成行。使節還朝後上奏此事，皇帝就賜名為「寶陀觀音寺」。紹興元年（一一三一）強行將島上七百戶漁民移居他處，又將普陀山的佛教各宗統歸為禪宗，從此成為佛教一大聖域。尤其在嘉定七年（一二一四），宋寧宗（一一九四—一二二四在位）御賜「圓通寶殿」匾額，信眾逐漸認定普陀山為觀音淨土。元、明、清三朝莫不投入鉅資，屢次修繕及興建普陀山諸寺。

每年農曆二月十九日（觀音壽誕）、六月十九日（觀音出家日）、九月十九日（觀音成道日），三慶日皆有眾多香客朝山禮拜。自古從中國往返於日本、朝鮮的渡客，甚至日後從鄰近港口出航移民全球的華人，皆來此島上祈求觀音菩薩保佑航行安全。

中國佛教聖地不僅有上述的四大名山，還包括天台山、樂山大佛、三大石窟（龍門、雲岡、敦煌）等。這些聖地信仰與朝禮活動，至今仍由許多民眾延續傳承，興盛發展。

第三節　民間信仰的各種型態

一、明代「羅教」之例

宋代以後，白蓮教成為中國民間宗教的代表教派，明代則出現稱為羅教（無為教）的民間新興宗派，對此後的民間宗教影響甚遠。創始者羅祖（羅清，一四四二—一五二七），撰有羅教典籍五部六冊，亦即《苦功悟道卷》、《嘆世無為卷》、《破邪顯正鑰匙經》、《正信除疑無修證自在寶卷》、《巍巍不動太山深根結果寶卷》，以上諸作亦稱為「寶卷」。一般而言，所謂「寶卷」，是指從明清至現代在中國民間佛、道二教與新興宗派方面採取「唱導」或通俗方式的文藝型態，就歷史層面來看，是源於唐代及五代俗講的變文系統。

羅教的教義是主張禪、淨融合，主張淨土為人人具足之本性。然而羅祖未能完全信服此二宗教理，批判之餘，亦採用民眾易解的簡白文體和日常用語，對佛典另作獨特詮釋。羅祖所撰的五部六冊，是中國民間佛教信仰中最完備的教學體系，被視為民間佛教信仰中深具代表的理論型態。本篇就以淺井紀的研究為基準，試舉羅祖的主要著作《苦功悟道卷》為例來介紹其理論。

羅祖曾對如何面臨生死輪迴的問題苦惱不已，潛心修行長達十三載，終於獲得「證悟」。《苦功悟道卷》正是詳述這段開悟過程，全卷分為十八品，第一品至第十三品是描述羅祖開悟的歷程，第十四品至第十八品則說明羅祖所「悟」為何。其中第一品至第六品設定為「小悟」，第七品至第十三品則為「大悟」。所謂大悟是指明究「真空妙理」，了達「唯心淨土」。以下是參考淺井紀所著的《明清時代民間宗教結社の研究》，對第一品至第十三品內容作一概觀。

第一品〈嘆世無常品第一參〉，即使曉悟世間一切無常，諸相盡是虛妄，人間榮華富貴不啻是黃粱浮夢，但死後亡魂墮入地獄仍受累劫苦報，無有解脫之時。因此在第二品〈思慕家鄉品第二參〉中，敘述生死輪迴無有終期，為求己魂免受永無安息之苦，必須尋找「家鄉」，也就是安住之歸宿。

第三品〈尋師訪道第三參〉敘述某日羅祖經友人介紹，與一師相見，此後成為其弟子，隨學修行之法。其師信奉淨土宗，授以羅祖明瞭阿彌陀佛乃是無生父母，彌陀放光為佛之嫡兒孫（繼承佛衣缽者），若能持誦「阿彌陀佛」以達天聽，阿彌陀佛聞聲救苦，誦者即可往生西方淨土獲得解脫。

第四品〈覷破頑空品第四參〉描述羅祖心懷苦惱，認為肉身健全時雖可念佛，臨終之際氣語盡失，倘若不能念佛，將無法往生西方淨土。如此一來，阿彌陀佛淨土不過成了「頑空境界」而已。羅祖歷時八年，日日在家念誦「阿彌陀佛」，精勤不懈，勇猛修行，結果無法斷除煩惱。

第五品〈撥草尋踪第五參〉記述羅祖對淨土宗抱存疑惑，轉而求助禪法。羅祖辭別師父後另覓師門，某日，聽見鄰家有僧侶為喪儀唱誦《金剛科儀》，其中一句：「若還信受，拈來自檢看」，令羅祖深受吸引，從此費時三年精讀《金剛科儀》，依舊未能解除心中迷障。在此過程中，羅祖卻了解若欲悟道，必須對佛典自行體會，而非外求，唯有自心感得而已。

第六品〈破相拈情品第六參〉，坐禪、念佛、出陽神、三昧、養寶、三關、知生死定時刻等既有的諸法，皆是在生死關頭徒然無用的「雜法」，虛妄不實。

羅祖將以上六個階段定為「小悟」過程，雖嘗試念佛或坐禪等種種修行，仍無法脫離生死輪迴苦海，魂魄依舊迷離。此後，羅祖的修行境界終於從前述的「小悟」飛躍進入「大悟」。

第七品〈達本尋源第七參〉是不倚求師學，自行探索無有天地的初始狀態。天地不存之際，首先是不動虛空存在，虛空寬廣無邊，絕無絲毫動搖，縱使世界毀滅，虛空亦不壞，羅祖覺悟此即為諸佛法身。

第八品〈無處安身品第八參〉，既知虛空是諸佛法身，卻無法獲得自我安身立命的境地。羅祖領悟在無限虛空中，更應追尋安身立命之處。在第九品〈穿山透海品第九參〉之中，羅祖悟得虛空即是遍貫山、海、人身，內外一體。

第十品〈說破無心品第十參〉，虛空是上下四方無限廣大延伸，包攝天地，遍滿各方，包覆人身。然而不知究竟該安身何處，終究是墮入生死輪迴之道。縱然祛除心念，但求無為，回歸虛無，身亦無安住之所。倘若執著「無為」而說無心，則未得真悟。

第十一品〈不執有無品第十一參〉，羅祖覺悟真空法性是超越有、無分別或對立，唯「本人」之外無他。換言之，「我」與真空本來無二無別，內外皆空，「我」即真空。

第十二品〈孤光獨耀品第十二參〉，縱知「我」是真空法性，卻不得自在，不能解決生死煩惱。羅祖不斷探求如何了脫生死，為此煩惱至極，竟在半夜哭泣起來，此舉驚動了「老真空」。「老真空」起大慈悲心，自西南方放白光，羅祖夢見被光芒遍照全身。不久夢醒，煩惱仍未斷除，就在面向西南方端坐之際，心胸豁然開朗，明晰洞察了所謂「本地風光」的虛空境地，終於求得自在安穩。

第十三品〈裡外透徹品第十三參〉，羅祖身心皆能自在，內外一體，不分內外、東西、南北、上下等分別，一切所為皆受光明包容。歷經苦修十三載，終於初證徹底覺悟的境地。

從這十三參的開悟過程來看，可推知根柢蘊涵著佛教無常觀及緣起觀。然而既有佛教出現諸如念佛、坐禪等漸趨教條化的情形，羅祖批判如此佛教將無法使靈魂獲得救贖。對羅祖而言，靈魂救贖就是破除自我與宇宙、靈魂與物質世界的隔閡，與其根源本體完全合一。羅祖強調一切眾人自性本無缺，不分在家出家或僧俗男女，皆可獲得開悟。進而倡說即使無識無學、不通佛法、犯百般罪業的平民百姓，若能改心向佛，即能獲得救贖。換言之，羅祖並未將學識或修行視為「開悟」的前提要件，顯然是針對一般民眾宣說的教理。

羅祖否定既有佛教之教說，隨著影響力擴大，必然招致正統佛教人士的批駁。明末高僧雲棲袾宏（一五三五—一六一五）在《正訛集》中就嚴辭批判：「彼所云無為者，不過將萬行門悉廢置，而不知萬行即空，終日為而未嘗為者，真無為也。（中略）人見其雜引佛經，便謂亦是正道，不知假正助耶」，主張既身為佛門弟子，應力斥此類異端。在此所指的萬行，亦即捨棄一切修行，以信為重，可說是羅教所具的「民眾性」。

二、香花僧與葬儀

譚翼輝的論文〈粵東的香花和尚與香花佛事科儀傳統〉（收於前揭書《民間佛教研究》），是以廣東省東部農村為據點，考察現今仍廣為盛行的「香花僧」從事的喪儀活動現狀和發展史，提供佛教民間信仰型態之佳例。以下根據譚翼輝的考察成果來介紹民眾的喪葬儀式。

明末《崇禎興寧縣志》卷一〈地紀篇〉的「風俗」項目，對當地一般民眾的喪儀活動有如下記載：

初表重棺殮，立銘旌，必乞于尊而有德者，易身後之名。凡儀一依朱子家禮，隆萬間，親喪七日，請香花僧祀佛，設齋筵，賓朋咸集，包半禮贈喪主。曰：看齋甚至有落六道之說，曰天道、地道、人道、佛道、鬼道、畜道，隨亡者生辰算之。落天人佛，則謂亡人有福，地與畜，則謂亡人有罪。繇是落地道者打地輪，落畜道者斬畜，男婦皆然。更有打沙云者，專為婦人而設，以糊米擂水，孝子孝女向沙墩跪飲，曰：繳血碗以報母恩。三事皆請一人為赦官，一和尚妝天王，一和尚作目蓮，交相舞于庭，求賞遝來。朋友家知禮義者，一切除之，惟擇日開弔止弔而已。極愚蠢之夫猶有行焉，然又有感於佛家懺悔之說者，請素僧誦經拜懺，謂可以度亡人之厄。是與請香花僧者，不過百步五十步之異也。

根據以上記述，可舉出三大特徵：

（一）基本上屬於儒式喪儀，就是根據朱子《家禮》執行，其中引入佛教儀式。佛教儀式是由稱為「香花僧」的僧侶執行，香花僧其實可食葷、娶妻，並奉何南鳳為始祖，因有香花供佛，故稱為香花僧。

（二）亡者死後最初七日，家人會延請香花僧主持「看齋」儀式。根據亡者冥誕和壽辰，估測最後轉生於六道輪迴某道，再根據推測結果舉行儀式。在此出現六道的天、地、人、佛、鬼、畜，是融通佛、道二教的輪迴觀，並非基於純粹佛教教理。根據這種輪迴觀，亡者轉生至天、人、佛三道即獲幸福，墮入鬼、畜之道則受罪苦。為救拔罪惡，必須打地輪或宰殺家畜。若是亡者為女性，便在高堆細沙前，由陽上子女進行供血碗儀式，再由兩名僧侶扮成天王和目連，另一僧人扮成陰間獄吏，連番起舞向觀眾收取賞錢。

（三）隨著時代發展，有些家庭不再舉行「看齋」儀式，有些則招請素僧（信守五戒之僧）來舉行懺儀，延續超薦傳承。

清咸豐二年（一八五二）刊行的《咸豐興寧縣志》卷十，就當地喪俗有以下記述：「喪設七，作佛事。戚屬具香楮，咸弔祭，亦以七。親戚誄奠，主人報禮。元志所謂喪葬必盛肴饌，以待送客是也」。根據此段記述，可知清代科儀較前朝更能化繁為簡，仍保存連續七日請僧主持法會的舊習。

不僅是廣東省保留香花僧科儀的習俗，福建省亦廣為流行，今日香花僧多與道士一同主持法會儀式。

三、佛典刊行——民眾在助印中的寄願

中國民眾反映佛教信仰的另一種重要方式，就是助印佛典。這種信仰趨勢可從刊行佛典的附文中發現，在此試舉《禪門日誦》為例作說明。

本書第六章也將提到《禪門日誦》，這部課誦本自清朝沿用至現代，主要在禪宗等各宗派寺院中廣為使用，既是實踐教理的入門書，亦是寺院生活必備守則，記述信佛者應如何圓滿佛道的共同教理和方法。根據筆者調查，這部教材有十種版本，幾乎皆由一般佛教信眾捐助刊印而成。

例如西元一九〇四年刊印的《禪門日誦》，有以下記載：

> 光緒三十年正月吉日敬刊　大乘法寶諸經全部，優婆塞嚴淨慧捐資。眾等發心弟子，為祈六道四生宗族親眷人等，同生佛國極樂世界，蒙佛慈悲神力。伏願眾等弟子，從無始以來業障罪障一切消清，善根增長，福慧雙全，同生蓮華世界，諸事吉祥如意。

由上述載文可知，光緒三十年（一九〇四）正月刊印版本，以包括居士嚴淨慧在內的

在家信眾為主要助印者，印贈目的在於祈願供養先祖亡魂，為信眾本身祈福禳災，希求現世利益等。

宣統二年（一九一〇）版則有如下記述：

弟子孔慶華同妻龔氏因子壽齡發願敬刊　大乘法寶諸經咒章全部靈文。普願流通，蒙佛慈光普照一切，災難悉皆消滅。伏願　風調雨順，五穀豐登，上報四恩，下資三有，法界眾生同圓種智。惟願　先父憲湧孔公、母石太宜人，早登蓮界。時維大清宣統二年四月佛誕日圓成。胞弟孔青一校刊，江蘇常州府大南門外清涼禪寺藏板，曲阿北門外前石羊孔繁雲寫刊。

據文中所述，江蘇常州府的孔慶華因其子早逝，家人為求供養，於宣統二年四月配合佛誕日刊行《禪門日誦》，進而記載刊印之際，是由孔慶華的胞弟孔青一校勘，曲阿的孔繁雲寫識語，版木藏於江蘇常州府大南門外的清涼禪寺等訊息。

與《禪門日誦》系出同源的《禪門佛事》，則是以北京為據點的北方佛教界使用的課誦本。以光緒三十三年（一九〇七）版為例，同樣附加許多願文（括弧內為筆者註）。

諸山和尚助刻（寺名人名省略）道光二年（一八二二）十月結日　原板存京都德勝門內拈花寺

同治戊辰（同治七年，一八六八）孟夏（農曆四月），信官弟子忻承偕妻鄧氏、妾吳氏，率子鶴齡、寶齡發心敬印貳百部《瑜伽焰口》、《禪門課誦》，求懺悔前生業修為現在因。仗佛力慈悲，求佑門庭光顯，人眷咸安，男增百福，女命千祥，二六時中，吉祥如意。

同治七年張門陳氏重鐫敬印施送

同治十一年（一八七二），順天弟子張瀾敬印施送，祈保國泰民安，天下一切生靈並地府血鬼孤魂減免罪孽。順天弟子張瀾敬印施送，為祈保先祖先考妣先妻早得昇極樂，闔族平安。

光緒八年（一八八二）荷月（舊曆六月）李崇本重刻　板存前門外楊梅竹斜街永盛齋刻字舖

光緒丁未（光緒三十三年，一九〇七）長春橋藍靛廠立馬關帝廟道士劉誠印發願敬印壹千本

在此一併列載自道光二年至同治七年、十一年、光緒八年、丁未（光緒三十三年）的刊印始末，顯然已經多次刊印。《禪門佛事》刊本皆是以道光二年版為底本，並非只依照同版重印，而多為重新翻印。例如同治七年「張門陳氏」的刊本，是根據同年信官的弟子忻承一家的版本刊印，光緒八年刊本則以張氏一族的印本翻刻，再由關帝廟道士李崇本重印。最後在光緒丁未年以關帝廟道士的印本為底本，再由弟子劉誠印翻印千冊，負責初刊的北京德勝門內的拈花寺則收藏此版。

如此歷經八十五年，顯示印贈者及版木所藏地有所變遷，但刊行動機和目的可說是全然一致。換言之，刊印目的在於供養累世先祖，祈求諸佛庇佑全族或大眾和樂幸福，生動顯示出中國一般民眾的佛教信仰型態。

四、觀音信仰與女性

民眾在佛教信仰中撰造不少與女性有關的經典，此點深受矚目。這些經典的內容特徵，主要是深切關懷女性社會地位，或在婚姻、生理上所承之苦，其中最著名的就是明、

清時期深受重視的《佛說大藏正教血盆經》，以及屬於民間宗教的《古佛天真考證龍華寶經》、《佛說黃氏女看經寶卷》、《佛說離山老母寶卷》、《報母血盆經》等。內容為批判儒家男尊女卑的觀念，主張男女生俱平等，在同一宗教共同體中維持對等關係，強烈蘊存對女性尊敬及信賴、關懷與悲憫的思想。另一方面亦成一種信仰，亦即明、清婦女離世後，家屬會延請僧尼道士誦經，以求救拔亡者罪業，免受陰間飲血水之苦。

喻松青在《民間祕密宗教經卷研究》之中，舉證撰造於清代、當時廣為流行的《觀音濟度本願真經》為例，闡明女性信仰佛教之面向。以下參考喻松青提示的資料及成果，介紹此部經典內容。

《觀音濟度本願真經》糅和佛、道教義，從架構及內容來看，可知佛教教義確實發揮主要功能。經文分為上、下卷，共十二品，上卷是〈慈航下世投胎第一〉、〈花園受苦得藥之道第二〉、〈白雀寺武火焚燒第三〉、〈斬絞歸陰遍遊地獄第四〉，下卷是〈還陽山中伏虎第五〉、〈香山溫養聖胎第六〉、〈莊王惡滿上帝降旨冤魂尋報第七〉、〈妙善公主元神顯化揭榜救父第八〉、〈駙馬公主勸開齋第九〉、〈香山還願妙善公主勸父修道第十〉、〈駙馬香山求道第十一〉、〈丹書下詔道成受封第十二〉，概觀內容則如下：

素有慈航尊者之稱的觀音佛祖，某日自天宮以慧眼遙觀東土，但見此地眾生沉溺於酒色財氣，追求名利，多造罪業，陷於生死輪迴之中。觀音見狀不忍，發慈悲心決意降世救度群迷，投生於興林國，成為莊林王三女，取名為妙善公主，幼時極為聰穎，立志修行大道。妙善十六歲時，其父莊林王欲為女兒尋婚事，妙善不肯聽從，父王盛怒之下責難大道為邪見，懲罰妙善在花園做苦役，又將女兒送入白雀寺，逼其與五百名尼僧共修苦行。妙善公主卻不曾屈服，與寺內的黃法師（象徵道教）與白面君（象徵儒家）過從甚密，暗喻有男女歡愛之舉。莊林王遣兵至白雀寺燒毀寺院，欲燒死妙善和眾尼僧，唯有妙善在神（上帝）的救助下幸免於難。莊林王又逮捕妙善公主，命人將女兒押送刑場處決，妙善再度獲得神力相救。莊林王激怒之下，將執行處決的官吏斬首，命人以七尺紅綾絞死妙善。妙善以修行大道為志，本心絲毫不受動搖。

莊林王對拂逆己意的女兒殘忍迫害，治國亦倒行逆施，朝政腐敗。神明眼見其暴虐無道，便降旨命被燒死的五百名無辜尼僧，以陰魂侵噬莊林王身軀。莊林王從此渾身生瘡不斷，不久潰爛而死，更受因果應報法則，在陰間接受懲罰。妙善公主眼見父親痛苦模樣，就斷手挖眼為父製藥，又化身為出家僧拯救父親罪業。莊林王方才醒覺自身所造非業，深感懺悔後，終於獲得救贖。莊林王從此修齋守戒，念佛讀經，在白雀寺設齋超度無辜的僧尼亡魂。妙善公主又教化母親和胞姐夫婦，偕同往生西方淨土，證得菩提正果。

從以上內容來看，《觀音濟度本願真經》是宣揚佛教孝道，妙善公主並未屈從於絕對權威（父皇之命），卻能救助包括其父在內的諸親人所犯罪業，得以同修往生淨土，最後證得菩提正道。換言之，經文中的惡人並非只為受懲而存，而是為其預設一條去惡向善之道。此經顯示佛教倡導的寬容理念，宣說妙善之舉正是佛教提倡盡至孝的善行。

另一方面，這部經典對女性社會地位低落寄予深厚同情，內容強調祈求改善如此處境。第一品〈慈航下世投胎〉之中，將希求改善男女歧視的願望，寄託於觀音菩薩化為女身下生人間的描述。根據經文記載，世間男子被視為通曉儒、釋、道之理，善根明慧，女子卻被當成愚癡墮落之輩。觀音菩薩故而化為女身，解救五濁之災，親示善道，世間女子則效法其道，為自身解脫愚昧及輪迴之苦、血河之報，悉皆成就菩提道，共享極樂殊勝景象。由此可知，觀音降世之目的就在於「拯救女性」。

經書中亦常提及女性所受苦難，例如第四品〈斬絞歸陰遍遊地獄〉之中，揭發女性所處地位不當。據經文所述，投生為女身即是可悲，這是歸咎於前世迷惑造罪障，今生才轉生為女。女子在家從父，出嫁從夫，不容許擁有主見，夫若早逝則守節從子，如此方是賢良之道。嚴格要求女性需遵守「三從四德」，亦即從父、從夫、從子，兼備婦德（品德）、婦言（言語）、婦容（儀態）、婦功（家事）。然而即使實踐以上德行，仍無法避免墮入地獄。世間只認定女子身就是罪業深重，才犯下將出生女兒溺死的罪業。經典舉出女子血汙亦是罪業象徵，世間亦以女子蒙受苦難最深。

正因為如此，觀音菩薩化身的妙善公主，被視為受難女性代表，她不向苦難屈服，成為女性擁有權利、男女平等之象徵。這種觀音信仰中，強烈蘊涵一種對女性社會地位，以及要求改善的訴求，堪稱是民間佛教信仰型態中一大重要特徵。

五、結語

以上是從民眾佛教的觀點，介紹四大佛教名山信仰與布施助印，並從民間佛教與民間宗教的觀點，說明佛教民間信仰的理論型態與喪儀特性，以及女性與觀音信仰。這些主題的共通點，在於民眾祈願以菩薩悲心取代正統儒家或佛教教團，藉此濟度一切眾生。實際上，這種信仰型態與彌勒信仰或千年國家信仰相結合，成為農民起義或王朝更迭的起爆劑，也是民間佛教信仰的重要型態。然而，民間佛教或民間宗教為何必須存在，正統佛教教團為何無法因應民眾對宗教的需求，諸如此類問題的相關研究成果尚嫌不足，無疑將是今後研究的重大課題。

專欄三

中國四大名山

程正（駒澤大學副教授）

中國眾多佛教聖域當中，有四座聖山稱為四大名山（亦稱四大道場），凝聚著深厚民眾信仰，其聲勢亦是其他聖地所望塵莫及。這四座名山就是文殊菩薩道場五台山、普賢菩薩道場峨眉山、觀音菩薩道場普陀山、地藏菩薩道場九華山。

其中歷史最悠久、規模最宏大的五台山，位於黃河以北山西省五台縣的山嶽地帶，由顯示東、西、南、北、中五個方位的五座山峰所構成，五座峰頂皆呈平台狀，故名為五台山。盛夏涼爽依舊的五台山，亦有「清涼山」之稱，因而與自古相傳為文殊菩薩居所的清涼山（根據《華嚴經》〈菩薩住處品〉）相結合。寺院始建於東漢，據傳在全盛期的唐代曾有三百六十餘座寺院。五台山不僅盛名傳於中土，亦遠播至日本等諸國，吸引許多外國僧侶前來巡禮。入唐日僧圓仁所撰的《入唐求法巡禮行記》，以及入宋日僧成尋所著的《參天台五台山記》，皆留下當時的詳細紀錄。從五代創作的敦煌壁畫〈五台山圖〉（第六十一窟西壁），亦可一窺五台山昔日繁華。顯通寺是五台山歷史最悠久、最宏偉的寺剎，寺內有一尊明代銅鑄文殊菩薩以及銅殿，被視為中國鑄造史上的至高傑作。建中三年（七八二）建成的南禪寺大殿，則是中國現存最古老的木造建築。民國以後，當地逐漸衰滅至僅存寺院四十九座，近年重建時機已熟，五台山首先振興與日本佛教有淵源的竹林寺，繼而整頓其他五十餘座寺院。西元二〇〇九年，五台山經由聯合國教科文組織登錄為世界遺產。

位於四川省峨眉縣西南方的峨眉山，原本是道教靈山，相傳採藥人蒲公在鹿的指引下，親見普賢菩薩示現，晉代在此建造普賢寺（今萬年寺），後逐漸演變為佛教道場，道觀陸續改建為寺院，隋、唐之際完全成為佛教道場。峨眉山在北宋歷帝一貫採取護佛政策下，勢力臻於鼎盛，成為極為靈驗的普賢菩薩道場，居於不動地位。留駐這歷史輝煌一刻的象徵，就是宋太宗進贈、安奉於萬年寺磚殿的普賢菩薩乘白象造像，此像重六十二噸，高七．四公尺。如今峨眉山自山麓至山頂建有七十餘座寺院，除了萬年寺之外，尚有伏虎寺、報國寺、金頂、光相寺等名剎。尤其金頂不時顯現「佛光」，雲海中映現光輪、人影等奇象，是觀光客紛紛爭相欲睹的絕景。峨眉山與樂山大佛同時在西元一九九六年登錄為世界遺產，亦是四大名山中最早登錄的古蹟。

普陀山則位於浙江省定海縣東海的舟山群島上，是由日僧慧蕚開創的觀音菩薩道場。五代後梁貞明二年（九一六），慧蕚攜著自五台山迎請的觀音像，行經普陀山即將返國之際，望見海上浮出鐵蓮花，欲阻其歸路。慧萼向觀音像祈求後，乘船漂流至普陀山潮音洞，將觀音像供奉於島民居住的草庵中，取庵名為「不肯去觀音院」（無意離開中土的觀音），此為開山之始。入宋後，觀音道場普陀山迅速發展，建立多座寺院，其中以普濟、法雨、慧濟三禪寺最為知名，稱為普陀山三大寺。普陀山深受新加坡、香港等地的海外華僑虔誠信奉，近年建造三十三公尺高大觀音立像，成為當地的新地標，裝設纜車後，可抵達最高峰佛頂山，另有安排快艇行駛，可不受惡劣天候影響，克服普陀山位於海上的交通缺憾，成功縮短大陸前往聖域所需時間。

峨眉山萬年寺塼殿普賢菩薩銅像（法鼓文化資料照片）

位於安徽省青陽縣西南部的九華山，有九峰相連，原稱為九子山，唐代詩人李白詠詩取名為九華山。新羅皇族金喬覺出家後，入唐來此長年修行，示寂三年後開棺檢視，但見其面貌栩栩如生，關節發出聲響有如金鎖，與經典描述的菩薩特徵一致。根據此項特徵，判定金喬覺是肉身不壞的即身佛，被視為地藏菩薩化現，始受供奉。又在其埋葬肉身之處，建造月身寶殿（亦稱肉身寶殿），九華山就此成為地藏菩薩道場，香火極為鼎盛。九華山因濕氣凝重，絕不適合遺體保存，玄奇的是自金地藏之後，出現多達十三具肉身不壞的木乃伊，其中有五具可供參拜。尤其是西元一九九〇年代後期，女尼仁義示寂後成為木乃伊，是中國唯一全身舍利的女尼，故而深受各方矚目。九華山現存寺院中，只有祇園寺、百歲宮、化城寺、月身寶殿、慧居寺等處開放參觀。西元一九九〇年，甘露寺更創設九華山佛學院，致力於學僧的培育。九華山目前建造高達九十九公尺的大地藏菩薩像，尚處於興建階段，日後將成為當地新地標（註❶）。

文獻介紹

鎌田茂雄，《中國四大靈山の旅》，佼成出版社，一九八七年。

秦孟瀟主編，邱茂譯，《中國佛教四大名山圖鑑》，柏書房，一九九一年。

工藤元男編著，《中國世界遺產の旅》（第三卷，四川、雲南、チベット），講談社，二〇〇五年。

註❶　此佛像已於二〇一三年落成。

第四章

中日交流史

西尾賢隆
花園大學教授

第一節　唐代後期的中日交流

一、唐大和尚鑑真東征

本章是以宋、元、明三朝為中心，因唐代後期具有近世傾向的特色，故而一併納入說明。鑑真（六八八—七六三）在中國傳法是屬於唐代前期，但若欲探討中、日交流，就不能略過鑑真事蹟，故而在第一單元先介紹鑑真東征。

日本法相宗之祖道昭（六二九—七〇〇）於永徽四年（六五三）隨遣唐使小山長丹入華，在唐都長安師事於玄奘（六〇二—六四）。智通則於顯慶三年（六五八）和智達乘坐新羅船入唐，向玄奘學習唯識，成為法相宗二傳。另一方面，日本三論宗的三傳道慈（？—七四四）於長安二年（七〇二）入華，日本養老二年（七一八）返國，此行之目的在於提昇日本國內僧尼素質，計畫入唐招請戒師。開元二十一年（七三三），榮叡、普照等人隨同遣唐使丹墀廣成入唐留學，原因亦是有感於日本戒律未能完備，故而奉命招請傳戒僧來日（佐久間隆，一九八六）。

鑑真為揚州江陽縣（今江蘇省）人氏，武周長安元年（七〇一），適逢武則天（武后，六二四—七〇五）詔命天下諸州度僧而成為特恩度僧，依止於揚州大雲寺智滿出家。神龍元年（七〇五）從道岸受菩薩戒，景龍二年（七〇八）年，鑑真年滿二十歲，在西京（長安）實際寺受具足戒，此後至荊州（湖北省）南泉寺，尊崇弘景律師為和尚，巡遊洛陽、長安二京究學三藏，再返揚州傳授戒律，以身示教，濟化眾生。

唐朝諸寺之中，凡通曉三藏的高僧皆視戒律為入道正門，未持戒者不得入僧籍。榮叡、普照深知日本尚無傳戒之師，首先前往東都洛陽的大福光寺拜請道璿渡日，道璿搭乘遣唐副使中臣名代之船，抵日後成為傳戒者（七三六年）。天寶元年（七四二），鑑真在揚州大明寺為修行者講律，榮叡、普照至大明寺稟明來意，表述佛法傳日之後，雖有法卻無傳法人，懇請鑑真東遊興法教化眾生。鑑真聽其來意後，便回答昔日曾聞南嶽慧思遷化之後，託生為倭國王子（聖德太子），對興隆佛法、濟度眾生實是不遺餘力。又聞日本有長屋王崇敬佛法，曾縫製千件袈裟布施於中土高僧，袈裟衣緣上繡有四句詩：「山川異域，風月同天。寄諸佛子，共結來緣」。鑑真尋思這些軼事，有感於日本實為佛法興隆、因緣深厚之國，便喚問眾弟子，是否有人願意渡日傳法。豈料眾人皆默默不言，無人敢答應。鑑真告眾弟子，既為佛家傳法，何須貪惜身命，倘若眾人皆不肯行，他將自願東渡，接受日本遠請。

然而，鑑真歷經五次渡海皆失敗。最初是因發生內鬨誣告，鎩羽而歸，第二次遭遇惡風漂流他處，最後船破遇險（七四三年），第三次起因於越州（浙江省紹興市）僧人密告，第四次是弟子靈祐欲挽留鑑真長留唐土，私自向州縣官吏通報，以致功敗垂成（七四四年）。第五次終於自揚州新河啟航，卻在風浪翻弄下漂流至海南島，在此過程中，榮叡積勞成疾不幸猝逝，鑑真哀慟逾恆，導致雙目失明（七四八年）。天寶十二年（七五三），遣唐使藤原清河、副使大伴胡麻呂、副使吉備真備，以及安倍朝衡等人前往揚州延光寺慰問鑑真，為其歷經五次渡日弘化未果紛紛深表遺憾，並促請和尚隨同一行搭乘遣唐使船赴日。此時，偏偏大使深恐廣陵郡（揚州）官吏將登船搜索，便命令鑑真及一行人下船，所幸副使大伴臨機應變，暗中安排鑑真搭乘其船，普照則改乘副使吉備之船，終於順利啟程離開唐土。船抵達薩摩國阿多郡的秋妻屋浦（南薩摩市坊津町秋目）後，經大宰府、難波、河內國入平城京，時為日本天平勝寶六年（七五四）二月四日，敕使吉備真備奉旨傳詔：「自今以後，受戒傳律，一任大和尚。」（《唐大和上東征傳》）同年四月，在東大寺大佛殿前立戒壇，為沙彌證修等四百餘人授戒，此後在大佛殿西側設置戒壇院。

一般僧侶若想成為正式大僧，必須具有三師七證。以鑑真為首、包括道璿等渡日僧就此確立了戒壇制度，僧侶逐漸可受持具足戒。昔日只能在新羅或中國受戒，如今在日本亦能受具足戒，此刻正是佛教傳入日本兩百年後，教團終於得以穩固基盤之時。

眾弟子尊稱鑑真為「過海和尚」（《唐國史補》卷上），因有榮叡、普照等人拜請傳戒師的熱忱，加上鑑真應允赴日的氣魄，方能促成渡海傳戒之壯舉。此後，日本的修行僧凡有意入華求法，前提必須要具備東大寺等重要寺院的受戒資格。

二、還學僧最澄，以及留學僧空海

貞元二十年（八〇四），日本出現兩位入唐僧，就是最澄和空海。根據最澄的國府牒和度牒、戒牒記載，其生於日本天平神護二年（七六六），示寂於弘仁十三年（八二二），享壽五十七歲。最澄為了修學天台教義，於延曆二十一年（八〇二）九月七日上表（〈請入唐請益表〉），請求派遣留學僧和還學僧渡唐。圓基、妙澄等人受此表之惠，被選為代表天台法華宗的留學僧，最澄則是以天台法華還學僧的身分受遣入唐請益。然而，最澄不曾學習漢語發音，無法口譯，只能以還學僧身分短期入唐。最澄憂心成果不彰，請求朝廷准許曾向東大寺慈賢學習漢語的沙彌義真一同隨行擔任口譯（十月二十日）。春宮殿下（平城天皇）是當時入唐求法僧的贊助者，最澄受其協助後，搭乘第二艘遣唐使船抵達明州鄮縣（浙江省寧波市），繼而前往台州（浙江省台州市）的天台山巡禮（八〇四年九月十二日，自大唐明州赴台州天台山的度牒仍留存至今），負責口譯的義真則在國清寺受具足戒（十二月七日）。天台山修禪寺的道邃將天台宗義傳法於最澄，並授以菩薩三聚大戒。最澄入唐求法的目的是為了解決十項未解之問，在寄宿台州龍興寺的極樂淨土院之時，道邃為其決義釋疑（二月二十九日）。最澄求得天台山佛隴寺的天台疏記等典籍，卻欠缺一百七十餘卷經典和經疏，故而請准前往越州龍興寺、法華寺巡禮，同時抄寫典籍（四月六日），並在龍興寺獲得順曉傳授真言之法（四月十九日）。最澄不僅承自於弘忍、大通、普寂、道璿、行表系統的禪法，更在天台山禪林寺接受翛然的牛頭宗禪法，將圓密禪戒的付法相承傳入東瀛（大久保良峻，二〇〇四）。

最澄在唐之際，受台州刺史陸淳、明州刺史鄭審則的援助，貞元二十一年（八〇五）五月中旬，隨乘第一艘遣唐使船返抵長門國，返京後將攜來的天台、真言法門和法器等物獻呈於朝廷，根據當時上表文的記載，日期為七月十五日。

另一位入唐僧空海，生於日本寶龜五年（七七四），示寂於承和二年（八三五），享壽六十二歲。日本延曆十四年（七九五），空海於二十二歲之際，在東大寺戒壇院受具足戒（〈僧空海戒牒案〉），並於入唐前在佛前立宏誓願，為求佛法尋要，祈請諸佛喻示要典，夢中即有人告知是《大毘盧遮那經》。空海覽讀之際，發現難解之處甚多，卻無從詢問，故而成為入唐求法的契機。

空海隨同大使藤原葛野麻呂（賀能）搭乘第一艘遣唐使船，於延曆二十三年（八〇四）五月啟航，途中遭遇暴風雨在汪洋中漂流，歷經艱苦波折終於在八月抵達福州。空海代替大使撰寫文書呈交於福州觀察史，內容為自唐德宗建中元年（七八〇）以來抵達揚州、蘇州的遣唐船皆不受臨檢，懇請貴官能遵循先例，寬准通行。空海又上呈一書，表明欲將隨同使節前往唐都長安，一行人方才受到遣唐使節應有的禮遇。空海一行於同年十二月抵達長安城，暫宿於西明寺一院。空海遍訪城內的名僧大德，遇見青龍寺東塔院的惠果阿闍梨，惠果授以五部灌頂，更授大悲胎藏界、金剛界大曼荼羅的祕傳法旨，又催促空海早日歸國弘法，為蒼生增福。對空海而言，能獲傳惠果遺戒，並在兩年內完成原本漫長的自悟修業，縱然犯下未達留學僧二十年求法期限就匆匆返國的罪行，仍是一趟深具意義之旅。空海為了能將難得殊勝的密教大法迎返東瀛，自是滿懷法喜，便於日本大同元年（八〇六）十月與大使高階遠成同船歸國。同月二十二日，空海請託大使，將新迎請的諸經目錄獻呈於平城天皇。

就在四月歸國在即，空海在長安城中抄寫經、論、疏，摹寫兩部曼荼羅，更為此散盡資財。就在無力雇人協助、廢寢忘食已超越極限之際，空海為求取內外經書，唯有上表於越州節度使，說明自身不惜甘冒千劫，遠途尋師求道，但能冀求佛法興隆，懇請賜予助援（岡村圭真，一九八二）。

空海將在中國未能集大成的密教真言宗移植於日本，故而被列入真言八祖之一。

三、日本禪宗初傳——義空

相傳橘嘉智子（嵯峨天皇皇后、仁明天皇之母）向空海請問密法之際，空海曾提及大唐盛傳佛心宗，此宗原為達摩所傳，橘太后就派遣慧萼入唐，勸請有道尊宿渡日。虎關師鍊（一二七八—一三四六）在《元亨釋書》卷六中，僅簡單提及此事為「世言」而已，是否真有歷史憑據已無從考察，只知確有軼聞傳世。

慧萼再度自唐返國的時間，是宣宗大中元年（八四七，日本承和十四）七月八日，當時義空應早已渡日傳法。

禪宗傳入東瀛後，出現大量渡來僧或渡海僧赴日傳法，據傳多達二十四流四十六傳。日本學者之中，包括玉村竹二在內的皆認為應有五十九流，義空卻不屬於任何流派，原因是義空並沒有法嗣。另一方面，慧萼奉橘皇太后之意，前往杭州鹽官縣（浙江省嘉興市海寧市）拜謁鎮國海昌院的齊安國師。齊安以地名為號，故通稱為鹽官齊安。慧萼向齊安懇求，願得大師一枝佛法，為敝國宗門之根柢，最後卻是由寺內的首座義空受請渡日。鹽官是馬祖道一法嗣，義空則是馬祖法孫。鎮國海昌院建於開元元年（七一三），卻在武宗（八四〇—四六在位）滅佛政策下，於會昌五年（八四五）年廢寺，宣宗（八四六—五九在位）時期推行復教政策，大中四年（八五〇）重興海昌院，改名為齊豐寺（《咸淳臨安志》卷八十五，「安國禪寺」之項）。義空赴日之際，海昌院正逢廢寺之殃。

鹽官俗姓為李，與李唐姓氏一同。宣宗尚未即位前封為光王，遭武宗嫌忌而被囚禁於後苑，此後獲得宦官仇士良協助而脫困，在香嚴智閑（？—八九八）門下剃度為僧，繼而改於鹽官會下，自稱有光，掌書記之職，武宗崩殂後被迎回，即位為宣宗（《佛祖統紀》卷四十二，大中四年之項）。宣宗是鹽官八名法嗣之一，與義空同在鹽官門下修行，堪稱是同門師兄弟。

義空渡海抵達大宰府後，先由慧蕚速往京都奏呈，義空奉敕暫宿於東寺西院。橘太后隨即向仁明天皇奏明，因符合聖意而創建檀林寺，義空成為開祖。慧蕚三度入唐，懇請蘇州開元寺的契元撰寫〈日本國首傳禪宗記〉，將此碑以船載歸，據傳此碑立於羅城門側，藉以誦揚義空渡日初傳禪宗的事蹟。橘太后發獨脫思機，慕單傳之旨，實修參禪而獲得證悟，但除了橘后個人推廣之外，參禪者後繼無人，義空理解時機未熟，最後只得返唐。縱然如此，虎關師錬將義空列於《元亨釋書》〈淨禪篇〉之首，以彰顯其功德。

義空在日之際，收有唐人寄書十八封，學者高木訷元根據神田文庫（大谷大學）所藏的《高野雜筆集》為底本，將這些書簡附上釋文、眉註，以及漢文訓讀與平假名表現法改譯（高木訷元，一九九〇）。至目前為止，雲敘、李璘的兩封答書，因有《鄰交徵書》二篇卷一、《本朝高僧傳》卷十九〈義空傳〉引用其文而為人所知。雲敘致義空的答書日期

唐代關係年表

唐朝的情勢，以及渡來僧、入唐僧的動向：

年代	事件
六一八	唐高祖李淵建立唐朝。
六二二	道士傅奕奏請廢佛。
貞觀之治（六二七—七九）	
六二九	玄奘前往印度（—四五）。
六七一	義淨前往印度（—九五）。
六九〇	薛懷義偽撰《大義經》。
	武后稱帝，建國號周。在兩京及多處建大雲寺。
開元之治（七一三—四一）	
七一六	善無畏抵達長安，唐玄宗禮為國師。

七五一	怛羅斯之役。
七五三	鑑真六度渡海赴日。
安史之亂（七五五—六三）	
八〇四	日僧最澄、空海隨遣唐使入唐。
八一九	韓愈上奏憲宗〈論佛骨表〉。 佛教受到排擠。
八三八	圓仁入唐，至五台山巡禮求法長達九年。
八四五	會昌廢佛（唐武宗於會昌五年下詔滅佛）。
八四七	義空渡日傳法。
八五三	圓珍入唐，前往諸寺巡禮求法。青龍寺法全傳授三部大法。
黃巢之亂（八七五—八四）	
九〇七	朱全忠稱帝，建立後梁，中國進入五代十國時期。

是大中三年（八四九）六月七日，由信文可知廢佛、復佛的來龍去脈，以及雲敘在廢佛政策逼壓下被迫還俗、身著俗服又恢復僧籍的過程。信末還附帶說明玄真藏主最初隨道吾參學，日後改入鹽官法嗣，玄真當時擔任掌理藏主之職（圖書館負責人）。此外，從志圓返信中透露義空曾勸其赴日，志圓以年邁不宜遠行為由，最後歉然婉拒。信中提及兩人辭別於崑山，可知義空應是在崑山（蘇州市崑山市）出航。法滿在致義空的書簡中，則告知宣宗已再興佛教，置寺度僧。徐公直致義空的書簡日期為大中六年（八五二）五月二十二日，述說對大唐佛教界發展懷有疑慮，更欣羨日本佛法昌隆。這些記載顯示了宣宗推行興佛，卻未能一舉振興，不免令人憂戚難安。

武宗會昌年間的廢佛行動，導致曾盛極一時的佛教界陷入空前混亂，唯有禪宗能在渾沌亂局中脫身。義空所傳的禪法是習自於馬祖門下的鹽官齊安，歷經五代時期之後，延傳至宋、元、明三代。密教在日本平安前期已漸能集其大成，相對來看，禪宗發展卻如卍元師蠻所述般，因機緣未能成熟，除了橘后個人虔信之外，難有長足發展。檀林寺不久即衰微，據傳日後的臨濟宗天龍寺正建於故址。

四、圓仁所見的會昌廢佛

慈覺大師圓仁（七九四—八六四）搭乘第十二次、亦是最後一次遣唐使船渡華。圓仁對佛法有疑難未決，一心欲赴天台山國清寺釋疑，雖有大使奏請，卻無法獲准前往台州。身為請益僧的圓仁，請求長期留唐求法亦未能如願，最後辭別遣唐使一行獨自行動，在新羅人相助下另覓宿所。圓仁求法之心渴切，身在唐土卻屢遭不順，更歷經武宗法難的蹂躪，卻也因此在無意間留下會昌廢佛的珍貴記載，流傳後世。

會昌二年（八四二），舉凡左道（邪道）、逃兵、前科者等所謂的「偽濫僧」皆被迫還俗。朝廷沒收僧尼私產，擁有私產者則被勸還俗，幸而長安城內有觀軍容使仇士良為僧尼奔走，才得以延緩百日實施。

翌年朝廷詔令焚毀宮內佛典，坑埋佛像及菩薩像、天王像，又因劉稹之亂為禍端，京兆府重新逮捕裹頭僧，杖斃三百餘人。

會昌四年（八四四），朝廷敕令禁止供養佛牙舍利，嚴禁巡禮供有佛指舍利的五台山、鳳翔府法門寺等處，山房蘭若（小庵）、普通院（宿坊）、佛堂院、義井、村邑齋堂等小規模或無寺額的剎院全遭拆毀，僧尼悉數還俗，進而拆除鐫刻《佛頂尊勝陀羅尼經》石幢、僧尼墓塔。拆毀小寺後將藏經佛像搬至大寺，寺鐘送入道觀，唯有持戒的年邁僧尼可徙居大寺。

會昌五年（八四五），這場法難進入白熱化階段，朝廷禁止寺院領有莊園，天下諸寺之內，凡四十歲以下的僧尼被迫還俗，恢復本籍。同年五月十一日，不問僧尼高行（行儀高尚）或麤行（行舉荒暴），皆被迫還俗。異國僧侶若無尚書省發給的祠部牒，亦被迫還俗，驅逐出境。諷刺的是圓仁自會昌元年（八四一）起屢次訴請歸國未果，此次卻因禍得福，一償夙願，終於在五月十四日啟程返國。

從以下情形推斷，可知廢佛行動應是遵照武宗的敕詔執行，例如聞名天下的泗州（安徽省滁州市鳳陽縣）普光寺亦難逃拆毀的命運。根據某翰林學士在五月二十九日離開長安後的描述，得知諸寺慘遭拆毀，章敬、青龍、安國等大寺則被充當宮廷內苑之用。這名翰林學士原籍長安，為了逃避還俗，迫於無奈只能繼承其師之名。然而其師為新羅僧，所持的公驗（通行證明文書）符合敕令規定，翰林學士竟被當成異國僧遣返新羅。此外，萬年縣（西安市）的內供奉談論大德知玄在還俗後，只得歸返故里，藏匿於牛黨（牛李黨爭中屬牛僧孺派系，新興科舉官僚派）楊敬之家中。登州（山東省煙台市蓬萊市）位於唐土東北邊域，此地不僅流放僧尼、拆毀寺舍，甚至禁經毀像、點收寺物，慘況與長安一般無異。圓仁歸國在即，期望在昔日過冬的赤山院（山東省威海市文登市）度過寒歲，寺院卻被拆毀，面臨無處可宿的窘境。

圓仁抵達揚州後，目睹街上的裹頭僧尼紛紛回歸本籍地，朝廷繼續破壞寺舍，點收寺院財產、莊園、寺鐘等物。近期之內更頒出詔令，規定敲碎全國銅佛鐵佛，秤斤論兩後委交由鹽鐵使收管呈報。圓仁自長安攜來的佛典和曼荼羅、圖像、僧服等物品暫且擱置於楚州，又將文書之類交託充當口譯的劉慎言保管，其餘之物盡數焚毀。劉慎言在嚴厲的敕牒規定下，唯有讓彩色胎藏和金剛兩部曼荼羅付之一炬。

武昌法難殃及全國，卻有部分地區拒絕配合朝廷。例如河北三鎮的成德、盧龍、魏博節度使，以及昭義節度使，這些統轄區原本敬重佛法，未曾拆毀寺舍或流放僧尼，一概拒絕加入廢佛行動。縱使朝廷屢次遣敕使來督促，依舊表明除非天子親臨毀佛，否則堅決不從。據傳五台山僧侶曾亡命至盧龍節度使的領轄地幽州（北京市）。

圓仁更描述了出家人突然面臨還俗後的慘澹生活。唐朝僧尼原本難謀生計，天下僧眾盡數還俗後，一夕之間被迫改著俗服，既缺衣又斷糧，生活更是赤貧如洗，逼至絕路只好強闖民鄉，掠奪財物，多犯觸法之事。相傳州縣官吏逮捕這些罪犯後，發現皆是還俗僧（西尾賢隆，二〇〇六）。

圓仁將這段會昌廢佛的真相鉅細靡遺地告諸世人。

五、公驗、過所中所見的圓珍

日本嘉祥三年（八五〇）春，圓珍（八一四—九一一）夢見山王明神現身，勸其入唐求法，翌年又托夢相勸，圓珍終於向朝廷提出請求，獲得敕准允許渡唐，右大臣藤原良房特地贈送砂金三十兩做為旅資。日本仁壽三年（八五三），圓珍向大宰府請取類似過所（通行路證）的公驗文書，表明唐商王超等人歸返中國之際，將一同搭船前往，入唐之目的是為了前往諸寺巡禮和求法。圓珍一行自博多登船後，於八月十五日白晝抵達福州連江縣，時為唐大中七年。一行人在前往福州之前，先投宿於海口鎮（福州市福清市），抵達福州城後，在刺史韋署安排下至福州開元寺寄宿。圓珍向寺內的般若怛羅學習梵文《悉曇章》，此時，另有存士提供疏義二百餘卷，以及處士林儒資助錢帛財物等隨喜布施。

圓珍向福州都督府呈牒，說明渡唐目的是為了巡禮佛寺，並包括隨行者、隨身衣缽等解說事項。此外，因即將前往天台山、五台山、長安青龍寺、興善寺等佛教聖地問詢聖法，為能順利通行諸寺所在地的州、縣及軍鎮、郵鋪等官署，故而提出申請公驗文書。都督府就在申請書的背面附上公驗，方可勘准通行。圓珍暫留開元寺之際，曾請寫經生鈔經論疏記，編成《開元寺求得經疏目錄》，又自福州經海路前往溫州（浙江省），與刺史裴開相見，宿於溫州開元寺。再往嶠嶺（浙江省台州市溫嶺市），經黃巖縣（台州市黃巖區）抵達台州開元寺，此處曾是最澄聽聞道邃講授《摩訶止觀》的龍興寺。行滿的弟子季皋、清翰的弟子知建在寺內熱忱招待圓珍，並向台州申請公驗，最後獲准給發（十二月三日），順便一併取得臨海縣（台州市）的公驗（十二月六日）。圓珍離開台州後，前往唐興縣（天台縣，今台州市天台縣），此地曾歷經會昌廢寺和宣宗復佛，如今重新建立國清寺。圓珍一行於十二月十三日夕暮抵達國清寺，先前與圓仁一同入唐的圓載（？—八七

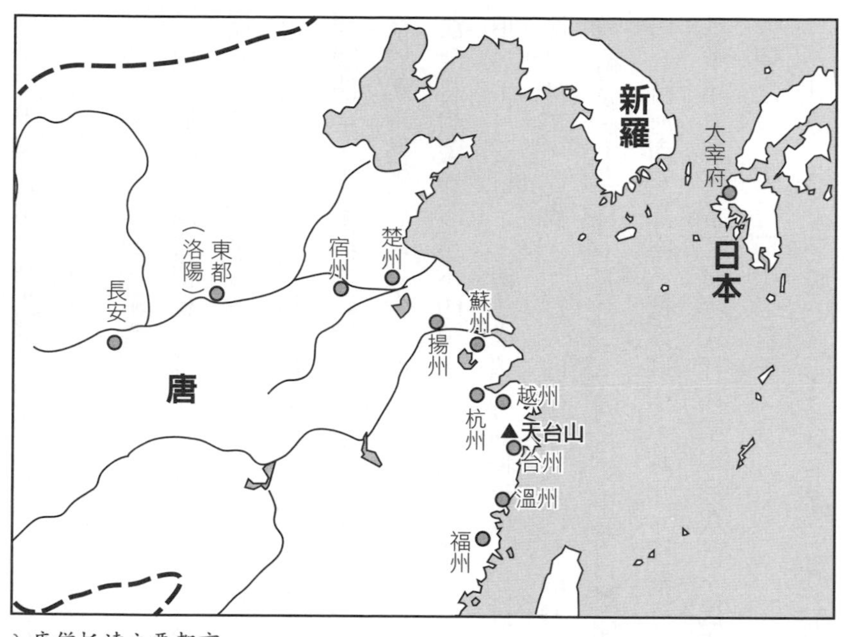

入唐僧抵達主要都市

七）則自越州（浙江省紹興市）來國清寺與眾人相見，圓珍卻對圓載的態度有所疑慮。

唐宣宗大中八年（八五四），圓珍於國清寺西院編纂在福州、溫州、台州等地求得的佛典和外典目錄。南陳宣帝為天台大師所建的修禪寺，自隋煬帝重建後改稱為國清寺，此時又更名禪林寺，成為禪修道場。一行人來此約留七日，在此期間，圓珍遊訪天台山華頂峰，在冷座主引領下登臨峰頂，結夏安居（四月十五日至七月十五日）之際，向僧人物外借兩百冊天台典籍抄寫。九月七日，圓珍辭別國清寺前往越州，抵達越州開元寺後暫宿於天王院，與天台座主良諝相見，又出席講席以釋舊疑，與弟子豐智一同描繪胎藏界圖。

大中九年（八五五），圓珍在越州開元寺賀歲之際，借良諝所撰的《法華文句義科》三卷謄寫，並請良諝解釋難疑，逐一獲得示教。講席中，圓珍修習到唐土佛學絕不徹底排斥他宗異說的固有傳統。圓珍繼而請取越州公驗，與同行四人前往唐都長安，取得越州過所和關所、渡口通關證明文書，三月下旬啟程往蘇州。圓載隨後於四月上旬趕至蘇州會合，此後眾人一同行動，經洛陽至長安，五月二十一日終於抵達長安城。圓珍前往青龍寺拜謁法全，受學瑜伽宗旨，獲得允許出借及謄寫傳法要旨。一行人在龍興寺淨土院內，寄宿於新羅僧雲居的寺舍，圓珍、圓載皆從法全受胎藏界灌頂（七月十五日）。在青龍寺，法全將胎藏界的基本印契（九月三日）傳授於圓珍、圓載，兩人此後入金剛界道場接受灌頂（十月三日）。傳法灌頂圓滿結束後，安排設齋供養（十一月五日），編成《青龍寺求法目錄》。此後，一行人向尚書省司門請取過所（尚書省司門發行的通行證明），獲得勘准給發（十一月十五日），同月二十七日離開長安。行經櫟陽、蒲州、洛陽、河陽的渡口，自河南至江南，抵達蘇州、越州、國清寺，最後在台州管轄地海門（台州市臨海市）搭乘商人李延孝之船（八五八年六月八日）抵達博多那津，入大宰府鴻臚館，向宮內奏呈返朝之旨（六月二十二日）。

附帶一提，平城天皇的三皇子高丘親王因受藥子之亂（八一〇年）牽連而被廢黜，出家後法名為真如，事師於道詮並修習三論學，亦向空海修習密教。日本貞觀四年（八六二），真如率領宗叡、賢真、慧蕚等六十名僧俗自大宰府出發，九月抵達明州。真如欲窮究密教的無盡奧義，曾遍訪名僧大德卻未能遂願，最後在自廣州前往天竺（八六五年）途中，不幸猝逝於羅越國（小野勝年，一九八二；佐伯有清，二〇〇二）。

第二節　趙宋時期的中日交流

一、北宋的求法日僧——奝然、成尋

日本天祿元年（九七〇）以後，奝然（九三八—一〇一六）一心祈願渡華，但自唐代以來至五代、宋代為止，日本朝廷早已終止遣使船入華，唯有利用商船一途才能前往。奝然原本欲先至五台山參拜，恭逢文殊菩薩化現，再赴中天竺拜謁釋迦遺蹟，卻因無法在家鄉奉養老母而猶疑不決，最後獲得母親支持，達成渡宋心願。日本貞觀元年（九八三）八月一日，奝然在弟子嘉因、盛算等人隨同下，搭乘宋商陳仁爽之船渡海，同月十八日抵達台州。

九月九日，奝然登天台山參訪智顗靈蹤，遊歷定光金地，十月八日離開天台，經杭州、越州等地後，十一月十五日抵達泗州普光王寺，禮敬大聖僧伽。此後，於十二月十九日赴宋都汴京（開封市），二十一日在崇政殿朝覲宋太宗（九七六—九七），受賜紫袈裟等物，暫宿於太平興國寺，受到日本國使身分的禮遇。雍熙元年（九八四）三月十日奝然離京後，前往五台山瞻禮文殊化境，四月七日寄宿於代州五台山大花嚴寺的菩薩真容院，瞻望菩薩右耳示現白光。奝然於五月二十九日離開五台山後，六月二十四日再次拜謁太宗，進而於雍熙二年（九八五）三月二日三度拜謁太宗，被封賜號為法濟大師，並獲《大藏經》四百八十一函五千零四十八卷，新譯經四十一卷。這部敕版《開寶藏》開版於成都，剛在汴京太平興國寺印經院刊印完成，可知奝然在此時已被北宋朝廷尊為日本國使。奝然一行歸朝後，將經典獻於藤原道長，收藏於京都法成寺，此後隨寺悉遭焚毀。

奝然還將供奉於北宋宮廷滋福殿內的釋迦瑞像委人仿刻，將新像迎請歸國，此像據傳原為優填王所造，自七月二十一日開始仿刻，八月十八日隨即完成。仿刻佛師是張延皎及其弟，此後安置於京都上品蓮台寺，又改為清涼寺所藏。雍熙三年奝然攜《大藏經》及瑞像等物品，搭乘鄭仁德的商船抵達大宰府（九八六，日本寬和二年）。

據傳奝然撰有日記四卷，分別是《奝然巡禮記》、《奝然法橋在唐記》、《奝然入唐記》、《奝然記》，今日僅存佚文傳世，卻有珍貴的史料意義（塚本善隆，一九七五；西岡虎之助，一九八四）。

另一方面，成尋（一〇一一—八一）出於圓珍門流，因撰有《參天台五台山記》而名垂不朽。日本延久二年（一〇七〇），成尋在陳請渡宋的文書中，表示欲往文殊菩薩化現的五台山巡拜，更聽聞智者大師智顗的開悟之地天台山上有五百羅漢常住，有心亦往參訪。此外，入宋目的還為了窮究法脈奧旨，以及巡禮其他聖蹟靈勝（《朝野群載》卷二十）。成尋表示自身年近六旬，餘喘無幾，若不能一償宿願，日後縱得佛法利益皆是枉然，渡宋之心愈發迫切。然而朝廷遲遲未予准可，成尋終於在日本延久四年（一〇七二）三月十五日，搭乘曾聚的商船自肥前壁島出發，四月十三日抵達杭州湊口。

筆者閱讀日記後，發現令人矚目的是成尋雖無法說中文，卻能不分僧、俗，皆以筆談方式溝通。

成尋答覆的諸多問題，例如台州通判安保衡在用齋後，詢問以凡夫之眼是否見得三千世界，或如何見習法華修行等事（遺憾的是成尋不曾留下答覆記載）。

又如司理祕教請問《金剛經》中一合相所指為何，哥利王之喻是否等於筏喻。

軍事推官孔文仲請教是否讀過《圓覺經》、《楞嚴經》，成尋則答在《圓覺經》中有地獄、天宮等一行內容。

司理參軍屢次前來求詢《金剛經》的問題。

明州秀才請示佛是否為生死之人，成尋回答此問甚深，菩薩入重玄之門，縱有俗事煩擾，亦不為生死牽縛之人，佛豈會忘記本覺。

轉運副使則問能見金剛杵，是否亦能見金剛禪，成尋回答禪常於心中，怎能得見，唯有獨自明瞭，他人無所見。又有一僧來請益天台教理，成尋逐一為其答覆。

成尋在宋都汴京謁見神宗（一〇六七—八五）之際，神宗詢問日本為何不出使入貢，當時成尋在中國的待遇，是比照朝貢使的禮遇標準。成尋自五台山巡禮返回汴京後，隨即為賴緣等五名弟子申請歸國，熙寧六年（一〇七三）六月十二日，成尋在明州為弟子送行，眾弟子搭乘宋商孫吉之船返日，成尋獨自留在中國繼續修行（塚本善隆，一九七四；森克己，一九七五；石井正敏，二〇〇五；藤善真澄，二〇〇六）。

二、兩度入宋求法——榮西

據傳禪宗引入日本後，有二十四流四十六傳，其中又以榮西（一一四一—一二一五）為首要傳法者。榮西號明庵，諱榮西，當時日本尚未盛行用號，亦不注重諱名採共通之字。榮西諸弟子之中，僅有日本長樂寺的開祖榮朝同樣取「榮」字為諱。

榮西久懷入宋之志，但自成尋以來，沙門渡海漸少，每當提及渡宋，難免落人笑柄。然而榮西不改其志，相信若能至心祈願，往詣聖人垂教之地、參訪祖師行佛道之處，日後終可遂願。榮西於二十七歲（一一六七年）在伯耆大山結夏安居，偶然獲得唐本《法華經》，相信此為渡海之瑞兆。此後前往博多，聽聞宋通事李德昭描述中國禪宗大興，便於二十八歲時決心乘商船抵明州，時為南宋孝宗乾道四年（一一六八）四月二十五日。榮西至天台山萬年寺，以茶供養五百羅漢，得以渡石橋，至九月時，與自明州一路同行的重源一同歸國。榮西只在中土暫留半載，有感於修學未能深徹，但在入宋期間，曾與明州廣慧寺的知客問答禪義。

此後二十年之間，榮西一心發願求往梵土，巡拜牟尼八塔的靈蹟。淳熙十四年（一一八七）三月，榮西攜著各宗典籍、西域地方誌，決心再次入宋，一逕趕至臨安府，會謁擔任安撫使（兼任知府）的次官安撫侍郎，在奏表中表明不惜遠赴天竺巡禮參佛之志：「曳半影於崎嶇棧道，終全身於中平金場」（《興禪護國論》）。豈料奏請並未獲准，僅有敕答一書說明，原來往西域有三種途徑，當時因金國和西夏軍南下侵宋，關塞未通，天竺之行亦遭阻絕。榮西夙志未果，變得鬱鬱寡歡，心神恍惚，船主只得促其歸國。不料出航三日，忽然逆風大作，將榮西一行又颳返溫州瑞安縣（溫州市瑞安市）。這場逆風，反而讓榮西想起曾在明州廣慧寺與知客問答之事，頓時萌生了將最澄所傳禪法重興於日本的使命，便下船與十數名僧眾一同改赴赤城（台州市臨海市），師事於萬年寺的虛庵懷敞會下。倘若不是驟起逆風，黃龍派禪法恐將無法傳入東瀛（中尾良信，一九八〇；榎本涉，二〇〇五）。

虛庵曾聞密教在日本極盛，便詢問密法初旨為何，榮西答言：「初發心時即成正覺，不動生死而至涅槃」，虛庵則云：「如子所言，與吾宗合」（《扶桑禪林僧寶傳》卷一）。此後榮西親承師教數載，淳熙十六年（一一八九），隨虛庵往遷天童寺。紹熙二年（一一九一）秋，榮西決意辭歸，臨別之際，虛庵傳以法語（〈付法千光法師書〉）：

夫昔釋迦老人將欲圓寂時，以涅槃妙心正法眼藏，付屬摩訶迦葉，乃至嫡嫡相承至于予，今以此法付屬汝，汝當護持，佩其祖印，歸國布化末世，開示眾生，以繼正法之命。又授汝袈裟，大師昔傳衣為法信，而表本來無物，然至六祖，衣止不傳云云。其風雖絕，今為外國法信，授汝僧伽梨而已。又授菩薩戒，拄杖應器，衲子道具，不留一付屬畢，聞傳法偈云云。

在宋時期，榮西見天台智顗塔院頹圮，便捐衣資金以助修復，又修繕萬年寺三門的毀損兩廂，盡力改建天童山千佛閣。返日後，擔任東大寺大勸進一職，投身於寺院募化整建、重建洛東法勝寺九層塔等事，由此可見其戮力之誠。據傳宋朝疫病猖獗之際，眾高僧祈福未見其效，唯有榮西加持方得靈驗，由此事可預知日後的榮西將是以密教僧之身活躍於鎌倉幕府。

博多的張國安曾向榮西說起一事，就是靈隱寺堂頭瞎堂慧遠在世時，曾預言自身寂滅二十年後，東海將有上人西來傳禪，榮西聽後表示自己正是瞎堂預言之人。榮西示寂前，同樣預言自身歿後五十年，禪宗將大興於世。無住道曉（一二二六—一三一二）指出符合預示者，正是圓爾或是蘭溪道隆。張國安的身分是博多綱首，每年往來於寧波、博多之間，堪稱是靈隱寺施主之一。至於〈送海東上人歸國圖〉（常盤山文庫）的海東上人，據推測可能是榮西或重源、俊芿。

三、南宋後期的入華日僧——圓爾

圓爾（一二〇二—八〇）是二十四流四十六傳的第三傳，無號，僅有諱（辯圓），在渡宋的證明文書度牒和戒牒上，皆採用諱名圓爾。日僧若無戒牒，渡華後將遭蔑視，故需先在東大寺戒壇院登壇受戒之後，方能前往中國。

就在圓爾三十二歲（一二三三，日本天福元年）、師事於長樂寺榮朝之際，因有心渡華尋訪善知識、深究教外別傳之道，便請求師父允許遠行。此後，圓爾暫返故鄉探望老母，繼而前往博多圓覺寺等候出航，終於在三十四歲（一二三五，日本嘉禎元年）該年四月自平戶港啟程，十日後抵達明州，寄居在當地景福律院，向律師善月聞法，並前往天童寺參謁癡絕道沖。圓爾抵達宋都臨安後，天竺寺的柏庭善月知其有心探究天台教學，便授以自撰的《楞嚴》、《楞伽》、《圓覺》、《金剛》四經疏抄，以及天台宗派相承之圖。當時，笑翁妙堪擔任淨慈寺住持，石田法薰則是靈隱寺住持，圓爾往來於兩寺之間聽聞授法。擔任知客的退耕德寧說起徑山曾遭遇火劫，已化為瓦礫，無準師範卻仍在徑山轉大法輪，奉勸圓爾不妨往謁參禪。圓爾登訪徑山後，無準一見其人，知為大器，就喚其常隨左右。圓爾入室參禪於即庵慈覺，其他尚有東山慧日、西巖了惠擔任首座，斷橋妙倫、別山祖智、環溪惟一、簡翁居敬、靈叟道源、方庵智圻、兀庵普寧、希叟紹曇等人則分掌寺內諸職。圓爾在徑山向眾人請益，彼此切磋琢磨。

無準師範在圓爾三十六歲（一二三七年）之時授贈的墨蹟，如今收藏於京都東福寺，就是所謂的「印可狀」，其內容如下：

道無南北，弘之在人。果能弘道，則一切處，總是受用處。不動本際而歷遍南方，不涉外求而普參知識。如是則非特此國彼國，不隔絲毫，至於及盡無邊香水海，那邊更那邊，猶指諸掌耳。此吾心之常分，非假於它術。如是信得及，見得徹，則逾海越漠，涉嶺登山，初不惡矣。圓爾上人傚善財，遊歷百城，參尋知識，決明己躬大事，其志不淺。炷香求語，故書此以示之。

這幅印可狀應是書於丁酉年（嘉熙元年），翌年，圓爾為求繪無準頂相而請贊，無準書自贊為：「大宋國，日本國，天無垠，地無極。一句定千差，有誰分曲直？驚起南山白額蟲，浩浩清風生羽翼」。無準欲藉自身頂相，稱許圓爾開悟之道，猶如眾人畏懼如南山猛虎的周處，最終成為忠臣孝子，可知醒悟之心如此可貴。至於贊文中的國、極、直、翼則為仄聲職韻。

圓爾四十歲（一二四一年）之年的三月一日三更，師父無準召喚圓爾、方庵智圻前來，燒香問訊後，才告知兩位弟子：「今夜廣澤龍王告，汝等二人化導時至，龍王定不食言矣」（《元亨釋書》卷七〈淨禪三之二，慧日山辯圓傳〉），並囑咐智圻近日將有新命專使前來，千萬不可辭退，又勸圓爾早日歸國，弘傳佛道。無準將親筆書寫的佛祖宗派圖授予圓爾，圖上繪有釋尊拈花像（法系圖），宗派圖左右分別有西天二十八祖、唐土六祖，其下是自南嶽懷讓流傳至無準的五十四世相承，法系最末則有久能寺圓爾署名，以此做為傳法信物。無準又授以密庵咸傑的法衣竹杖，另寫「敕賜萬年崇福禪寺」八個榜書大字，叮囑圓爾務必將牌匾懸在最初擔任住持的寺院。圓爾訝異問師，為何非書「敕賜」二字不可，無準便預言圓爾日後必為帝師，毋需疑慮。翌日果如預言所示，定慧寺遣人來拜請方庵智圻，徑山眾僧方知龍王所言非虛，預感圓爾近日即將歸國化行。

四月二十日，圓爾向無準辭行，無準授以楊岐方會的法衣與《大明錄》。同門諸友二十餘人紛紛作偈贈別，絕岸可湘、雪巖祖欽依依難捨，一路送行至杭州。歸船於五月朔日自明州定海縣出航，途中遭遇風浪撲襲，三船中有兩艘沉沒，圓爾在八幡大菩薩護持下終於抵達博多，此時已入七月。無準、圓爾師徒此後以書簡聯繫，遺墨留存至今。根據這些書簡，可知圓爾曾接受博多綱首謝國明等人後援，協助其師無準復興徑山（西尾賢隆，二〇〇二；橋本雄，二〇〇七；榎本涉，二〇〇八）。

四、渡日僧——蘭溪道隆

東福圓爾的道友蘭溪道隆（一二一三—七八）是西蜀涪江人氏。涪江為嘉陵江支流，流經綿陽市、南充市、重慶市，蘭溪邑因位於涪江畔，道隆便以蘭溪為號。宋、元之際，石田法薰、無準師範、石溪心月、別山祖智、雪窗悟光、兀庵普寧，以及蘭溪道隆等禪僧皆是四川人氏，卻紛紛南詢江南，主要以兩浙為根據地或出任住持，有別於初唐禪宗支派淨眾宗是以四川為主要據點活動。蘭溪十三歲（一二二五）在成都大慈寺剃度出家，遍參諸尊宿後離蜀地而入浙江，參究於無準師範、癡絕道沖、北礀居簡，卻未得證果。此後前往平江府（蘇州市）陽山尊相寺，依止無明慧性，無明在室中示說東山五祖法演的牛過窗櫺公案（《無門關》三十八則），蘭溪聽聞後終於悟道。蘭溪繼而掛錫於明州天童寺，昔日常聞日僧說起天台、真言教義在日本興盛，禪宗此時面臨草創期，不知今後應何去何從，蘭溪聽此話題，便尋思日後將赴東瀛遊化。淳祐六年（一二四六，日本寬元四），日本商船停泊於遠亭，蘭溪前往觀看之際，忽遇一位異人，告知其將與東方有教化之緣，如今時機已至，說畢忽然消失無蹤。此後蘭溪在義翁紹仁、龍江應宣等弟子隨同下，終於前往博多。

蘭溪抵達博多後寄居於圓覺寺，在此期間，若訥宏辯曾來參訪（川添昭二，二〇〇六），同年秋，上京寄宿於泉涌寺來迎院的月翁智鏡之處，翌年遊訪東國諸山，就在結束行程即將歸宋之際，適逢北條時賴建造建長寺，修行者多達數百人，又因時賴朝夕參禪以祈願濟度眾生，蘭溪遂打消歸宋之念，向肥前的若訥宏辯請求助化（蘭溪與若訥尺牘，玉村竹二，一九七六）。建長寺啟建之際，圓爾亦派遣僧徒十人，遵循叢林儀規協助舉行地鎮祭。

現存的蘭溪墨蹟法語應書於建長寺落成的建長五年（一二五三），其文為：「見鞭影而後行，即非良馬。待訓辭而發志，實非好僧。諸兄弟同住清靜伽藍，已無饑寒之苦，當以此事念茲在茲。若眼光將謝之時，其害甚重。所以古人道，饒汝通諸子百家，三乘十二分教，於汝分上，並不得濟，不若體無漏道。（中略）參禪辨道，只為了此生死大事。」

雙幅墨蹟中的另一幅是規則：「長老首座區區力行，不知為誰家事。挂佛袈裟，受信施食，苟無見處，它時戴角披毛，千生萬劫償他去。」內容為提示禪修細則。眾修行者欲究明己事，以立罰榜求整肅綱紀，遺誡第一條就是「專一坐禪」。

榮西曾在《未來記》之中，預言己身入寂五十年後禪宗將大興。此後，蘭溪在建長寺採行宋代禪院儀規的時間點，恰巧為無住道曉所指榮西示寂的五十年後。建長寺實施的宋代禪儀，成為日本禪院準則而流傳各地（《雜談集》卷八）。蘭溪在致圓爾尺牘之中，表示京內障難雖多，紛擾魔事亦將自然消弭，盼能東西相應，盛興禪宗。如此希願，最終回歸於榮西寂滅五十年後叢林大興的《未來記》中。

建長寺第二任住持兀庵普寧在中國修行之際，與蘭溪同參於蔣山癡絕道沖、徑山無準師範，與近千名同門師兄弟一起究明己躬大事，皆為切磋琢磨的昔日道友。兀庵與蘭溪辭別之後，聞說建長寺已興建完成，與宋代天下叢林之首的徑山並稱第一甲剎，加上數年前曾應允赴日，便辭去住持之職渡日，接受時賴等王公卿貴歸依（《兀庵錄》卷上）。根據兀庵在建長寺普說（為修禪者宣說宗乘）所示，蘭溪與兀庵在年少時，曾誓言齊心推行禪宗教化，即使一任住持職務為三年，仍不惜遠渡伏桑。當蘭溪遭比叡山眾徒壓迫，被流放甲州、奧州松島之際，無象靜照亦隨同行。此後，無象撰《興禪記》上呈朝廷，表明禪宗並無悖反天台教理，記述蘭溪、兀庵、無學祖元、大休正念皆為宋土英傑、法門棟樑。

五、南禪寺《一切經》

《大藏經》亦稱為《一切經》或《藏經》、《釋藏》、《眾經》、《龍藏》，日本則通稱《一切經》。自唐代至近世以前，一般是以寫經傳世，宋朝將四川納入版圖後，雕造《大藏經》成為一種文化事業，依據當時元號取名為《開寶藏》，亦稱為敕版、蜀版《大藏經》。現存《開寶藏》僅有中國九卷、日本兩卷、美國一卷，共計十二卷而已。《開寶藏》複刻於高麗，《高麗藏》初雕本在蒙古入侵時焚於戰火，高麗王朝為求誠心擊退怨敵，及時再雕重刻本。在中國江南，福州東禪等覺院雕造的《崇寧藏》亦有「東禪寺版」之稱，福州開元寺雕造的《毘盧藏》，又稱為「開元寺版」，湖州（浙江省）思溪的圓覺禪院雕造的《思溪藏》則有《圓覺藏》之稱。平江府（蘇州）磧砂延聖院所刻的藏經，稱之為《磧砂藏》，入元後，杭州的白雲宗普寧寺集聚江南佛教界之力，雕造藏經為《普寧藏》（竺沙雅章，二〇〇四）。

日本南禪寺所傳的《大藏經》，原藏於神戶市須磨區禪昌寺町的神撫山禪昌寺（秋宗康子，一九八八）。禪昌寺為南禪寺塔頭、真乘院末寺，開山者是大應派的月庵宗光。江戶初期，大和圓成寺、伊豆修禪寺、近江菅山寺所藏的《大藏經》，奉德川家康之命獻納於增上寺。大坂地區寺院欲求禪昌寺藏經，以心崇傳（一五六九—一六三三）避免他宗搶先得手，故而謀畫借助家康之力，將經藏移交南禪寺保管。

《一切經》之中，收有日本僅存《開寶藏》二卷中之一卷，就是列入千字文編號「榮」函的《佛本行集經》卷十九，於開寶七年（九七四）甲戌年奉敕雕造，《佛本行集經》卷十六則是《高麗藏》初雕本。千字文編號「人」函的《大寶積經》卷六十六是元版《普寧藏》，奧書記有：「居鎮西筑前州博多，奉三寶弟子慶安，永充攝州帝釋禪昌禪寺。殊勳所集之處，回向真如實際，莊嚴佛果菩提。四恩三有，均被善功，法界群品，同圓種智。應永元年龍集甲戌孟夏日，沙彌慶安敬白」。日本應永元年（一三九四），在禪昌寺助印的慶安應是博多商人（上田純一，二〇〇〇；伊藤幸司，二〇〇六）。慶安助印的經卷尚有卷六十一－六十四、六十六－七十二、七十六、七十七、七十九、八十一、八十二、八十四、八十五、八十八、九十；元代至元十八年（一二八一）三月刊刻的經卷則是卷十一－十七；至大元年（一三〇八）正月刊刻為卷七十三－七十五、七十八、八十、八十三、八十六、八十七、八十九。「育」函的《大方廣佛華嚴經》卷四十七，亦是慶安助印；「體」函的《大般涅槃經》卷二十二－二十四、二十六－二十九，至元十八年（一二八一）三月刊卷二十五、同年十月刊卷三十，亦為慶安出資刻印，有署名的經卷總計高達四十五卷。「規」函的《阿毗曇毗婆沙論》卷四十二奧書記有「攝津州帝釋神撫山禪昌禪寺法寶七千卷內，正長元年（一四二八）戊申十二月十一日，同州尼崎海雲山興禪禪寺住持東福遠孫比丘子伯，行年六十一，敬書」，其卷四十一、四十三、四十九亦由仲庵子伯筆書。「承」函的《續高僧傳》卷二十八，亦是仲庵於翌年筆書。「履」函的《佛說長阿含經》卷二十二，是南宋紹興二年（一一三二）的《思溪藏》，根據卷首刊記為王永從等人助印。「表」函的《大智度論》卷七十一是「開元寺版」，刊行於南宋建炎二年（一一二八）七月。「惡」函的《瑜伽師地論》卷四十九，是元泰定三年（一三二六）刊行的「東禪寺版」重雕本。「盟」函的《釋大方廣佛華嚴經合論》卷十二，是日本應安五年（一三七二）刊行的和刻本「天龍寺版」。禪昌寺《一切經》是以元代《普寧藏》和《高麗藏》初雕本為主，並由《崇寧藏》、《毘盧藏》、《思溪藏》、和刻本及寫本等混成的藏經。禪昌寺《一切經》在以心崇傳謀略下轉由南禪寺保管，今日仍安置於經藏之中。

此外，名列五山名剎之一的東福寺內經藏收有《大藏經》，此經乃是日向大慈寺的剛中玄柔（一三一八—八八）遣僧入華請歸。剛中玄柔曾至南禪寺師，事於平田慈均（一三五七），擔任後板之職後返回大慈寺，派遣十名禪僧入元迎請藏經，歷時三年求得二藏，其中一藏奉納於東福寺（〈即宗庵修造化緣籍〉有序）。加藤正俊所編的《剛中玄柔禪師語要》卷頭繪上，則載有宋版《大寶積經》卷一一一、卷一一二。這部分收入「字」函，與《開元釋教錄略出》的千字文編號一致，每摺頁六行、一行十七字，與宋代江南諸藏經形式一致。光就樣式來看，亦參考元代《普寧藏》。《大方廣佛華嚴經》卷七十六（《石井積翠軒文庫善本書目》四〇三、四〇四圖），一行十五字，雖不知每摺頁有幾行，形式似乎有異於江南各藏經。剛中玄柔請來的藏經，可說與南禪寺藏經同樣，皆屬於混合藏經的形式（梶浦晋，一九九六）。

第三節　蒙古人統治下的元代中日交流

一、八思巴文字印

中統元年（一二六〇），元世祖忽必烈即位（一二六〇—九四在位），八思巴（一二三五—八〇）奉命創造蒙古新字。至元六年（一二六九），忽必烈詔命新字頒行天下，詔文為：「凡施用文字，因用漢楷及畏吾字，以達本朝之言。（中略）今文治寖興，而字書有闕，於一代制度，實為未備。故特命國師八思巴創為蒙古新字，譯寫一切文字。（中略）自今以往，凡有璽書頒降者，並用蒙古新字，仍各以其國字副之」（《元史》卷二〇二〈釋老傳〉）。此後從元順帝（一三三三—七〇在位）的兩封敕書中，可確認詔令實有推行（神田喜一郎，一九六九）。

這兩封敕書現存於福建省龍巖市長汀縣的禪剎定光寺，根據《長汀縣志》卷二十七所收、張文偉作於清康熙五十七（一七一八）年之序記載：「定光寺在汀州府治左，建於宋大中祥符年間。有定光、伏虎二禪師敕命二通，文皆以元字書，添漢譯一紙」，可知正是順帝敕書。摹刻八思巴文字正本與漢文副本之際，左為八思巴文字，右為漢字，配列而成。其中一封是加封圓應普慈通聖大師定光為「忠應普慈通聖大禪師」，另一封是加封威濟普妙惠聖大師伏虎為「忠顯威濟普大禪師」，皆出於順帝至正二十六（一三六六）年九月的宣旨。第一封的定光即是自嚴（九三四—一〇一五），嗣出雲門法系，法脈為雲門文偃——清涼智明——西峰雲豁——自嚴，據傳定光為定光如來的應化法身。伏虎則是惠寬（？—九六二），禪師號不可能僅有五字，應是抄錄之際，將原本六字的忠顯威濟普□（惠）遺漏一字。

從朝廷慣常以八思巴文字發令寺院的情況來看，渡華日僧對這些新字應是司空見慣。自古在中國即有授賜師號的慣例，元朝歷帝亦無例外。師號分為二字、四字、六字、八字，元朝敕授正本是以八思巴文字書寫，另有敕賜寺額，對日僧而言，自然能接受八思巴文字。東京國立博物館所藏的梁楷筆〈李太白圖〉上的大印，就是採用八思巴文字的「大司徒印」，此為眾所周知之事。八思巴文字無法速寫，在日常生活中普及不易，卻具有裝飾功能，故用於印章和貨幣「大元通寶」、刻工銘等文字。外來僧或渡航僧不必書寫元朝公定的蒙古新字，卻可做為印款或花押文字等用途。

正如宮紀子指出（宮紀子，二〇〇七），建長寺所藏的〈西來庵修造再興勸進狀〉，是由建長寺的前住持玉隱英璵（一四三二—一五二四）代替勸進化士性善所書，三印款之中，居中的正是八思巴文字（《鎌倉市史》〈史料編〉第三，〈淨智寺文書〉二七五號印文未詳），是刻有「[illegible]玉[illegible]隱」的圓形朱印（羅常培、蔡美彪，二〇〇四）。根據上村本《宗派目子》的明月院目子所載，建長寺前住持玉隱的法系應為「大覺禪師　無及德詮　千峰本立　鳳林德彩　蜜室守嚴　南溟和尚　器庵禾上　玉隱宗猷大光禪師、諱英□」。無及德詮為了勸請傑翁宗英、無學祖元而入元，據傳千峰本立亦在鎌倉末期前往中國。鎌倉禪林接受八思巴文字傳入，可說是延續傳承，至少蒙古新字曾傳入禪興寺的塔頭明月院，做為印章之用。

西來庵是建長寺開祖蘭溪道隆的祖塔所在地，日本戰國時期，關東多年大亂，難以仰賴庵領（庵之所有領地）取得年貢，祭祀祖師的晨香、夕燈、粥飯等無以為濟，守護祖塔的侍真和庵官皆陷入連日無俸的窘境。蘭溪眾弟子幾經商議後，決定每月輪流守護祖塔，然而殿堂殘破毀敗，無纖毫之力修繕，玉隱故而勸請資助：「前代大雄一華（心林）和尚，以勸進再興，今昭堂是也。老衲八十餘，代同門老翁，宣勸進一語，奉請十方檀那助成」（〈西來庵修造再興勸進狀〉）。前年已起草案撰成文言，翌年，委請負責人性善代替玉隱向各方招募善款。此時「玉隱」的八思巴文字之印並非私屬，而是做為公務之用。一般勸緣疏是以駢文撰成，玉隱當時高齡八十五，相信已難以勝任此項任務。

二、北條時宗——招聘宋朝名僧

兀庵普寧於日本文永二年（一二六五）歸宋，蘭溪道隆則於日本弘安元年（一二七八）示寂，北條時宗在此時決心招請宋朝名宿來日，在書簡中表述：「吾意續禪林宗承，積年累月，建營梵院，為修道者謀安止處。但思及樹有根，水有源，故請宋朝名宿，欲借力以助行禪道。煩詮、英二兄（無及德詮、傑翁宗英），不懼鯨波險阻，望引俊傑禪伯，同歸本邦」（〈北條時宗書狀〉）。無及、傑翁皆為蘭溪門徒，書簡日期是西元一二七八年十二月二十三日。翌年五月，兩名專使即抵達寧波天童寺。

書簡上僅記載聘請「俊傑禪伯」，卻不曾指名勸請的是何方高德。無及、傑翁抵達寧波港後，應是前往五山名剎天童寺，當時該寺的堂頭和尚是環溪惟一（一二〇二—八一）。兩名專使欲拜請環溪歸朝，環溪已年高八旬，便由天童寺首座無學祖元（一二二六—八六）代為赴日。環溪門下的鏡堂覺圓（一二四四—一三〇六）則以侍者身分隨行（《臥雲日件錄拔尤》康正三年五月廿一日之條），尚有無學的弟子梵光、一鏡偕同渡日。無學於日本弘安二年（一二七九）八月二十一日入寺，成為建長寺第五任住持，入寺山門疏、江湖疏皆收於《佛光錄》卷三，遺憾的是墨蹟已佚。無學在渡日前夕，上堂與僧眾辭別，環溪代替先師無準授以法衣，無學捻起法衣，言道：「世尊傳金襴外別傳何物？」（《元亨釋書》卷八〈宋國祖元傳〉），又指向環溪說，招請師兄之事，今由拙僧代勞，隨即陞座說法（玉村竹貳，一九七九）。

無學祖元原本無意渡日，眾弟子牽衣垂泣不捨，無學最後說服眾人：「我三兩年便回，不必煩惱」（《佛光國師語錄》卷四）。所謂兩、三年，是指代替師兄環溪渡日，接任住持三年，任滿即歸國。在官寺、甲刹、十刹、五山的五山制度下，轉任他寺住持是時勢所趨，日本亦如此，此事乃是常情。正因為中、日船舶往來頻繁，方能產生此項制度。

無學十四歲時，登徑山拜無準為師，三年後，發心參究狗子無佛性公案，歷經五、六年參修，僧堂約有九百名雲水各司其職。某夜，無學聽見首座寮前板三度發出鳴響，頓時證悟了本來面目，時年二十二歲，便向無準呈上自作的偈頌：「一槌擊碎精靈窟，突出哪吒鐵面皮，兩耳如聾口如啞，等閑觸著火星飛」（《佛光錄》卷九〈告香普說〉），無準便以香嚴智閑的擊竹悟道偈示之。無準示寂後，無學離開徑山，拜謁石溪心月，參禪於靈隱寺鷲峰庵的虛堂智愚，又至慶元府大慈寺，在物初大觀會下分座說法，此時已具一方住持之實力。慈溪縣（寧波市慈溪市）知事羅季勉有一座祖庵白雲庵，招請無學出任住持，兼能孝養老母，以傚昔日睦州陳尊宿編蒲養母的典故。三十七歲的無學奉母七年，堪稱是開悟後的實修，服完母喪後，擔任靈隱寺首座。時隔一年，無學於南宋度宗咸淳五年（一二六九）年十月二日，在首座寮接受台州真如寺勸請住持之職，先經靈隱寺直指堂公開遴選，再由丞相賈似道追加認可。無學於十月二十日入寺，拈香告拜先師無準，向天下明宣嗣法，於住持任內倡法七年。南宋德祐元年（一二七五），年過半百的無學為避蒙古兵亂，遷居雁山（溫州市樂清市）能仁寺，翌年大軍壓制溫州，亂民逃竄，唯有無學一人端坐堂中，蒙古大將欲斬之，無學口中誦偈曰：「乾坤無地卓孤筇，且喜人空法亦空。珍重大元三尺劍，電光影裏展春風」，據傳大將聽聞後心生感悔，作禮而去，此偈正是名聞遐邇的〈臨劍頌〉。無學五十二歲時，為天童寺首座開堂說法，師兄還溪擔任天童寺住持。元朝至元十六年（一二七九），無學時年五十四歲，在天童寺首座寮接受北條時宗招聘，乘船東渡。

日本長樂寺住持一翁院豪（一二一〇—八一），於日本寬元初年（一二四三）入宋，徑山無準曾稱許：「豪上座有向道之姿」，卻未授以印可。日本文應元年（一二六〇），兀庵普寧渡日後，一翁立即趨往建長寺請益，並受示法語。無學東渡繼任建長寺住持後，則以昔日苦參的香嚴擊竹之偈教化一翁，日本弘安二年（一二七九）十一月，無學上堂宣告眾僧，一翁已獲得印可（《佛光錄》卷三）。

三、元朝國信使——一山一寧

元世祖忽必烈二度東征日本未果，據傳至最後關頭仍堅持第三次出兵，不肯輕棄。元朝此時飽受江南、高麗、越南接連民變與海都之亂所苦，無力遠征東瀛，補陀寺長老愚溪如智向忽必烈奏言：「……如若復興師致討多害生靈，彼中亦有佛教文學之化，豈不知大小強弱之理。如今臣等賚奉聖旨宣諭，則必多救生靈也。彼當自省懇心，歸附准奉，（中略）夫和好之外，無餘善焉，戰爭之外，無餘惡焉……」（《善鄰國寶記》卷上）。至元二十年（一二八三），朝廷派遣愚溪和提舉市舶司王君治一同渡日，卻為颱風所阻，未達而還。翌年，愚溪再度與王積翁出任使者赴日，如此一來，積翁是以國信使身分、愚溪是以副使身分奉遣佛邦日本。豈料王積翁因強取船舶，慘遭拒隨出航的船伕殺害，愚溪再度受阻而歸。

忽必烈之孫鐵穆耳（成宗、完澤篤可汗，一二九四－一三〇七在位），繼承祖父遺政，欲以求和偃兵之策招日本歸附於元，便派遣一山一寧（一二四七－一三一七）渡日，當時的國書抄本現藏於日本神奈川縣立金澤文庫。

上天眷命

大元皇帝致書于日本國王有司奏陳，嚮（向）者世祖聖德神功文武皇帝，嘗遣補陀衲（禪）僧如智及王積翁等兩奉璽書通好日本，咸以中塗（途）有阻而還。爰自朕臨御以來，綏懷諸國，薄海內外，靡有遐遺。日本之好，宜復通問。今如智已老，妙慈弘濟大師、江浙釋教總統補陀寧一山道行素高，可今往諭，附商舶以行，庶可必達。朕特從其請，蓋欲成先皇（帝）遺意耳。至於惇好息民之事，王其審圖之。不宣。

大德元（三）年三月

抄寫國書之際仍有遺闕誤字，幸有《元史》卷二十〈成宗本紀〉大德三年三月癸巳的記載，以及日本金澤文庫存檔文書，方知其詳。由此國書可知，自忽必烈至鐵穆耳掌政時期的對日政策沿革發展，以及補陀寺的愚溪如智年事已高，一山一寧因為繼任住持，使者之務便由其代勞等事。忽必烈在位時兩度遣使日本，初次是由王君治、王積翁兩名官僚出任國信使，大德三年卻遣一山為國信使，可說是針對鎌倉幕府昔日對應之策所作的防範措施。換言之，日本幕府立於佛教之邦，尚不至於不問是非，任意處決禪僧。從一山赴日後，幕府隨即以奸細之嫌將其軟禁的處境來看，元朝政府的顧慮絕非杞憂而已。

一山一寧以國信使身分受遣日本之際，元成宗已賜其妙慈弘濟大師之號，以及江浙釋教總統的僧官職銜，更賜金襴袈裟，鈔一百定。一山不僅是補陀山住持而已，更身兼江南諸路釋教總統，以最高長官身分統領前朝南宋治下的全江南佛教界。若以國信使身分與日本從事折衝外交，則需具有江南佛教總代表之銜。一山赴日之際，另有五名伴當出使隨行，究竟是何背景人物則不得而知。

派遣一山赴日前一年，江浙行省平章政事也速達耳曾向成宗進言，提議遠征日本，成宗表示時機不宜，元朝遣國信使渡日的原因之一，亦是為了抑制此類奏言。至於日本朝廷的因應措施，僅是將一山軟禁而已，此外未見任何返書，元朝對於此事，在《元文類》卷四十一日本之項記載為：「日本人竟不至」。

一山隨乘日本商船，經十三日後抵達博多，時為大德三年（一二九九，日本正安元年）。船主呈書簡通知幕府後，幕府有人主張速斬敵使，有人主張不斬來使，卻為該如何處置禪衲而莫衷一是。當時幕府執權為北條貞時，只能將一山暫交由伊豆修禪寺監管，可說一山是以禪僧身分，萬幸挽住一命。元朝最初不遣官吏做為國信使，乃是明智抉擇。幕府官吏眼見一山平日在修禪寺晝夜坐禪誦經，莫不為此動容欽服，有人認為寧公（一山）不愧是元朝望士，方能委以國信使重任。更有人感懷而言：「沙門者福田也，（中略）在元國元之福也，在我邦我之福也」（《一山國師行記》），一山遂被迎請為建長寺第十任住持（西尾賢隆，一九九九）。

四、新安沉船與東福寺

西元一九七六年，在韓國全羅南道新安郡的道德島外海，一艘漁船在捕魚時撈獲瓷器，發現一艘沉沒的古商船。此後至西元一九八四年為止歷經十次調查，發現自海底打撈上岸的木簡中，共有四十一件記有「東福寺」，另有五件記有「釣寂庵」字樣（川添昭二，一九九三）。這艘沉船於元朝至治三年（一三二三）六月自慶元出港前往博多，載有大量青瓷、青白瓷、白瓷、銅錢等物，途中卻遭遇暴風雨，最後葬身海底（佐伯弘次，二〇〇三；村井章介，二〇〇五）。

釣寂庵是博多承天寺十四塔頭之一，開祖潛溪處謙是圓爾法嗣，中興開山則是自南聖薰。兩百餘年後，釣寂庵成為征西府懷良親王的御居，遣明副使策彥周良於日本天文八年（一五三九）曾來遊訪賞梅（廣渡正利，一九九〇），今日早已廢寺。承天寺創建於日本仁治三年（一二四二），由博多綱首謝國明開基，並由徑山無準授予印可的圓爾擔任開山住持（圓爾此後接受京都東福寺勸請出任住持）。

與沉船一同打撈上岸的木簡中，記有「筥崎」二字的筥崎宮，就是圓爾在歸途中遭逢海難之際，向神明祈求庇佑而脫險的神社。今日承天寺僧侶仍延續傳承，在筥崎宮神前舉行報賽事，敬謝神明。

日本元應元年（一三一九）二月七日，承天寺的本寺東福寺焚毀，住持雙峰宗源前往圓覺寺訪求南山士雲，南山曾為東福寺住持，後由幕府執權北條高時布施防州上得地莊園一座，做為重建東福寺之用。南山與雙峰商議後，派遣弟子祖庭□芳入元，敦促圓爾法嗣的東洲至道早日返國，一同協力重建東福寺（白石虎月，一九七九）。東洲至道在元朝國都大都（北京市）創建大覺寺，南山認為東洲既有能力，協助重建東福寺應非難事，故盼其歸國援助，豈知東洲並未返日。在此之前，南山已於日本永仁六年（一二九八）三月八日擔任承天寺住持。日本元亨二年（一三二二），南山自建長寺引退後，歸隱於東福寺莊嚴藏院，翌年再度出任承天寺住持，原因是東洲未能歸國，只得由南山負起重建東福寺之責，西行募化。巧合的是此年正是被打撈上岸的商船自慶元（今浙江寧波）出發，最後在新安外海沉沒、未能抵達博多的年份。就此來看，博多方面應有遣船來迎。被打撈上岸的沉船，應是受託重建東福寺的寺社造營料唐船（為獲得重要寺社營建費用，自日本派遣入元的貿易船）之一，亦即所謂的東福寺船。南山在承天寺滯留十一載，為重建東福寺四處奔走，從日本正中二年（一三二五）二月十日上樑啟建來看，南山募化建寺費用的過程，可說耗時長達十一年。南山再入京時為元弘三年（一三三三），已是八旬耆老，朝廷詔請其出任南禪寺住持，南山推辭未住，兩年後示寂。遺憾的是南山再度出任承天寺住持之際，並未留下任何語錄。倘若這艘在新安沉沒的唐船果真抵達博多，南山或許不會久滯於承天寺。自圓爾以來，博多商人與承天寺往來交流，對募化建寺極有助益，南山可說是基於此因而長留博多。

西元一三二三年，這艘前往博多、真實身分應為東福寺造營料唐船的商船上，想必有大量東福寺相關人士同行。此船並非租用船，另有許多禪僧同行共乘，大智（一二九〇—

一三六六）就是其中之一（村井章介，二〇〇六）。大智無號，日本正和三年（一三一四）二十五歲時渡元，最初拜謁古林清茂（一二六二—一三二九），遍參雲外雲岫、中峰明本、無見先覩等禪宿，眾師對其極為稱譽。然而大智入元修道十載，卻未遇正師，唯有簡略記載：「留元年久將歸」（《延寶傳燈錄》卷七〈祇陀祖繼大智禪師〉）。

大智曾撰有謝元英宗詔許歸國的偈頌，其文為：「萬里北朝宣玉詔，三山東海送歸船。皇恩至厚將何報，一炷心香祝萬年。」

豈知船漂流至高麗，舟楫悉碎，大智獲得高麗王援助後，呈謝之偈頌為：「曠劫漂流生死海，今朝更被業風吹。無端失卻歸家路，空望伏桑日出時。」當時大智乘坐忠肅王的備船東歸，抵達加賀宮腰津（金澤市金石町），時為日本元亨四年（一三二四）。究竟是只有大智在新安外海僥倖獲救，或是東福寺相關史料略過未提，已不得而知。

西磵子曇法嗣的嵩山居中（一二七七—一三四五），於日本延慶二年（一三〇九）入元，日本文保二年（一三一八）再度入華，拜謁古林、雲外等德宿，在蔣山曇芳守忠會下成為首座，第六年秋返日，此時歸船已非東福寺船。

五、古源邵元及其撰文

古源邵元（一二九五—一三六四）為東福寺第二十五任住持，最初師事南山士雲，掌侍者之職，雙峰宗源繼為住持後，古源繼續任其侍者，後升至管理經藏的藏主。古源於日本嘉曆二年（一三二七）入元，抵明州後，隨即至福州雪峰寺拜謁樵隱悟逸（？—一三三四），呈偈頌曰：「他時再上毬門日，一喝何妨三日聾」，樵隱十分稱許。第一句公案，是出自雪峰義存某日見玄沙師備來訪，便取三個木毬一起滾轉，玄沙見狀作擊牌之勢，雪峰深深頷首（《碧巖錄》四十四則，頌評唱）。第二句則引用自百丈懷海參訪馬祖道一的公案，馬祖見百丈前來，將拂子豎起，百丈便問：「即此用、離此用？」馬祖將拂子掛於禪床角，默不作聲。馬祖反問百丈，以後鼓兩片嘴皮子如何為人傳法，百丈便將拂子豎起。馬祖同樣反問：「即此用、離此用？」百丈將拂子掛於禪床角，馬祖此時大喝一聲，震得百丈連三日耳聾（《碧巖錄》十一則，本則評唱）。樵隱稱許古源之處，正在於妙用禪機。

古源登天台山華頂善興寺，欲拜謁無見先覩，此時還未諳漢語，便以書信表述來意。無見朗聲讀了，將信擲於地，呵呵大笑說，你風塵僕僕遠渡東海，豈有這等閒工夫寫辭作句，況能寫得如此高妙，頗為嘉許古源才學。此後，古源登天台山方廣寺，渡石橋獻茶供奉羅漢，茶碗中現浮花瑞兆。又往天目山（杭州市臨安市）參謁斷崖了義，斷崖莞爾而笑，親自來迎。又至婺州伏龍山（浙江省金華市義烏市），事師千巖元長求示法語。此後古源前往天目山，禮拜中峰明本祖塔，投宿於塔下，夢見中峰現身說法，舉《首楞嚴經》

卷七之中，佛為阿難示說的「妙性圓明，離諸名相」，古源感激不已，數日留於塔下。

古源遊歷五台山之際，親睹佛現聖光來接身，眾人紛紛驚異此乃稀瑞之兆。此後，古源在昔日神秀寓居的玉泉寺（湖北省當陽市）擔任首座，亦出任嵩山少林寺首座，可知深受廣大參修者欽服。古源久居於少林寺二祖庵，庵上常有紫雲覆頂，有人前往尋探，唯見古源獨自坐禪。古源在二祖庵時，曾撰有六座碑文（塚本善隆，一九七四；佐藤秀孝，二〇〇二；桂華淳祥，二〇〇五）。大都（北京）聖旨令選百僧入宮轉讀《大藏經》之際，古源亦在其列。古源至吳江州（蘇州市吳江市）水月院披閱《大藏經》，初讀《般若經》，後於日本貞和三年（一三四七）歸國。

入元日僧多為歷參江南禪寺之後旋即返國，較之於其他入元僧，古源邵元的足跡自江南遠及華北，是較為罕見之例。古源的稀有事蹟，還包括受人請託撰寫碑文之事。古源所撰的〈顯教圓通大禪師照公和尚塔銘並序〉，目前以京都大學人文科學研究所的拓本最為清晰，塔銘起首為：

生而不生。，一漚泛於大覺海●。
滅而不滅●，孤月朗於法性天。

執妄見也，則有生滅●。
悟真如也，則無去來○。

銘文是以兩組隔句對為開端，第一組隔句對的前兩句，引自於《首楞嚴經》卷六的「空生大覺中，如海一漚發」（第二組隔句對的前兩句皆有「也」字做為協調平仄），整體行文淺顯明快。原本銘文應由擔任書記的法泉撰寫，卻因菊庵法照的門人子珍，攜著菊庵的行實（行蹟傳記）來請託古源撰銘。古源一併答應寫碑之請，書寫息庵義讓的嵩山少林寺行實碑，以及泰山靈巖寺（山東省泰安寺）的道行碑。少林寺方面是由參學小師勝安攜著行實，前往淮水寶林寺請損庵洪益寫碑，損庵以年邁為由，舉薦古源可代為撰文，古源久參於息庵會下，應能適任此事。另一方面，靈巖寺勝安亦向古源請寫碑，古源以伏桑出身，再三推辭不過，最後唯有接受，這些碑銘讓元代華北曹洞宗脈的部分事蹟得以留傳後世。

第四節　明代中日交流

一、絕海中津與蒲室疏法

蒙古人退返北方後，明太祖朱元璋（一三六八—九八在位）於西元一三六八年在南京建立明朝。此年，日僧絕海中津（一三三六—一四〇五）與汝霖妙佐、如心中恕、伯英德儁、大年祥登、明室梵亮、元章周郁等一同渡海。入明後，最初師事道場山（浙江省湖州市）的清遠懷渭。清遠是笑隱大訢之甥，亦屬其法嗣。絕海繼而至杭州中天竺寺，參究於季潭宗泐會下，有閒時即作詩；洪武四年（一三七一）前往徑山再謁季潭，受請為後堂首座卻未就任，兩年後參訪清遠並學習楷書，當時清遠已退隱杭州真寂山。洪武九年（一三七六）春，絕海至南京天界寺三度參學於季潭，暫居的天界寺在當時地位高於五山之上。太祖朱元璋於英武樓召見絕海時，曾垂詢日本熊野古祠之事，又命絕海作詩，並御賜和韻一首。絕海並非以朝貢使節的身分留居中國，歸國之際卻享明朝貴賓尊榮，在市舶司管轄的明州館待航。日本永和四年（一三七八），絕海和汝霖妙佐一同返國，暫居博多。

絕海中津有閒暇時即詠詩，亦作文章，相信季潭必然給予潤筆指點。季潭為笑隱法嗣之一，絕海曾向季潭學習笑隱制定的蒲室體制，並引入日本。蒲室體制亦有蒲室疏法之稱，是笑隱大訢確立的禪宗駢文體例，在此舉出日僧無方宗應出任筑州旌忠顯孝寺住持的山門疏（《蕉堅稿》疏）做為參考：

蒙頭：
海上名藍○，有如珠宮貝闕●，
關西人物●，亦猶麟角鳳毛○。
適得宗門之勝流○，
當復法席之全盛●。

八字稱：
某　堂堂○儀表●，
落落●襟期○。

過句：
南遊二十年○，燒寶鄉入水晶宮殿●，
東歸幾萬里●，把長竿拂珊瑚樹枝○。
輔教志慕仲靈○，
說法神交寂子●。

天源一滴●，霈法雨於九垓○，
虛堂三傳○，耿真燈於五濁●。
矧忠孝之道並顯●，
而人境之奇有加○。

襲句

龍鬬虎爭○，故國山川如昔●，
鼉鳴鯨吼●，叢林禮樂維新○。
力扶墜地之宗綱○，
丕衍齊天之叡筭●。

結句

這篇駢文是由九組對句而成，反覆隔句對、單句對，謹遵蒲室疏法體例，平仄力求工整。現代語譯如下：

臨近博多灣的名刹，三門法堂建築巧麗，猶如水神珍珠宮殿、鑲貝樓闕。和尚出身關西，乃是鳳毛麟角、稀世俊才。適巧今日拜請宗門英秀，正是中興道場之時。／恭謹思惟，旌忠顯孝堂頭無方和尚禪師身為新任住持，儀態堂堂端嚴，行舉落落曠達，可為萬民之典範。／遊學中國二十載，如捻寶香入水晶宮勝任住持，歸國之時，似持長竿拂珊瑚枝，遠越萬里蒼波。護持佛教之志，明教契嵩，宣說教法之理，與仰山慧寂一同。／天源庵甘露一滴，法雨潤九重浩天，虛堂智愚三傳真燈，燁燁映現五濁惡世。／何況忠孝之道俱得彰顯（大友貞宗發願於多多良建立顯孝寺），人才（無方宗應）、靈境（顯孝寺）增助其勢。／多多良濱之戰勢若龍爭虎鬥，今日山河歸寧如昔，鼓響鐘鳴，禪林清規銳意革新。力挽沉淪不振之宗綱，願吾皇聖世與天同齊。

各種入寺疏中，山門疏是絕對必要的文疏，目的在於寺院勸請新任住持之用，原本應由寺院書記撰文，若無書記，則由書狀侍者代筆，但多請聲望極高的禪宿撰寫。駢文講究引經據典，撰者文采不亞於中國士宦，五山禪僧故而格外重視詩文涵養。室町幕府的武家官僚面對外交文書，還不至於膚淺到自行下筆，替武家代撰上表文的工作是由五山禪僧負責。奉明朝天子的上表文必須以駢文撰成，這對禪僧而言是輕而易舉之事。

二、成化四年——奉明憲宗之表

在眾多日本水墨畫家中，以客觀角度觀察自然的雪舟等楊，被評為最貼近中國式的繪畫創作。雪舟曾向李在等人習畫後返國，入華堪稱是其人生的一大轉捩點。雪舟是成化三年（一四六七）渡華，此後，徐璉曾送七言律詩一首：

家住蓬萊弱水灣，
丰姿瀟灑出塵寰。
久聞詞賦超方外，
賸有丹青落世間。
鷲嶺千層飛錫去，
鯨波萬里踏杯還。
懸知別後相思處，
月在中天雲在山。

此為徐璉於成化五年（一四六九）送雪舟歸國之詩，深深嘉許雪舟為人至情至性。就在不久的兩年前，雪舟才剛以遣明使節身分抵達鄞（寧波市）。

當時遣明船共有三艘，第一艘是公方船，為正使天與清啟所乘，第二艘是細川船，為居座眷洋等人所乘，第三艘是大內船，為居座通憚、土官玄樹等人所乘，雪舟即是乘坐此船入華。

由於明朝實施海禁政策，日僧不似元代可任意乘坐商船渡海而來，必須成為遣明使，或借助於倭寇勢力，否則無法渡航。雪舟入明之後，只能短暫滯留三年。最初，正使天與清啟所乘的公方船於成化四年（一四六八）抵達寧波港，既為遣明使身分，必然攜有上表文。

第一艘船的天與清啟身為禪僧，曾以副使身分於日本寶德三年（一四五一）隨正使東洋允澎搭乘遣明船入華。遣明船再度於日本寬正元年（一四六〇）渡航之際，天與進而被任命為正使，遣明疏文、奉明朝天子上表文皆由瑞溪周鳳撰寫，蔭涼軒的季瓊真蘂傳達幕府將軍之命，益之宗箴謄寫表文。成化四年（一四六八）奉表於明憲宗（一四六四—八七在位），稱為「遣大明書」，以駢文撰成如下：

黃河北流一清○，以生上聖●，
白日西照再中●，以發皇明○。
既安億兆之心○，
孰敢二三其德●。
統接千載●，
威加四方○。
共惟大明皇帝陛下

重熙累洽●，誕膺昌期○，
合慶同歡○，覃及弊邑●。
渺茫海角●，雖不隸版圖中○，
咫尺天顏○，猶如在輦轂下●。
茲遣專使清啟長老，
謹捧方物●，
親趨闕庭○。
伏望寬容○，
曲賜省察●。
謹表以聞。

黃河北流千年方澈一回，如今賢人現世可比古聖，有如夕照重升中天，皇德昭顯於世。／既可安定萬民之心，孰又無不欣從此德？／恭謹思惟，大明皇帝陛下，皇統長延千載，威澤加被天下。／有此威光增助其勢，迎盛世大展昌隆，普天同慶，惠及敝國。／浩渺海角一嶼，未入明朝之疆，天子威光咫尺，宛同隨侍於側。／遣專使天與清啟長老，謹奉吾國物產，親趨宮廷謁拜。／伏望寬容以對，乞賜審查。／謹呈此表文。

根據瑞溪周鳳在追加說明的按文中所示，「白日再中」是指明英宗（正統帝）遭逢土木之變，被瓦剌首領也先俘虜，在送返明朝之際，其弟代宗已即位，英宗再度遭致幽禁。奪門之變後，英宗復辟，改年號為天順，「黃河千年一清」是指創建大明勳業，同時卻暗喻黃河源於西而歸於北，如同諸侯歸順天子之心（田中健夫，一九九五）。上表文中的典故，出自《文選》、《李太白詩》、《漢書》、《晉書》、《詩經》、《孟子》、《史記》、《書經》、《全唐詩》、《禮記》、《左傳》、《白氏長慶集》、《新唐書》、《全唐文》、《莊子》、《文苑英華》等典籍。

正使天與清啟等人完成朝貢貿易的任務後，自寧波歸航的時間應為成化五年（一四六九）六月。天與為了提高刀劍等貢物估價，不惜舉宣德年間之例，與明朝政府爭論不休。日本欲藉朝貢之名、逐貿易厚利之實，這對親赴火線的正使而言，是備嘗艱辛的任務。天與自歸國後辭去一切公職，返回故鄉信濃，隱棲於法全寺（長野縣飯田市千代）。

三、遣明使——策彥周良

策彥周良（一五〇一—七九）於九歲之冬，入京都洛北鹿苑寺的心翁等安門下出家，翌年，聞其師口授《論語》、《三體詩》，十一歲學蘇軾、黃庭堅詩文，孜孜勤讀《左傳》、《莊子》、《孟子》。十九歲時，為備州寶福寺住持南英寶詢作諸山疏，二十一歲之時，因心翁的師兄弟梅莊等請擔任臨川寺住持，策彥又為其撰同門疏。策彥晚年之際，於日本元龜元年（一五七〇），為南化玄興出任妙心寺住持而作山門疏（《虛白錄》卷二），其內容如下：

正法山妙心禪寺山門，欽奉北闕綸旨，敦請前第一座南化禪師，住持本寺，為國開堂演法，祝贊皇圖萬安者。

右恣以，

碧瞳胡嚮第二拈華○，誰是破顏微笑●。
白拈賊喫六十拄杖●，唯要余喝商量○。
三門境致勃焉叢隆○，
十月好景自然春到●。

蒙頭

共惟

新命堂上南化大禪師
玩義●天月●，
續靈○光燈○。

八字稱

將補袞手轉正法輪○，紫詔忽降●，
處選佛場佩毗盧印●，緇禮已行○。
不假伽藍神護持○，
丕整阿蘭若規矩●。

過句

曹源一滴水●，杯觀五湖塊視三山○，
韶陽九轉丹○，玲瓏八牕映徹萬物●。
雖現烏跋於濁世●，
復聞鳳鳴於岐山○。

襲句

誦孔老言履夷齊行○，儒釋揆一●，
宣周邵風歌文武德●，君臣道同○。
謹疏。

結句

正法山妙心禪寺一山，敬受天皇敕詔，敦請前首座南化玄興禪師為本寺住持，為社稷開堂演教，祝吾疆四海俱安。／吾竊思惟，達磨效釋尊示現金波羅華，有誰能似迦葉破顏微笑？第二臨濟受六十杖，唯有不立文字，一喝更作商量。妙心寺境內驟興，十月良景如自然春臨。／恭謹思惟，新命堂頭南化禪師為能賞麗天之月，續靈妙明燈之人。／藉輔吾皇之手宣說正法，朝廷遽降玉詔，今以禪堂為處，配毘盧遮那佛真理之印，已行禪禮。不假伽藍諸神助祐，精心整治叢林方規。／六祖慧能之正統法源，猶似以杯水觀五湖，以塊土視三山。又如雲門文偃九度煉成精丹破關而出，八方通透映照萬物。烏鴉雖入五濁惡世，卻能再聞鳳鳴岐山之興瑞。／盼讀孔丘、老子之誨，履踐伯夷、叔齊之行，儒釋齊軌同方。更如輔佐周成王的周公旦與召公奭之教法，廣宣周文王、武王之治德，君臣同道一心。／恭謹拜請

八字稱之中的「義●、月●、靈○、燈○」，第二字與第四字的平仄並非●○○●的形式，結句為單句對，亦符合蒲室疏法的原則。策彥青年時即撰有駢文，亦作詩，有如士大夫般不斷積累經驗，可說對日後增進遣明副使、正使任務完成有極大助益。嘉靖二十七年（一五八四），策彥任正使再赴寧波，與浙江巡撫筆談後，獲准入京進貢。某次在寧波文壇領袖豐坊存叔的宅邸歡談之際，拜見中峰明本墨蹟，欲以日本文物交易卻未能遂願。此後，新安商人王直將中峰墨蹟獻於大內義隆，義隆便將墨寶轉賜策彥，策彥又轉贈於織田信長的右筆（武家書記）武井夕庵（辻善之助，一九三〇；牧田諦亮，一九五五、五九）。

策彥周良曾任住持的天龍寺塔頭妙智院中，藏有野泉所繪的〈策彥歸朝圖〉，畫上方有葉寅齊作序，此序收於《鄰交徵書》二篇卷二，其贈詩為：

謙齋老師人中豪
筆底翰灑齊晉陶
兩承王命貢中朝
鯨波萬里奚辭勞
一封遙上聖天子
龍光電覽稱時髦
隆恩不惜千金賜
旨傳賢使宜加褒
即今帆歸不可留
崇肴餞別鄞江皋
十年再會歲月老
今宵盡飲須酕醄

專欄四

中國說唱曲藝與佛教——紹興宣卷

磯部祐子（富山大學教授）

今日在水鄉紹興仍盛行一種習俗，就是會招請宣卷人來救度亡魂，祈求安寧。在農村社區住宅的某房間中，可見三人圍坐一張方桌，居中者面對桌上的麥克風不斷演唱單調的七言二句，另兩人自第二句開始幫唱念誦：「南無阿彌陀佛、南無阿彌陀佛。」此日或許是為高齡雙親祝壽，或是欣逢「菩薩」壽誕，獨特的韻律節拍透過擴音器傳遍整個村莊。

「宣卷」是以佛教故事為主軸，將富於宗教意涵的說話「寶卷」配上旋律唱述，這種說唱曲藝始於明代。在音樂上，宣卷最初是以回向文為主流的單純旋律，清末以後漸採地方戲曲式的旋律演唱。寶卷唱本蘊涵濃厚的宗教色彩，此後在佛教故事中加入小說或戲曲題材，形成通俗曲藝化的民間寶卷（例如勸世文、祝聖科儀、小卷、講唱故事），演唱地點從寺院擴展至家宅。十九世紀後期，有詩為：「聽宣卷，聽宣卷，婆兒女兒上僧院。婆兒要似妙莊王，女兒要似三公主」（程寅錫《吳門新樂府》），描寫女眾爭相去聆聽〈香山寶卷〉三公主觀音成道的故事。

然而，文化大革命時期發起破四舊運動，充滿迷信色彩的宣卷似乎斷絕傳承。實際上，早已開始關注寶卷研究的日本學者澤田瑞穗也曾有如下記述：「即使大眾文學受到鼓吹和獎勵，但具有強烈宗教及封建色彩的寶卷，畢竟難以獲得認同，此時正是寶卷五百年傳承史斷絕命脈的一刻」（澤田瑞穗，一九七五）。不過，令人意外的是宣卷伏流於民間，命脈續存，在中國採取改革開放路線的過程中，終有重見天日之時，彷彿與水鄉相應似的，紛紛湧現於紹興各地。

宣卷重現世間的背景因素，可分為五項：（一）與政局演變無關，民眾認為向「菩薩」祈願即能獲得幸福，成為精神生活支柱；（二）對文革期間飽受壓抑的舊時代產生一種鄉愁，並追求意識型態再構築；（三）宣卷具備的娛樂效果，與灘簧、越劇等豐富戲曲文化有異曲同工之妙；（四）經濟安定，足以負擔宣卷費用；（五）靠說唱宣卷維生者再度出現（磯部祐子，二〇〇六）。

西元二〇〇八年春，正值清明節前夕的紹興郊外，幾個宣卷人聚集一處。宣卷說唱是由三、四人組成，分別是翻卷本與任旦角的書位，手執木魚擊節與擔任諸雜色的魚位，以及擊醒木與任生角的醒位。寶卷是由說話和七言唱句不斷反覆組成。旋律主分為兩種，一種是稱為「平卷」的「宣卷基本調」所構成的單曲調，另一種是與越劇同曲調的「花卷」。當天，三名男子演唱的是「平卷」。

紹興自古即有演藝、戲曲等豐穰文化，即使今日招攬國內外工廠進入農村設廠，民眾逐漸遷居社區住宅，公寓內仍設置宣卷用桌和大桌一張，這已是一成不變的景象。桌上擺滿供物，壁上貼著老娘娘菩薩、武財神菩薩、文財神菩薩、荷仙姑菩薩、觀音菩薩的「神位」。在此「菩薩」是指一切神佛，並無佛、道之分。

說唱宣卷的時段是從早上八點半至中午，休息片刻後，繼續唱至傍晚為止。此日是土地菩薩壽誕，先說唱《花名寶卷》之後，早上是《忠孝圖寶卷》，午後則是《盤龍寶卷》。

《花名寶卷》是依各月花卉為主題，以「花名寶卷初展開，諸佛菩薩降臨來」為起首，招請諸佛菩薩之後，勸說待人接物之道、貧富之理、無子之苦、勸發善行、地獄苦報或念佛改心等諸事，如此聽者便可「增福延壽免災星」，最後以「若能篤信花名卷，勝過浮屠落七層」作結，講述內容為勸善奉孝。繼而唱說《忠孝圖寶卷》，大意是青年公子欲赴京趕考，繼母不但不給盤纏，反命奴僕謀害其命，公子秉性善良，對繼母不懷絲毫怨恨。《盤龍寶卷》則是主角生來外貌異於常人，雖遭父母拋棄，仍不忘恪盡孝道的故事。這兩部作品皆是稱揚儒家的孝道倫理觀，顯現了民眾對改革解放後個人主義所造成的缺失，產生一種補償心理。

今日仍保留佛教遺痕的寶卷，就是在祭祀「五七」時演唱的包公審案記《龍圖寶卷》。「五七」是指為逝者每七日祭祀一次，共舉行五次。紹興地方相傳亡魂會飄蕩於陰間，嘗盡種種苦難，但唯有在地府望見子女為其供養五七，就能魂神俱寧。《龍圖寶卷》中的《賣水寶卷》是講述因果報應之理，主角林招得之父前世曾是遊主和尚，求人布施卻不立寺堂，得子亦不謝菩薩，故而今生受惡報。林招得散盡家財後，只能賣水求生，更被冤枉殺害指腹為婚者的婢女，險遭衙門處死，最後為包公所救。

紹興地方最著名的佛教說話，就是《劉香女寶卷》與《目連寶卷》。《劉香女寶卷》是描述女子尋求佛道的故事，紹興出身的周作人於西元一九三六年，曾指出當地一名少女投井輕生的事件與此寶卷有關。少女雖是為了拒絕成親而自盡，但痛下決心的關鍵，卻是受《劉香女寶卷》所影響：「若是聰明智慧女，持齋念佛早修行。女轉男身多富貴，下世重修淨土門」（周作人，一九九二）。

中華人民共和國成立後，已不曾出現演唱《劉香女寶卷》的記載，在男女平等、自由結婚被視為理所當然的風氣下，《劉香女寶卷》已不符時代要求。

如上所述，宣卷的卷本變遷，顯示宣卷並非徒具形式，而是與眾人生活密切結合的例證。

不僅在紹興，仍有許多地區的婦女對菩薩理解不深，卻能認同菩薩為超越現實、全知全能之存在，為此祈求現世幸福。宣卷在紹興重生，顯示婦女的心意古今皆同。

文獻介紹

澤田瑞穗，《增補寶卷の研究》，國書刊行會，一九七五年。

澤田瑞穗，《佛教と中國文學》，國書刊行會，一九七五年。

裘士雄、黃中海、張觀達共著，木山英雄譯，《魯迅の紹興——江南古城の風俗誌》，岩波書店，一九九〇年。

車錫倫，《中國寶卷研究論集》，臺灣學海出版社，一九九七年。

車錫倫，《信仰、教化、娛樂，中國寶卷研究及其他》，台北：臺灣學生書局，二〇〇二年。

第五章

佛教美術

肥田路美
早稻田大學文學學術院教授

第一節　中國佛教美術的起緣

一、佛教初傳與佛教美術

中國佛教美術隨著佛教傳入開始發展，乍看之下這似乎是理所當然，但在印度產生的佛教得以在風土、文化迥異的中國紮根及發展，光就此點來看，佛教美術這種視覺印象其實發揮了絕大功能，這點是必須重新關注的問題。

對中國佛教人士而言，佛教初傳成為佛教史起點的重大事件，十分值得紀念。在描述佛教東傳的說話故事中，從佛、道對立或佛教與俗權的關係中衍生出許多題材，其中最膾炙人口的就是東漢明帝（五七—七五在位）的「感夢求法說」。東晉袁宏所撰的《後漢紀》，在諸多文獻中被視為與說話故事原型最為相近，其中對感夢求法說，有以下這段描述：「明帝夢見金人，長大，項有日月光，以問群臣，或曰：西方有神，其名曰佛，其形長大，陛下所夢，得無是乎？於是遣使天竺，而問其道術，遂於中國而圖其形象焉」。其實佛教東傳入華是隨著民眾和西方往來活絡，中、印所發展的思想文化在各地持續變化、革新，如同波紋漸次東傳。原本中國皇帝以靈夢為機緣、欲向印度直接求問佛道的說話故事，其實不啻是虛構而已。但因有明帝對佛教關注為契機，身形長大、項有日月光的金人便成為說話素材，隱約反映出佛教初傳期的真實情況。

文中描述的「金人」與「項有日月光」，是指如來超然的外相特徵「三十二相」中具備的金色相、丈光項，這兩大特徵正是製作如來相最重視的要素。換言之，全身金光晃耀的金色相若為銅像即施以鍍金，若為木像或石像、塑像、乾漆像，便塗以漆箔金泥來具顯。至於常放一丈金芒的丈光相，因時、因地在佛像背面附加光背，巧飾各種意趣。當辨別佛像與一般人物像或非佛尊像的差異時，這些特徵可做為鑑定佛像真贋的指標。

東漢明帝的感夢求法說，不啻是後世佛教徒的虛構傳說而已，但據《後漢書》記載，明帝的異母弟楚王英（？—七一）將浮屠（佛陀）與黃帝、老子合祀一事，卻被認為符合史實。由此可見，西元一世紀後期的明帝時代，皇親貴戚已信奉佛教，但從佛教美術的角度來看，這篇記載含有一項問題，頗耐人尋味。那就是以聖樹、寶座等象徵之物表現的佛陀，最初在犍陀羅被創造成人像形式的時間點，據推測大約是西元一世紀（儘管眾說紛紜），倘若楚王英所建的「浮屠之仁祠」果真奉有佛像，這意味著佛像剛被創出，便以電光石火之速傳入楚王英的封地彭城（江蘇省徐州市），就此來看，時機也未免過早。然而，與其只仰賴抽象文辭構成的教理獲祭祀方式，倒不如配合具體視覺形象，如此一來更能在新土地上收迅速傳播之效。新傳入的佛像形象與漢地固有的黃、老形象迥異，應具有風格殊異的金色相、丈光相。

《三國志》卷四十九〈吳書〉記載的東漢末年笮融（？—一九五）事蹟，則為初傳期的佛教美術提供了更具體訊息，是極為貴重的史料。笮融是徐州刺史陶謙的部屬，督管廣陵（揚州）、下邳、彭城（徐州）三郡運漕，趁職務之便圖得鉅利後，建造「浮圖祠」（同佛寺）及佛像，大興讀經、浴佛會、齋會等，屢次從事佛教信仰活動。笮融的事蹟約晚於楚王英一百年，但地點同在徐州一帶，這點畢竟也耐人尋味。徐州距東漢都城洛陽甚遠，迅速發展為交通要衝，皇親巨賈聚集在此，陸續挖掘出來的畫像石墓氣勢磅礴，則如實說明了當時的繁華盛景。東鄰的徐州東海郡（連雲港市），以神仙信仰享有盛名，由此可知徐州一帶迅速接受新傳入的佛教文化影響，此地具有造寺、造佛的雄厚經濟力，以及積極進取之風，對於可達成長生不老或獲得現世利益的宗教抱持強烈關心。

笮融刻造的佛像，據說是「以銅為人，黃金塗身，衣以錦采」，可知是鍍金的金銅佛，佛身披以錦衣，呈現異樣風格。有關於此，笮融是以當時的外來佛像為樣本造像，因右袒形式看似半裸，若從儒家忌諱裸裎的習俗來看，佛身上的錦衣或可解釋為蔽身之用，亦可聯想漢代陪葬品中常見的著衣人俑。甚至具有另一種涵意，就是將佛像視為宿有靈力的「人形（祭祀或驅邪所用的替身偶人）」。

笮融記載中接著出現：「垂銅槃九重，下為重樓閣道，可容三千餘人。」銅槃九重是指佛塔頂部的相輪，在印度或犍陀羅是置於佛塔頂部，模仿重疊的傘蓋形式，亦象徵了神仙信仰中為盛裝天降甘露而設計的承露盤。例如，四川省什邡縣的東漢晚期墓室出土的畫像磚上，刻有長莖蓮花和三層塔交錯的連續雕飾，三層塔頂有重疊的槃（同「盤」）形物。笮融建造「浮圖寺」的時期亦近於此時，寺內原本應有畫像磚上刻繪的層塔結構。中國自佛教初傳期開始建造的寺院，就是以中國傳統樓閣的建築形式和功能取代梵寺形式。

二、最早期的佛像

中國現存的最古佛像中，最具代表性的除了江蘇省連雲港市孔望山的摩崖像（在天然岩壁雕刻的造像）之外，尚包括四川省崖墓中的浮雕像、四川古墓中的陪葬品搖錢樹、長江中下游出土的神亭壺、銅鏡等器物圖像，以及中國早期佛像。

連雲港市孔望山的摩崖像，距前述楚王英、笮融事蹟的發生地點極近，位於漢代的徐州東海郡，在面臨東海的禿山壁上刻有百餘尊各式人物像。根據西元一九八〇年代報告指出，其中有如來坐、立像及佛涅槃圖等群像，為東漢後期製作的最古中國佛像，因而形成話題。緊臨北部的山東省沂南的東漢後期畫像石墓中，亦有圓形頭光的人物畫像出土，這應是受到佛教圖像影響。

四川盆地雖位處於內陸，自東漢末年至三國蜀漢（二二一—二六三）的墓地中亦有早期佛像出土。樂山以世界最大摩崖佛而聞名遐邇，此地又以超過五百座崖墓聚集而聞名，西元一九四〇年在麻浩崖墓第一區第一號墓發現佛像。此墓的開鑿時間約自二世紀中葉至三世紀中葉，從前室通往後方棺室的墓道門楣上，刻有高浮雕坐像，總高度為三十七公分，與鳳凰等圖案交互並列。此像面部形象已殘損，低肉髻、雙肩披有通肩式大衣、右手施無畏印，左手持衣端，被學者認定為佛像的最大關鍵仍在於圓形頭光，從佛像頂端已高出門楣的特徵來看，可知在製造墓門裝飾當時就已設計刻成，並非後世追刻。從同一地點樂山的柿子灣崖墓一區第一號墓中，同樣發現在墓室內門楣中央有兩尊形式一樣的高浮雕如來坐像。這些坐像的形象，與犍陀羅（巴基斯坦一帶）所建的迦膩色伽大塔出土的銅製舍利容器蓋頂部的如來坐像，或是安達德里出土的石像極為酷似，堪稱是完整忠實重現了犍陀羅開創的圖像形式。迦膩色伽大塔舍利容器的佛像，據推測應是在西元二至三世紀製作，與樂山崖墓的浮雕像屬於同一時期，可知這些圖像是以令人驚奇的速度，維持一貫傳播途徑直接傳入四川地區。

此外，主要分布於四川地區的東漢、蜀漢墓葬中大量出土的搖錢樹，就是在樹枝上懸吊圓錢成串，象徵結實累累，是在冥界實現享樂生活的「發財樹」。銅製枝幹上習慣裝飾著端坐龍虎座上的西王母，或是羽人、九尾狐等象徵仙界靈物。四川省彭山縣的崖墓中發現陶製的搖錢樹台座，以及四川省綿陽市何家山崖墓出土的殘片等，經陸續確認後成為佛造像的實例。這些與神仙像並存或取代神仙像的佛像，顯然被視為與黃老、西王母等形象同樣是實現長生不老夢想、在死後極樂世界達成享受榮華富貴心願的神明。從這些佛像姿態或著衣形式來看，會發現與崖墓浮雕像有共通點，可知原來的樣本圖像應屬於同類型。西元二至三世紀時期，犍陀羅、印度就已製作形形色色的佛像，四川地區的早期佛像卻維持單一形式，顯示了此地恰有某種特定形式的佛像受到推崇，被視為一種新奇神明的記號表現，得以廣泛流傳。

在長江下游，三國時期的吳國（二二二—二八〇）與西晉（二六五—三一六）時期的墓室陪葬品中，有一種特殊形狀的青瓷壺，稱為「神亭壺」或「魂瓶」。在此奇異造型的壺瓶上，可發現運用模具製造出數尊同形佛像重複並列的例子。此壺高約四十公分，上半部有樓閣或門闕、龜趺碑（以石龜為台座馱負石碑）、各式人物、鳥獸、神仙像、佛像、吉祥文等，是以手捏或模具製成裝飾，壺器本身不具有實用性，目前發現一百二十餘件，主要在越州窯生產，多分布於南京、蘇州、紹興等江南地區。神亭壺的用途和特性眾說紛紜，顯然做為喪儀之用，可推知各種裝飾與亡者的靈魂歸宿有關。佛像成為主題裝飾，特徵是具有圓形頭光、著通肩式大衣，雙手結印於腹前，端坐在兩端刻有獅頭的覆蓮（下垂蓮瓣）蓮華座上。如此特點引起學者關注，被解讀為從蓮花生出現世未有的理想世界，亦即所謂的蓮花化生之姿，象徵亡者將可在神仙世界重生。有些論見認為，當神亭壺出現於江南之際，因有象徵來世觀的阿彌陀佛信仰做為胚胎，佛教的來世理想世界與神仙世界互為重疊，世人才將之視為寄託心願之對象（金子典正，二〇〇八）。

此外，自東漢中期開始，一種稱為「神獸鏡」的銅鏡形式更為廣泛流行，而在日本古墳中也發現三角緣神獸鏡大量出土，此鏡為仿製鏡（仿自中國的和製銅鏡）；到了三世紀之後，則出現佛像造形之例。一般慣例是將鏡背內區以半肉雕表現的靈獸、西王母和東王父等神仙像改為佛坐像，判定為佛像的關鍵亦是圓光和蓮華座。其他出土的尚有佛像夔鳳鏡、畫文帶佛獸鏡等形式，以佛坐像或菩薩立像、菩薩半跏思惟像、飛天等方式呈現。銅鏡不僅是日常實用品，更是最普遍的陪葬器物，由此可發現佛像已加入神仙的原屬空間。

如上所述，至少從現存樣本來判斷，中國最早期佛像有一顯著特徵，就是在下葬地點特別被凸顯、強化。這些佛像當然無法成為禮敬對象，充其量只是裝飾用的次要附屬品，但這些遺品訴說了佛教在初傳期時，在自古相傳的神仙思想與萌芽中的道教信仰基礎下，與當時世人的生死觀密切相關。

三、五胡十六國時期的古式金銅佛

佛像雕刻在早期被安奉於佛堂等處，或成為私人念持佛的禮拜像，例如據傳出土於河北省石家莊、其製作年代據推定為四世紀初的金銅如來坐像（哈佛大學亞瑟・薩克勒美術館），以及據傳出土於陝西省三原縣的金銅菩薩立像（藤井齊成會有鄰館）。根據這些佛像的銅分析顯示，製作地點可能在中亞，從造像具有深邃五官、蓄鬍的異國相貌，以及腳上涼鞋、衣著或裝飾品甚至姿態來看，顯然模仿西元三、四世紀的犍陀羅石雕像形式。耐人尋味的是在華北一帶發現許多小金銅佛，形式稚拙而簡略，卻是按照上述的兩種造像式樣刻成，多數造像高未滿十公分，推測應為攜帶用途的念持佛。就如來坐像來看，皆是一襲通肩大衣，結禪定印，趺坐在配置一對雙獅的方形台座上，形式幾乎固定不變。但在河北省博物館中發現一例，此像附有雕刻脅侍、天人的舉身光，並有邊緣綴飾步搖的傘蓋，台座下甚至設有四腳座，堪稱是完美保存之作。附帶垂掛步搖或四腳座的特徵，並非出自印度、犍陀羅的裝飾設計，或許是華北當地的創意。

這一批古式金銅佛的代表作品中，有一尊高四十公分、頗具規模的金銅如來坐像（舊金山亞洲藝術博物館）。這尊佛像的方形台座背面刻有中國最早的紀年造像銘，顯得更為彌足珍貴：「建武四年歲在戊戌八月卅日比丘竺……慕道德……及……三……生……」，遺憾的是銘文嚴重缺損，唯有開頭內容可判讀。建武四年是後趙年號，時間是西元三三八年，後趙為五胡十六國之一，匈奴支系的羯族石氏所建，可知是與比丘竺氏有關的造像。此像與前述哈佛大學所藏造像相較之下，雖同樣沿襲佛像基本形式，卻呈現東方民族的典型扁平面孔，衣著不採袈裟的既有式樣，而是予以圖案化，形成左右對稱。此像的手勢與其說是結禪定印，倒不如說更像拱手作揖的模樣，如此表現更接近侍者俑等中國傳統人物像。這些佛像皆顯示了模仿西方傳入的樣本後逐漸漢化的過程，頗為耐人尋味。

至於建武四年，曾發生一項重大事件，就是後趙君主石虎破格禮遇神異僧佛圖澄，招致漢族官僚群起倡議廢佛的舉動。後趙建國者石勒原本應由其子石弘繼位，侄兒石虎卻篡位為帝。據說石虎對崇佛一事曾言：「朕生自邊壤，忝當期運，君臨諸夏。至於饗祀，應兼從本俗，佛是戎神，正所應奉。」（《高僧傳》卷九）佛教涉入俗權場域的胡漢對立模式，在中國歷史上屢見不鮮，佛像形式則擺盪於「華」、「戎」之間，在後續歷程中繼續發展。「戎神」之稱對西方異域之神未必含有貶意，有時正因為具有異國特質，反能讓其權威、價值獲得認同，塑造出積極支持「戎神」造像的局面。下一節將個別針對石窟美術、佛像雕刻、佛教繪畫、佛舍利與佛塔來作說明，並探討這些藝術之間的關聯。

四、現存作品的偏向與研究史

首先想先確認的，是中國古代及中世佛教美術的現存作品中，有多少作品過度集中於某地區、時代，或偏向於某種類別、材質。中、日兩國相較之下，不僅是佛教美術，對古代及中世文化財的保存方式亦明顯有別。晚唐時期（九世紀），張彥遠在《歷代名畫記》首卷撰寫「敘畫之興廢」一節，綿密記述多數作品如何在歷史上形消影失，為此唏噓不已。日本雖以繪畫、雕刻、建築、工藝等各種作品傳世豐富，相形之下，中國在質、量上令人歎為觀止，但毀壞、散佚之作不可勝數。今日可目睹的中國傳世之作皆是絕無僅有，大部分為出土文物。探究其亡佚之因，與其說是天災或自然風化，倒不如說是多在無數治亂興衰中受到人為破壞所致。加上滅佛行動對佛教美術形成嚴重威脅，不僅在皇權掌控下發生「三武一宗法難」，掀起滅佛風暴，甚至屢次下令抑佛信仰，數度廢寺、沒收或改鑄銅佛及佛具。晚唐詩人杜牧曾詠讚有「南朝四百八十寺」的國都建康，以及楊衒之在《洛陽伽藍記》所描述的北魏洛陽，甚至唐代的長安、洛陽二都，這些都城的寺院佛像或壁畫悉數湮滅，當時無一寺能護存堂塔伽藍。反觀地方寺院亦同，昔日伽藍壯麗，現今只能憑眺石塔、碑刻遙想而已。

除了石塔、石佛、石幢之外，最重要的還是石窟和摩崖像。遍觀中國佛教美術之際，相信眾人皆可發現石造遺品占絕大多數，若與日本佛教美術相較，如此傾向則更為顯著。這不僅是由於石材堅固避免受損，而是基於堅石具有特殊價值，成為被喜好使用的素材。《法華經》〈方便品〉在說明造像功德中，列舉佛像製材有七寶、金屬、木、泥、膠漆布的素材，說明無論採用何種材質皆具有同樣功德，但在日本卻特別偏好木質，不僅便於取得加工，亦根源於深信樹木具有神性、靈性的宗教風習。中國盛行石佛、石窟造像的原因，不免令人相信這畢竟是中國人在心底對石材或山岩懷有某種近似宗教的感情，冀求永

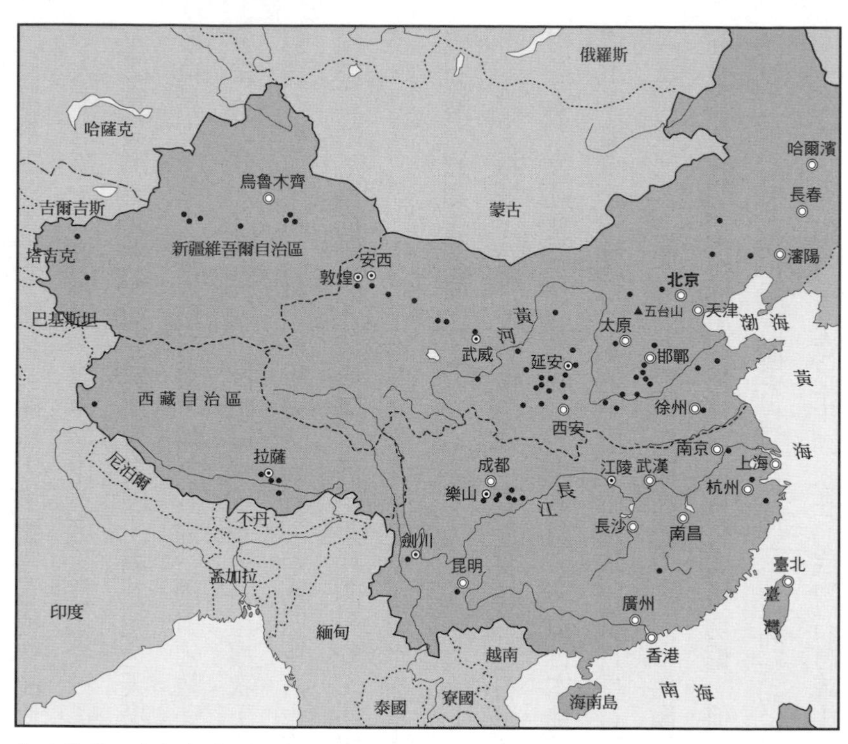

中國佛教石窟分布地圖

垂不朽，這或許與內心終究偏愛玉石有相通之處。

中國的佛教美術研究極為重視石窟和摩崖造像，這些佛教文物的地理分布明顯集中於某地區，成為最大的探討課題。在中國主要石窟和摩崖造像的遺蹟分布區中，可明顯發現自河西走廊至黃河中下游地區出現密集帶狀分布，相形之下，長江流域除了集中於四川盆地外，江南地區僅零星分布於南京、杭州、新昌等地。探討南北朝這個中國佛教美術史上的第一次黃金期時，這種極端集中於某特定地區的特徵可說是影響最深遠的要素。其原因在於從各種文獻史料中可以發現，顯然南、北朝不分朝野皆篤信佛教，北朝甚至開鑿無數大小石窟造像，其中又以敦煌莫高窟、雲岡、龍門三大石窟為代表，成果豐碩。想對的，以江南為據地的南朝佛教文物卻近乎乏善可陳。

日本人對中國佛教美術的關注，除了受上述因素影響外，也由於近代侵略中國北域並積極展開田野調查而對華北文物投注更多心力。日本最早對中國佛教美術史的研究，實際上始於西元一八九三年岡倉天心在龍門石窟的實際訪查。岡倉天心受帝室博物館之託，為編纂《日本美術史》而前往中國各地遊歷，在龍門石窟首次接觸北魏後期石像後，將奈良法隆寺的釋迦三尊像加以對照比較，在報告中指出兩者式樣「分毫不差」。飛鳥式樣是日本美術史的起點，岡倉天心提出其源於中國北魏的觀點，此後廣泛成為定論，亦是引發對北朝造像關注的要因之一。同樣基於學術立場，西元一九〇二年，日本建築史家伊東忠太首次發現雲岡石窟，自西元一九三八年至四四年，水野清一、長廣敏雄正式展開調查，將成果彙編為《雲岡石窟》全十六卷三十二冊（京都大學人文科學研究所刊行），如今堪稱是石窟研究的不朽業績。倘若雲岡石窟遺蹟並非位於煤產重鎮，或許「在抗日戰爭時期強行調查」（宿白，一九八六）的情況將有些微轉變。

美術史是一門以實際作品為基礎的學問，這些作品常帶偏頗或缺損，究竟該如何解讀中國佛教美術作品所呈現的偏頗特質，亦是一大疑問。

第二節　石窟美術

一、營造石窟

佛教中的鑿山建窟起源於印度，隨著佛教東漸，越過興都庫什山脈，經由中亞的天山山脈南麓、敦煌、河西走廊抵達中國內地。據目前所知，中國最早的石窟紀年是西秦建弘元年（四二〇）的墨書銘文，發現地點在甘肅省永靖縣的炳靈寺石窟第一六九窟。此窟約開鑿於五胡十六國時期（五世紀）至唐代中葉以前（八世紀），遺蹟主要分布在河西、關中、中原、山東等華北地區。至於敦煌以東的主要遺蹟，則有甘肅省的文殊山、馬蹄寺、天梯山、炳靈寺、麥積山、慶陽北石窟寺、涇川南石窟寺，寧夏地區的須彌山，陝西省的彬縣大佛寺、慈善寺、藥王山，山西省的雲岡、天龍山，河南省的龍門、鞏縣、靈泉寺、小南海，河北省的南、北響堂山，山東省的駝山、雲門山、黃石崖，遼寧省的義縣萬佛堂石窟等，其數之多不勝枚舉。在陝西省北部的延安地區，則發現北宋時期的六十餘座石窟集中分布於此。

以華北為主要建造據點的石窟，大多在唐代中葉以後迅速衰微，此後四川盆地取而代之，成為石窟和摩崖造像的中心地。後文即將說明，四川地區是自唐末至五代、宋代建構石窟美術最終黃金期的地點。另一方面，江南地區位於南京郊外的棲霞山千佛崖，據傳始於南齊（四七九－五〇二）時期開鑿，堪稱是南朝唯一石窟，故而備受矚目。但包括南齊、南梁時期製作的五百尊造像在內，造像在反覆重修下已難以窺知原貌。隨著時移世異，南宋立國都於臨安（今浙江省杭州），開鑿飛來峰等數座窟龕，據傳刻鑿於五代至元代。其他尚有廣西壯族自治區的桂林、雲南省劍川等風格獨具的摩崖造像。

以上列舉的幾乎皆是佛教石窟，其中尚有道教石窟，以及佛、道或儒、釋、道三教並存或折衷式的石窟。除了窟內祭祀尊像的形式，尚有如陝西省淳化金川灣石窟、四川省安岳臥佛院等以刻經為主題的洞窟，或如山西省大同鹿野苑石窟般不置任何造像、僅供坐禪之用的小窟。此外，本文將可容人進入的空間稱為石窟，若只單設尊像、無法供人進入的淺鑿空間，則稱為摩崖佛龕或摩崖造像。摩崖造像比一般石窟更易於開鑿，成為個人或小集團善行布施或民眾信仰的表現場域，對於非特定群眾的公開規模也異於石窟。石窟或摩崖造像不同於單尊佛像，不會自原刻造地遷移他處，這些造像具有記憶媒介般的特質，蘊涵與此地相關的各種訊息。從石窟規模及內容、保存狀況等方面來看，不僅顯示信仰或造形活動樣態，更能成為反映社會背景的珍貴資料，甚至為了能將禮拜像或壁畫、各種裝飾視為建築空間中構成的綜合體而加以掌握，從個別作品中難以發現的彼此造形關係，或與宗教實踐之間的關聯等特質，皆可成為追尋整體宗教空間構想的線索。

中國初期建造的石窟是做為觀想佛的禪觀修行場域，這些石窟開創於五世紀前期的敦煌及河西地區，有大量禪觀譯經於此時問世。犍陀羅、中亞地區及早開始重視的禪觀，與視覺形象密不可分，成為落實推動佛教美術的力量。禪觀在當時蔚為風潮的盛況，可從記錄修禪僧行儀的僧傳史料中窺知其詳。

例如，北魏太子拓跋晃師事的玄高（四〇二—四四四）即為代表之一。玄高年少時隱居於草創期的麥積山，與學徒百餘人共修禪道，地點選在素有水源信仰、神仙信仰之地的靈山，據說顯通方術神異的修禪僧不少，今日麥積山石窟筆直陡峭的山崖仍阻絕人跡，蘊涵世外靈境之意趣。眼見在山崖高處開鑿的窟龕內，釋迦、彌勒等三世諸佛以色彩豐富的立體造像呈現，恰似模擬體驗與人世隔絕的神佛世界，可推知修行觀佛三昧之處，就選擇如此環境條件。

南北朝石窟偏向分布於華北地區，說明了北朝佛教信仰遠比江南更迫切需求石窟開鑿，這亦是基於多項要素而成。相較於重視參禪實修的中國北地，南方氣候風土多雨多濕，其實並不適於窟內閉關禪修。

二、北魏的雲岡石窟與龍門石窟

北朝皇帝發願建造的巨型石窟，不同於隨禪觀流行所建的石窟，而是以國家事業為前提陸續建成的。代表之例，如北方鮮卑族拓跋氏皇朝建立北魏後所刻鑿的雲岡、龍門、鞏縣等地的石窟，以及北齊的響堂山石窟。

雲岡石窟位於北魏前期的國都平城（山西省大同）以西十五公里、臨向武州川的砂岩崖上。現存四十五座石窟幾乎皆建於北魏時期，東側二十座大窟在北魏遷都洛陽三十餘年間陸續開鑿而成。以千年陸續興建的敦煌莫高窟為例，大規模石窟通常是歷經數代開鑿，雲岡石窟卻僅在北魏一朝興建，就此點來看，顯示出朔北建地獨具特色。據《魏書》〈釋老志〉所述，雲岡石窟的創建過程是歷經太武帝（四二三－五二在位）的嚴酷廢佛後，至文成帝（四五二－六五在位）時期才重興佛教。僧侶曇曜當時擔任沙門統，統御諸僧尼，於和平元年（四六〇）奏請在武州塞開鑿五座石窟，各窟雕造佛像一尊，建造高七十或六十尺的大佛。這就是遺留至今的第十六至第二十窟，窟內刻像高達十三至十七公尺，幾乎占盡整座石窟，並有「曇曜五窟」之稱。

在此之前的興光元年（四五四），平城五級大寺已為「太祖已下五帝」鑄造五尊身長一丈六尺的釋迦立像。五帝是指道武、明元、太武、景穆（太子晃）四位先帝，加上當時發願的在位君主文成帝。這些釋迦像除了為先帝追善祈福，亦將歷代君主的英雄形象投射於釋迦，可說是意圖彰顯皇威、君主崇拜下之產物。北魏開國君主道武帝在位之際，由法果擔任道人統（沙門統之前稱），法果主張應將皇帝敬奉為當今如來，佛教信仰與君主崇拜表裡合一，故而獨具特色。據說文成帝登基後，即命法果建造「如帝身」般的石佛。都城寺院內有高逾四公尺的五尊銅像並列，相信情景極為壯觀。曇曜五窟則將如此規模的佛像運用於石窟造像中，使其更宏偉、嚴固不朽的形象彰顯天下，傳延後世。

雲岡石窟第二十窟本尊像（法鼓文化資料照片）

雲岡石窟的五窟不同於五級大寺的配置方式，各窟本尊形式、設計皆異，應是將五帝的個別事蹟或個性投射於造像中。學者對各窟本尊象徵何帝的說法不一，但在五窟中規模最大的第十九窟是唯一配有左右脅侍的附屬窟，窟內的本尊如來坐像則一致被認定是開國皇帝（太祖道武帝）。此窟原本應設在五窟的中央位置，但在建造過程中發現西側岩質脆弱，不得已變更計畫，成為目前所見的配置。第十七窟的交腳像是唯一菩薩像，據推測應是拓跋晃之窟。拓跋晃是文成帝之父，以太子之身尚未登基而猝逝。菩薩交腳像在西元五、六世紀極為盛行，此造形應是當來佛（未來佛）彌勒的說法已成定論。第十七窟蘊涵對太子晃的悼念之意，篤信佛教的太子晃因抗拒太武帝廢佛，最後招致父皇疏遠。

從第十七窟菩薩像開始，包括第十八、十九、二十窟在內的本尊皆具有魁偉厚實的軀體，穿著薄衣以誇示體態，推測應系出北涼工匠之手，仿照西方佛像樣式刻造而成。涼州（甘肅省武威）位於自西方入漢地的前關位置，是發揚佛教文化的先驅之地，卻遭北魏併吞，大量民眾和其文化被迫遷入平城，曇曜亦是其中之一。至於第十六窟的本尊如來立像則是身著厚衣、胸前配有結帶的漢式衣裝，外加垂肩體型、波狀髮紋等特徵，風格迴異於其他四窟。據學者有力見解指出，此為發願者文成帝之窟，形式迴異於四位先帝。此窟的造像風格殊異，歸因於不同工匠集團之手，或是建造年代不同，至今仍未有定論。有關佛像式樣漢化的相關問題，將在本章第三節再次探討。

曇曜五窟開鑿之後，繼而出現第七和第八窟、第九和第十窟、第一和第二窟、第五和第六窟等雙窟形式，由皇族或權貴續建而成，建成年代依舊眾說紛紜。推測石窟多攝取印度、犍陀羅、伊朗、中亞等多元的西方意象，再融合鮮卑、中國意象，呈現出自由豁達的並存創作形式，進而演變為中國式樣比例漸增的形式。第六窟仿自漢式木塔，設置高達十五公尺的中央塔柱，所有佛像皆採漢式服制，堪稱是北魏平城時期最後的絢麗風華。

隨著遷都洛陽，石窟營造中心地移至洛陽南方十二公里、在伊水兩岸開鑿的龍門石窟。目前遺存的大小窟龕，計有西山（龍門山）兩千餘窟、東山（香山）三百餘窟，主要大窟以近世以後的既有名稱命名。這些佛窟開鑿於五世紀末，集中建造於北魏後期和唐代前期，當時洛陽為皇朝中樞地帶，發展榮盛。分布於西山的北魏石窟，主要有古陽洞、賓陽中洞、蓮華洞、皇甫公窟、魏字洞、普泰洞等。造像題記在雲岡是絕無僅有，但在龍門石窟卻鐫刻豐富，不僅以龍門二十品為代表的精良書法備受推崇，更成為蒐羅造像和信仰訊息的寶庫。例如北魏時期以釋迦佛、彌勒菩薩造像居多，相對來看，唐代以後便以阿彌陀佛、觀世音菩薩最為盛行，這些訊息皆可從造像題記來統計獲知。

自雲岡石窟以來，皇帝發願營造的佛窟由龍門石窟的賓陽洞續承。根據《魏書》〈釋老志〉所述，北魏第七位君主宣武帝（四九九—五一五在位）於景明元年（五〇〇）發願為雙親孝文帝、昭皇太后興建兩座石窟，要求「以代京靈巖寺石窟為準」，並且聽從宦官劉騰之薦，為自身複造一窟，這三座石窟就是位於西山北端的賓陽三洞。不過，其中唯有為孝文帝所設的中洞直至熙平二年（五一七）才完建，餘二窟卻未能完成。〈釋老志〉中所述的靈巖寺石窟即是指雲岡，而賓陽中洞的佛像卻不含半世紀以前雲岡初期石窟所富涵的西方要素，本尊佛坐像與左、右壁立像皆為漢式衣裝，天井飛天或種種藻飾近乎全是漢地風格。

漢化最明顯的例證就是前壁部分，亦即洞窟入口內側的石壁雕刻。在九公尺高壁上刻有維摩詰與文殊菩薩對問圖、薩埵太子本生與須達太子本生，最下層有十尊雜神浮雕像。其中位於與視線齊高、規模壯觀的壁面上，刻有昔日曾對稱相向的兩幅秀麗浮雕，左側是皇帝禮佛圖，右側是皇后禮佛圖，如今分別由兩間美國美術館收藏，原窟只留下怵目驚心的剝取鑿痕。皇后禮佛圖中，眾女子身著漢式裙裳和髮飾，手持衣裾，捧蓮或托香爐緩緩移步前進，呈現雍容華貴之景。其線條流麗洗練，捕捉人物層疊之姿和表情，繪畫表現巧緻，顯示出雲岡石窟未有的新風貌。

石窟因受岩質影響而左右雕刻的表現。龍門石窟的特色，不同於雲岡石窟以砂岩支撐充滿生趣的量塊造形，而是採用黑色調、質地緊密緊固的石灰岩，適用於纖細雕刻技法，亦傾向於浮雕及線刻表現。此外，龍門石窟傾向於豐富造像題記和平面裝飾，顯然，如此特性是受到漢代以來中原地區長年累積的碑刻或石刻畫像傳統所影響。這幅皇后禮佛圖浮雕，堪稱是藉此技法呈現漢式表現風格的極致。

龍門石窟的大小窟龕中刻繪的禮佛圖或造像銘，與其說是將石窟視為修行教學之地，倒不如說是各方人士藉造像功德來追思亡者、祈求子孫繁榮的場所，具有「共同祭祀場域的性質」（石松日奈子，二〇〇五）。總而言之，能名符其實將朝廷中央的宗教或政治、社會具體落實在造形創作中，且以龐大數量遺存至今的時代極為罕見，這可說是以石窟開鑿為至要的北魏皇朝方能成就如此大業。

三、法滅盡意識與石窟

倚仗巖石堅固不朽的特質刻鑿佛像或經文，以求永久傳世，相信這必然是開鑿石窟的常見動機之一，而最明顯、確切的實例，就是河南省安陽寶山靈泉石窟的大住聖窟。

寶山與太行山脈相連，是隋、唐佛教在河朔地方發展的一大重鎮。馳名於北齊、隋朝的僧侶靈裕（五一八—六〇五），曾在草創期經營寶山寺，並於隋文帝開皇九年（五八九）開大住聖窟，南面窟室為邊長三．四公尺的小巧規模；三面石壁設有佛龕，北壁是盧舍那佛，東壁是彌勒佛，西壁是阿彌陀佛。盧舍那佛與彌勒佛配有一比丘一菩薩，阿彌陀佛則配置二菩薩脅侍的三尊像。三龕兩側刻有三十五佛和過去七佛，前壁根據《付法藏因緣傳》所述，以「世尊去世傳法聖師」為題，將包含迦葉在內的二十四人刻成淺浮雕作品。窟外門口左右各有題刻為「迦毘羅神王」、「那羅延神王」的巨大武神浮雕像，佩戴翼冠，蓄長髯，面貌嚴峻，手執三叉戟和劍，二神足踏牛羊的西方式樣，予人威震四方之感。窟室內、外皆刻有娓娓敘說《大方等大集經》〈月藏分〉的法滅盡品、分布閻浮提品，以及《摩訶摩耶經》一節、三十五佛名、五十三佛名、悔過文等內容。據《續高僧傳》卷九〈靈裕傳〉所述：「於寶山造石龕一所，名為金剛，性力住持，那羅延窟面別鐫法滅之相」，正是指此窟。

北周武帝（五六〇—七八在位）入北齊國都鄴之後，在境內厲行滅佛行動的時間為建德六年（五七七），更早於大住聖窟的開鑿年代。正如西元五五六年譯出的《大集經》〈月藏分〉所述，靈裕曾親身經歷這場法滅之劫，故而盼能倚重隋朝之力重興佛教，且在憂懼末法將至的強烈意識驅使下，開始著手開鑿大住聖窟。窟內設置的七佛與三十五佛，是以雕像來表現至心禮敬、祈消罪障的對象，佛旁刻有佛名可供唱誦，這項特點與信行（五四〇—九四）倡導三階教中的禮懺佛名有相通之處。信行同樣將安陽（相州）視為活動據點，在當地傳揚三階教法。如此在石窟內雕造傳法祖師像的例證，此後在唐代武后時期所造的龍門石窟擂鼓台中洞、看經寺洞中亦可發現。龍門石窟是以行道禮懺的立佛造形示人，大住聖窟中的二十四名祖師則是以雙人對坐近談的形式呈現。藉由視覺化的方式，傳達釋迦入滅後由大迦葉傳法於阿難，就此延傳至唐代的事實。透過這些造形，重新表明或確認佛法恆久長存，開窟者亦遵循祖師之後的傳法意志。

在中國佛教美術中背負著一種自我認知，就是無法擺脫與釋尊住世時代相距久遠，以及身處邊地與梵土千里之隔的心理情結，故而產生渴望在視覺印象上彌補其憾的強烈特質。下節所舉的例子，就是利用山崖地形刻造在梵土亦前所未見的巨大佛像，相信基本上亦是受此心境影響使然。

四、刻造摩崖大佛

當石窟營造的中心地自雲岡移至龍門之際，在江南剡縣石城山（浙江省新昌縣大佛寺）的北崖也開始建造彌勒大佛尊像，時為南齊建武年間（四九四—九八），由當地僧人僧護發願建造。據《高僧傳》所載，此崖壁形如佛焰光，崖上叢樹垂蔭，僧護每經此處，便望見崖壁熠熠生輝，故發誓願：「博山鐫造十丈石佛，以敬擬彌勒千尺之容，使凡厰有緣同覩三會。」此像並非真身彌勒，而是規模僅十分之一的石佛，但此像建造後，可讓眾人目睹龍華三會的景象，僧護的發願宗旨可為探討佛教美術之際充分提供信息，就是目睹者在了解大佛造像是真佛替身後，盼能假設自身亦親臨未來佛彌勒的示教法會。然而，這項護法事業自開工後，歷時多年卻只完成佛容造形，據說僧護在臨終之際，立誓將在第二生（來世）一償宿願。此後，沙門僧淑繼承志業，卻因資力匱乏而未能遂願。梁武帝在位時，由高僧僧祐奉敕續建，耗時四年，終於在天監十五年（五一六）完成。此後，天台山近郊的大批信眾就近前來協助、參拜皈依，大佛受稱揚為百尺金容，卻因屢次修繕，已不見初時相容，如今成為像高十三．七公尺的禪定印坐像。

有些說法認為，這尊彌勒大佛像的建造目的，是為了與北朝的巨大石窟相抗衡，縱然最後在梁朝援助下完成，但若以當地一介僧人立願推行的角度來看，便可發現江南與在皇權主導下推動的北地情況大為不同。彌勒造像為「千尺之容」的說法源自於《彌勒下生成佛經》，由此可知造佛的直接動機是希求世人共睹彌勒在龍華樹下說法的景象，故而採取摩崖形式和巨大法量（佛像身量或規模）。眾人雲集在佛足前，遙拜非比尋常的巨佛威容，可說是為求彌補佛陀未能住世之憾的宗教體驗。

四川省樂山凌雲寺的摩崖像素以最大石佛而聞名於世，據說亦是彌勒大佛。凌雲山位於長江支流岷江和青衣江、大渡河匯流之處，崖壁上雕造的石佛是面川倚坐、像高七十一公尺、肩寬二十八公尺的巍峨巨像。根據鐫刻於大佛龕側記錄營造過程的石碑《嘉州凌雲寺大佛像記》所述，唐開元元年（七一三），海通禪師見激流強烈衝擊斷崖，舟艤難行，故而發願治水兼刻大佛，集眾力推行善業。碑文記載工匠紛紛自各處來集，在長江一帶積聚財物，海通面對郡吏的無理索賄，不惜自剜其目，痛加拒絕。這項事業雖是大量信徒受禪師的志行感召，結緣來此成就的大事業，海通卻在大佛尚未落成即撒手人寰，身為劍南節度使的章仇兼瓊繼而推動營建，又因離任及發生安史之亂，造佛事業再度被迫停頓。此後在韋皋擔任劍南西川節度使之際，方又費時十五年積極營建，終於在貞元十九年（八〇三）完成。自海通發願開始造佛，至此已歷時長達九十一年。

這段由一僧發願、凝聚民間知識、不屈不撓建造大佛的始末，與前述的剡縣大佛情況相同，但在韋皋的大佛像記碑上，卻不見此像為彌勒的記載。然而根據前人研究，唐代的倚坐如來像幾乎皆是彌勒佛，宋代詩人范成大訪遊樂山之際，曾記述大佛為彌勒佛。既然如此，為何不採用盛唐或中唐極為盛行的阿彌陀佛，而是選擇彌勒佛？原來樂山位居河道交通要衝，成為銜接吐蕃、南詔等西南異族世界與華夏世界的軍事重鎮。建造大佛之目的，可能在長達百年的營造期間有所變更，但應是蘊涵了祈求航行安全、在華夷雜居的接壤地帶撫慰民心，或防衛強兵或災難入侵的意識等與現世

四川省樂山凌雲寺的彌勒大佛（法鼓文化資料照片）

有關的現實課題。正因為彌勒並非彼岸佛，而是與理想皇權一同降生世間，眾人才寄予厚望，造立其像。

關於倚坐式大佛的實例，尚有敦煌莫高窟第九十六窟（北大佛）、第一三〇窟（南大佛）、天梯山第十三窟、須彌山圓光寺大佛等，在唐代石窟中廣泛可見，皆為各窟主尊，但以尊名傳世的佛像極為罕見，皆可視為彌勒佛。彌勒大佛的造例散見於文獻中，顯然多建於唐代。論究其原因，其實與自稱彌勒下生、為閻浮提（人世）之主的武則天（六二四—七〇五）不無關係。武后欲藉彌勒來宣揚取代李唐稱帝的正當性，其影響力不可忽視。然而，至今尚未發現任何可確證彌勒和武后關聯的例證，許多現存造像皆出自盛唐、中唐，距武周時期甚遠。有關彌勒大佛的建造背景，仍遺留許多值得追探的空間。

此外，亦有以巨大法量建造盧舍那佛之例。龍門石窟奉先寺洞的盧舍那佛坐像是摩崖大佛，佛身坐高十一．四公尺，加上台座、光背總高度約為二十公尺，與左右脅侍的比丘、菩薩、天王、力士像並列於西山中腹，威容端顯。台座鐫刻的《大盧舍那像龕記》詳細記載雕造原委，可知是唐高宗（六四九—八三在位）發願、武后資助脂粉錢兩萬貫而成，竣工於上元二年（六七五）。據龕記所述，可知此像為盧舍那佛，台座蓮瓣上的坐佛浮雕是證明佛身的唯一特徵。

如此一葉一佛的表現，在日本奈良的唐招提寺本尊盧舍那佛的台座蓮瓣上同樣可見。

奈良東大寺的盧舍那大佛，則呈現更複雜的細刻世界圖，彌勒像或阿彌陀像等其他像中皆未有如此表現。這是將《梵網經》描述盧舍那佛的蓮花台藏世界，或《梵網經》以《華嚴經》的蓮花藏世界做為構想簡化後的造形，將一葉蓮瓣擬作一世界，呈現出盧舍那佛在千世界化現為千釋迦、遍滿十方的壯闊世界觀。如此依照敕願在皇朝中心據點建造大佛，正是將盧舍那佛遍照十方法界、萬物在重重世界中彼此調和的華嚴世界觀，與皇帝推行一元統治的理想架構相結合，再加上深受乾旱或夏季冷害影響多年，導致天下四十餘州民不聊生，從當時情勢來看，不難想像大佛造像中蘊涵一種掌握或撫慰人心的寓意。龕記中明確記載奉

龍門石窟奉先寺洞　盧舍那佛坐像（法鼓文化資料照片）

敕造佛者是「善道」、「惠暕」二僧，前者正是素負盛名的淨土大師善導（六一三—八一），後者則是發願為高宗、武后開鑿龍門石窟惠簡洞，並以布施酒肉給餓鬼的傳奇軼聞而知名的惠簡。二位高僧不僅在教學、實務方面經驗宏富，更以高度號召力而為民眾所信服，故而奉命營造大佛。盧舍那大佛具有豐頰圓滿、蘊涵生趣的尊容，雖有俗說臆測是根據武后面容所造，但可確定營造大佛的實質發願者應是當時政權在握、權勢凌駕於高宗之上的武后。

五、石窟美術大眾化

石窟和摩崖造像的分布地區自華北移至西南四川盆地，是以西元八世紀做為分水嶺，自晚唐至五代、宋代之際，集中此區的情形更為顯著，原因在於中原飽受征伐戰亂而陷於疲弊，相對而言，四川卻能維持政治及社會安定。民間贊助者深受鹽、茶、絹等物產豐饒之惠，獲得推展信仰活動的經濟實力，在當地發展具有大眾特質的石窟美術。據說在四川地區，光是擁有十餘座窟龕的遺跡就多達三百處，石窟摩崖中的大足（重慶市大足縣）北山和寶頂山石刻最晚開鑿，時間為十二世紀的南宋時期，卻是發展鼎盛期，在規模、雕刻方面堪稱是最符合為中國石窟美術劃下完美句點的作品。

寶頂山大佛灣建於全長約二百八十公尺、高約十五公尺的彎曲石壁上，表現了六道輪迴圖、華嚴三聖像、千手觀音像、佛涅槃像、父母恩重經變相、觀無量壽經變相、地獄變相等巨幅雕刻，賦彩華麗，可說是規模宏偉的立體繪卷。巡禮者在步行中可就近眺望，最後觀賞的主題則是將密教的十忿怒像置於石壁下方的〈柳本尊行化十煉圖〉。這座風格殊異的雕刻作品，是以晚唐密教僧柳本尊（？—九〇七）的五公尺坐像為中心，表現其自損軀體的十個苦修情景。據傳柳本尊自柳幹上的結瘤中出生，在峨眉山、成都一帶弘法，是四川地區特有的瑜伽教主。寶頂山始建於南宋時期，創建的道士趙智鳳原為柳本尊的私淑弟子，開鑿時間始於十二世紀後期至十三世紀前期，歷時數十年方開鑿而成。

這些雕刻特徵包括寬廣的視野構圖、自壁面前傾外突的巨大佛菩薩像、猶如實際描繪的逼真人物風姿、巧妙運用雲或岩山等敘景鋪陳，予人一種栩栩如生的強烈臨場感和現實感，以及淺白到略嫌露骨或過於矯飾的印象，與前朝石窟美術相較之下，不免有庸俗之感，卻更平易近人，宛如主題樂園般提供娛樂和撫慰。寶頂山的主題或形式，是承襲唐代都市寺院大量描繪變相圖的系統，根據經典內容繪成的大畫面壁畫，不僅在長江和洛陽地區蔚為風潮，甚至傳至四川，下一節將進一步說明。在十一世紀初撰寫的《益州名畫錄》之中，即可發現畫家在益州（成都）各寺中揮筆創作各種變相圖的記載。這些壁畫不僅顯示堂宇莊嚴，亦成為一種傳法工具，可集結信眾在此解說畫作。昔日寶頂山有引香師之稱的解繪僧，以淺顯方式逐一解說石刻而為人所知。

在此時期的石窟美術，可從部分作品中得知鐫匠（雕工）之名。南北朝、隋唐的造像鮮少出現工匠姓名，時至今日，大足的宋代石刻已可確認多達二十八名鐫匠姓名。除了見於銘文記載，雕工本身以「某某鐫」的落款鐫刻亦不在少數，由此可知作家意識逐漸高漲，亦包含藉此表明造像，期祝功德願成。日本在十二世紀後期，亦可發現佛像雕刻上附有佛師名之例，此點頗耐人尋味。在大足發現的鐫匠姓氏中多為文、伏二姓，應是屬於各別技術傳承、以石刻為家業的地方團體，其中尚可發現來自遠地如「潁川（安徽省）鐫匠」等地名之例。工匠的去向或來處，可做為推測新創樣式和圖像流通的要素之一。

第三節　佛教雕刻與佛教繪畫

一、中國式佛像誕生

中國佛教美術不斷擺盪於「華」、「戎」之間，最顯著的例子就是如來像的衣著形式。之所以稱為「中國式佛像」或「中國化佛像形式」，原因就在於印度佛像並沒有這種衣著形式，而是中國獨自創成的式樣。其實無論佛像衣裝是何種形式皆與佛的本質無關，探討此類課題，未免略嫌細瑣，但若欲探討究竟該將佛視為何種型態樣貌，或該如何讓佛呈現某種樣貌，那麼這些問題不僅與造像者的信仰型態有關，亦關乎著社會認同問題。只要將佛塑造為穿衣裝的人像，肉體造型或衣著式樣將成為決定佛像樣貌的首要因素。

如來像的衣著形式之中，最容易引發問題的就是袈裟（大衣）穿著方式，以及袈裟中的內衣形式或穿法。袈裟穿著方式中，自印度傳來的西方式衣著有兩種，就是披覆雙肩的通肩式和露出右肩的右袒形式，兩種方式的袈裟末端皆搭於左肩。相對而言，中國式佛像在初創時期，袈裟末端是搭於左手前腕。雖然只是些微差異，卻讓衣服自前胸敞至上腹的設計成為一大特徵。此外，更廣泛採用讓袈裟中所穿的內衣自敞開胸口顯露於外的設計。

內衣因種類、組合呈現多元化，但多以附屬結帶垂於胸前做為一大特徵。學者試圖將這些衣著和文獻中的僧祇支或偏衫、覆肩衣互相對照，至今眾說紛紜。總之為了避諱裸袒才以內衣方式表現，同時採取敞襟形式，這正是為了強調佛像穿著左右對領的一般漢式俗服的刻意設計。必須附帶一提，這看似衣領的部分往往不是出自同一件袈裟，右側多為其他衣著，這兩種服制在中國皆通稱為「雙領下垂式」。

若從目前僅存的作品來判斷，這種中國式佛像是在五世紀後期突然出現，前節提到的雲岡石窟第十六窟、第六窟即是先例。六世紀以後，不僅是龍門石窟等石窟造像，單尊石佛或金銅佛亦清一色採用此式，就此蔚為風潮。過程中，雲岡石窟佛像已從量感豐沛的軀體逐漸轉為垂肩纖瘦型，衣著分量卻呈反比似的愈顯厚重，恰如多層衣裾、左右對稱外擴的造形所示般，顯現抽象而具結構性的表現。坐像式佛像的衣裾尤其誇張化，繁複層疊的襞褶寬展懸垂於須彌座前，構成華麗的裳懸座。藉由充滿緊張感的概念化造形，表現佛之神祕、超然。巨大舉身光彷如包融佛身，炎炎昇騰，以蓮瓣式呈現，這種形式在印度或犍陀羅皆未曾出現；光背上填滿雲氣紋、蓮華唐草紋。這些漢化的佛像形式，最初是從改變衣著形式開始，漸從軀體表現擴展為莊嚴具設計，概括而言，就是明確朝著捨棄肉體生動實感而進行的變革。

這種變革究竟始於何時或何處、何種情況？學者對此見解不一，例如有人認為服制改革是北魏皇朝推行漢化政策中的重要環節，因此成為契機。或有認為此乃南朝佛像在民族化過程中自然發展的結果，甚至以為是涼州或隴西、長安附近一帶出現創新樣式後，流傳至其他地區發展等諸項因素。尤其在日本學界曾關注飛鳥佛式樣的起源，在此背景下引發北魏起源說、南朝起源說相爭不下的情況。前者關注的北魏服制改革，是第六代君主孝文帝（四七一—九九在位）於太和十年（四八六）正式制定以漢式衣冠做為朝服。北魏造像的特色在於皇帝結合如來形象，佛像衣裝與皇帝袞冕服近似，開領、長雙袖，胸前垂懸結帶。暫且將時間回溯至服制改革之前，一尊鐫銘為南齊年號永明元年（四八三）的中國式佛像，發現地點卻在遙遠的四川省茂縣，此佛是現存可確定年代最早的漢式服制佛像。根據銘文記載，發願者是僧侶玄嵩，出身可能是五胡十六國的西涼。位於茂縣的茂汶地區是南朝出西關的要衝，亦是南齊立國當時建造齊興寺的地點（《高僧傳》〈玄暢傳〉）。這尊石像的建造年代和發現地點皆無其他任何線索可循，必須特別審慎處理，但對中國式佛像創自北魏中央一帶之外的見解，提供引發議論之空間。

至於南朝起源說，就如南京西善橋出土的南朝墓磚畫一般，佛像似是竹林七賢的裝束，嶙峋瘦骨，受到南朝初期貴族社會流行的高士脫俗形象所影響，或許是根據漢族士大夫的官服制所創成。然而，從國都建康（南京）等南朝中心要地來看，目前尚未發現中國式佛像，仍欠缺南朝建立佛像形式的佐證。

其實將袈裟穿法精心改造成漢式俗服已是違反佛教戒律，但為何偏要如此？曾有學者關注此課題，試從三教交涉觀點來詮釋中國式佛像在五世紀後期出現的原委（岩井共二，二〇〇七）。隨著格義佛教時代結束，世間對佛教理解愈深，加上教團擴大、整頓戒律，導致佛教與儒、道衝突漸增，終於釀成五世紀中葉發生廢佛及夷夏論爭，固有的佛教右袒服制遭到儒家抨擊違反禮制，道家則攻訐佛教為夷狄之教，佛家服制成為夷服，飽受批判。學者認為佛教在此情況下，必須採取與儒、道價值觀的相融或妥協方式，兼具佛家最低限度的威儀，繼守穿袈裟儀規，並可配合漢地衣式習俗。然而，這必須是以佛像衣著形式來反映僧服制為前提，若能如此，所謂漢式佛像的產生，就是與西方傳來的佛教在歷經與儒、道交涉後演變成中國特有佛教的狀況，恰能維持步調一致發展。

二、崇尚「印度式」造像與靈驗像

自西元一九七〇年代起，中國山東省陸續發現石佛，年代大約始於北朝晚期的東魏（五三四—五五〇年）至北齊（五五〇—七七年）之間。佛像多成碎片，數量高達幾百件，與北宋銅錢等文物一併出土，可知北宋時期有人發心助施，將損毀佛像蒐集後奉埋於地窖。陸續發現的文物中，最受矚目的是西元一九九六年於青州龍興寺遺址窖藏出土的四百多尊石佛，佛身尚存豔彩，刻工精雕細琢。遍觀這些文物，首先發現佛像中既有以漢式衣裝、背置大型舉身光為特徵的漢式佛像，亦有薄衣貼身的西方式佛像，形形色色混雜其中。尤其後者雖屬西方式樣，卻有異於北朝前期造像，特徵為充滿寫實感的柔和面貌、量感適中的柔滑體軀，這些造像源自於印度鹿野苑的笈多式樣和南印式樣，較為接近東南亞風格，屬於新型的「印度式」佛像。

中國式佛像素有「秀骨清像」之稱，這種形式於六世紀前期形成典範，享有獨尊之位。此後卻出現風格迥異、動感洋溢的印度式佛像，這種造形孕育成形後，在北齊時代廣為流行，北齊皇權主導下營造的北響堂山石窟即是代表。新印度式佛像流行的原因，在其背景因素中，不僅包括深受中國和印度、中亞、東南亞活絡交流的影響，亦包含北齊對北魏推行激進漢化政策所造成的反動現象。造像者在此情況下，將非「漢」即「胡」的意識型態寄託於印度式佛像中，這與前文所述的後趙石虎表明反漢俗的立場或構造不謀而合。如此現象同樣發生於南朝統治下的四川地區，成都萬佛寺遺址出土的同一批石佛，亦出現兩種截然不同形式並存、競相演出豐富的創作風格。

這種造像稱為印度式佛像，但未必就是以梵土佛像為模本製成，實際上，應說更類似於中國人想像的印度佛像，在造像中大量融入印度的創作要素。在此試舉一件風格獨具的佛像為例——梁朝太清五年（五五一）的「育王像」銘石像。此像的出土地點是四川成都，從佛容蓄有濃髭、通肩式大衣的定型化衣襞、軀體構造等特徵來觀察，乍看之下是印度式造像。同款作品還發現數件，其中一件果真附有「阿育王像」銘刻。毋庸置疑的，阿育王（無憂王）正是西元前三世紀度孔雀王朝的第三代君主，被尊為護法聖王，其像在中土廣受崇奉。正如下節將提出說明的，阿育王像對中國的舍利信仰影響十分深遠。所謂的阿育王像是指阿育王敕命立造的佛像，當時眾人所見之像，應是兼具聖王與佛的雙重形象。這些阿育王像融合了犍陀羅後期和笈多式要素，自中國獨特的文脈中創生，實際上，在印度從未有過此類像容。

入唐後，佛像透過纖柔衣裝，栩栩如生表現了豐腴感和裊娜動態。唐代佛像堂堂示現出富於生命力的理想人體之美，成為統一新羅時期、日本奈良時期的古典美術典範。如此讓印度式佛像自六世紀後期以來形成的潮流，與帶有強烈國際風格的開放時代息脈相通，一股作氣絢爛發展，加上玄奘、義淨等求法僧，以及王玄策等人陸續自印度傳回佛教美術新知，更造成顯著影響。其中最重要的是玄奘於貞觀十九年（六四五）歸朝，返抵長安之際除了攜回經典、佛舍利，亦迎回七尊佛像。請來品的詳細物件可見於《大慈恩寺三藏法師傳》等著作，婆羅痆斯國鹿野苑的初轉法輪像、劫比他國的三道寶階降下像等作品，皆是根據與印度佛蹟有淵源的釋迦像為模本刻造而成。這與中國佛教界向天竺求取真經、希求引入中土佛教界的精神相通，不難想像，這些佛像具備了佛教發源地釋迦像應有的權威，充滿魅惑之感的印度式像容蘊涵著深遠的影響力。

然而，玄奘並非只選擇當地極受重視的知名佛像而已，在請來品目錄中，有七尊造像是以釋尊後半生事蹟為主題，分別根據時序配列而成。前段所述的請來佛像中，僅有兩尊與印度慣有的八相釋迦像相同而已，其他如摩揭陀國靈鷲山說法像、憍賞彌國優填王思慕像、那揭羅曷龍窟影像等題材，在印度皆屬罕見題材，在中國才格外備受重視。靈鷲山或那揭羅曷的佛影窟，因有《法華經》和《觀佛三昧海經》描述當地為如來常住說法之處，故而廣為人知。優填王思慕像是摹寫釋尊在世真容的最早釋迦像，釋尊曾親囑滅度後可做為度化眾生之用，堪稱是集結特殊信仰的產物。這些佛像超越了釋迦在佛傳中的定位，具有更普遍性、屬於永久常住的釋迦如來性格。自南北朝初期以來，這些尊像之所以在中國漸受重視的原因，必然是出於與釋尊時空相隔遙遠所產生的渴切之念。中國信眾對這些如同禮敬釋迦如來真身的造像，必然期待是能摹擬釋尊形貌的印度式佛容，玄奘正是為此才特意選擇此類造像。

此外，靈驗像可示現各種奇瑞之兆，故而格外深受崇信，其中又以大肆宣傳源自印度的緣起傳說型佛像數量居冠，例如荊州（湖北省江陵）長沙寺的阿育王像就是代表之一。根據《集神州三寶感通錄》卷中的靈驗傳說記載，此像出現於東晉時期的荊州，一名來自罽賓（喀什米爾）的僧侶解讀這尊佛像的光背梵文後，認定出自阿育王所造，證言此像在天竺已佚失，如今遠降生於華夏。此後這尊佛像會出現放光、流汗、流淚等異象，甚至繞龕行道，某次步出寺門，還被起疑的巡邏揮刀砍擊。佛像遇到火災會自行變輕，任人抬走倖免於難，遇到乾旱向其求雨，必能應驗。每逢佛像放光，便會出現佛教大興或帝王行幸來寺禮佛等祥瑞之事，佛像若流汗或垂淚，則發生廢佛或戰亂等危及佛教、佛身之禍，或是不幸遭遇皇帝賓天、暴政者崛起、皇朝將亡等厄兆。誠如此像之例，中國佛教靈驗記中出現不少描述與俗權有關的題材，對為政者而言，靈驗像亦是定奪是非的天意代言者。藉由讖緯之說（以陰陽五行為基礎判斷吉凶）的取決方式，為政者在宣揚俗權護持佛教之餘，更透過聲稱佛像來自佛教發源地印度的方式，宣示佛像及其所屬寺院、教團的正統性，同時賦予一種權威。

這類佛像在靈驗傳說烘托之下，被稱為瑞像或靈像，隨著信仰者愈多，逐漸被仿製成摹刻像，或將其獨具特質的像容繪圖流傳於世。這是基於信眾深信摹刻像與原像具有同樣靈力，安奉威信十足的靈驗像，祈求保全或擴張寺院、宗派之勢。最能以充分資料說明這種情況的例子，就是北宋時期的木雕像，亦即日本京都清涼寺的本尊釋迦如來像。此像為優填王思慕像，素有栴檀瑞像之稱，被視為佛之真身，安奉於北宋太宗宮內。日本東大寺僧奝然（九三八－一〇一六）在台州（浙江省）委人摹刻後，於西元九八六年迎請新像渡日，此佛具備與真身佛相應的構造，胎內納置絹製的五臟六腑。鎌倉時期以後，摹刻像的製作數量愈顯增加。如前所述，此像既是釋尊在世的釋迦本尊，亦是受如來託囑，傳歷於印、中、日三國，其權威之高，恐無任何佛像可與之比擬。奝然身為南都僧侶，迎請此像歸國的意圖，應是對延曆寺大舉擴張勢力懷有對抗意識。另有一項原因，就是鎌倉時期盛行的佛像摹刻，被視為南都律宗振興行動的重要環節。

此外，有些造像在今日雖屬來歷不明，被視為尋常佛像，但相信其中必有一些曾是身分殊異、擁有各自獨特信仰的靈驗像。

三、寺院壁畫與變相圖

就形式及功能來看，佛教繪畫美術分為兩種，就是做為禮敬、儀禮之用的本尊畫像，以及在寺堂或石窟壁畫中可見的、做為裝飾或賦予宗教空間某種意義、透過嚴飾後的作品。繪畫比雕刻更為脆弱易失，除了敦煌石窟壁畫和藏經洞內發現的紙本或絹本畫之外，回溯至北宋以前的作品已是寥寥無幾。然而從畫史或畫論、寺誌等史料來看，仍可一窺中國佛教衍生出豐富的繪畫藝術世界。張彥遠在九世紀前期撰述的《歷代名畫記》卷三之中，記載當時長安、洛陽寺觀內的壁畫作品，留下繪畫主題和畫家姓名等珍貴紀錄。例如長安光宅寺之項：「東菩薩院內，北壁東西偏，尉遲畫降魔等變。殿內吳生、楊廷光畫，又尹琳畫西方變。」尉遲是出身於西域和闐的尉遲乙僧，吳生是吳道玄，楊廷光、尹琳皆是活躍於七世紀後期至八世紀前期的畫家。所謂的畫題〈西方變〉，例如敦煌莫高窟第二百二十窟南壁的作品中，根據《觀無量壽經》或《阿彌陀經》等經典講述的西方極樂淨土境相，施以絢彩描繪，藉由大幅畫面展現，以諸聖眾簇擁的阿彌陀佛、觀音、勢至菩薩為主題，另有化生童子嬉遊、奏樂天等列席而坐的蓮池露台、金碧輝煌的寶樓寶樹、旋舞虛空的樂器彩雲等。〈降魔等變〉則是描繪魔眾攻來、釋尊手結降魔觸地印，以佛傳中降魔成道的情景為代表的各種神變故事繪畫。

所謂的「變」，亦稱變相（圖）、經變（圖），是指根據經文敘事或敘景內容為基礎的造形表現。例如第二節已介紹的大足寶頂山石刻般的雕刻形式，或是卷子、掛軸皆屬此類，主要型態仍是寺院或石窟的大幅壁畫。《歷代名畫記》提到的繪畫主題，尚有維摩變、涅槃變、彌勒下生變、華嚴變、十輪變、金剛變、金光明經變、本行經變、地獄變等，從敦煌石窟可發現許多唐代壁畫的作例，就此來看，可知中央都市寺院盛行描繪的變相圖，亦廣泛流傳至邊域。

原本「變」的字義即有幾種說法，根據江戶初期的真言僧運敞（一六一四—九三）所述，其義為：「變動也。圖畫不動，而畫極樂或地獄種種動相，故云變相也」（《寂照堂谷響續集》卷一）。佛教的視覺印象中，最具動勢、動感的主題就是來迎或示現、放光這種藉由佛菩薩行為引發的諸多奇象，對一般信徒而言，這才是深具臨場感、亟欲親睹為快的。構圖複雜、主題千變萬化、色彩富麗揮灑，變相圖描繪出佛國淨土與超俗的奇蹟場面，正為了滿足此需求。就此意味來說，這些大幅畫面的變相圖，不僅為了嚴飾寺院空間，有時更配合解說神變故事繪畫的說唱曲藝，教化民眾之餘，亦提供一種慰藉、娛樂。比較耐人尋味的是敦煌變相圖的描繪內容，與其說是經典，倒不如說更接近稱為變文或說經話本所採用的文辭方式。這些話本在敦煌藏經洞所發現的敦煌文書中大量出現，是一種藉由韻文、散文夾雜的平易用語講說艱澀經文要旨的劇本，推定摹寫年代應比變相圖遺存年代更晚，約在晚唐至五代時期。換言之，變相圖與變文是在互為影響中，漸朝佛教大眾化而蓬勃發展。

說起寺院壁畫的繪畫名家，自古有東晉顧愷之在建康瓦官寺繪作維摩詰像。南北朝梁武帝（五〇二—四九在位）時期的御用畫家張僧繇，亦是箇中翹楚。梁武帝以虔心奉佛而知名，實為歷代帝王所僅見，張僧繇就在武帝陸續興建的大伽藍中積極創作壁畫。張僧繇曾以畫龍點睛的故事而名噪一時，據說作品素以描線簡潔、精準掌握人物樣態為特色，但在南朝覆滅的動盪中，其作品面臨與寺院共存亡的命運，早已湮沒於世間。相傳唐代首屈一指、享有畫聖之譽的吳道玄，正是張僧繇再世。唐玄宗（七一二—五六在位）時期，吳道玄在長安、洛陽各寺觀中繪壁畫，長達三百餘壁。《太平廣記》卷二十二中有一則著名軼聞，描述吳道玄在當地景公寺完成地獄變相圖後，長安百姓望見這幅作品之時，紛紛被那血淋淋慘象嚇得魂不附體，深怕造業而改過向善，市集中從此漸無人敢賣魚販肉，可知當時的寺院壁畫已開放供人觀賞，廣泛享受其趣。

現存的寺院壁畫幾乎是十世紀以後的作品，其中尤其以山西省遺跡最為豐富。五台山佛光寺現存一座木造大殿，重建於九世紀中期，至於建造時間遠溯至唐代的毘沙門天像、佛說法壁畫則殘存無幾。此外，以應縣木塔而馳名於世的佛宮寺釋迦塔，創建於遼朝清寧二年（一〇五六），塔內仍保存跨越遼、金二朝的四天王像。位於山西省南部高平縣開化寺的大雄寶殿壁畫，是北宋郭發於紹聖三年（一〇九六—九七）費時兩年完成，堂內三面壁上有西方淨土變、釋迦說法圖、本生說話圖，從細膩描繪的本生故事中，可知宋代世俗生活百態。位於五台山麓的繁峙巖山寺是金代所建的敕願寺，現存有宮廷畫家王逵於西元一一六七年繪作的壁畫。這幅大壁畫以端整精緻的北宋筆法，繪出鬼子母變相與本行經變相，氣勢雄渾，充滿緊張感，足以讓觀者為之屏息。

四、日本迎請的佛像與佛畫

若說起中國佛教美術的現存地區，不可輕忘的就是日本。自奈良時期以來，日本外交使節或求法僧、來朝僧、貿易商人等在迎歸經典之際，大量攜回了圖像、佛像、佛畫、佛具等佛教美術品項，流傳於寺院或顯貴之家。在佛像雕刻方面的代表作品中，包括：前述的清涼寺釋迦如來像，以及初唐製作的法隆寺所藏九面觀音像、據傳由空海請歸的金剛峰寺諸尊佛龕（枕本尊）、中唐製作的東寺所藏兜跋毘沙門天像、晚唐製作的東寺所藏五大虛空藏菩薩像、南宋製作的泉涌寺所藏觀音菩薩像（通稱楊貴妃觀音）等。佛像或繪像方面，則如：唐貞元二十一年（永貞元年，八〇五）製作的東寺〈真言五祖像〉、圓珍於西元八五五年獲授的〈五部心觀〉、奝然迎請栴檀瑞像之際一同攜回北宋製作的清涼寺〈十六羅漢圖〉、南宋製作的仁和寺孔雀明王像、知恩院〈阿彌陀淨土圖〉、奈良博物館所藏的陸信忠筆本〈佛涅槃圖〉和〈十王圖〉等，其數浩繁不勝枚舉。

試想中國傳世之作在當地已碩果僅存，若說幸而當時能將這些作品迎請渡日才得以傳存至今，如此說法一點也不為過。迎請者除了篤信佛教、通達教理且具備審美觀之外，更重要的是請歸的意志堅決，經由篩選、摹製之後，將這些藝品載航歸國，其中恐怕有許多在中國當時亦屬於一流之作。光憑中國現有的僅存作品來看，難免出現遺缺或過小評價，但東傳日本的作品恰可彌補其憾，就此意味來看，這些作品極具價值，尤其在密教繪畫或唐、宋木雕像方面更為明顯，姑且試舉兩、三件作品為例。

白描圖像〈五部心觀〉是由日僧圓珍（八一四—九一）迎請歸國，此後為園城寺所藏。根據圓珍自撰的題跋，可知此圖是圓珍居留長安之際，由其師青龍寺法全親自授贈。所謂五部，是指構成金剛界曼荼羅的如來部、金剛部、寶部、蓮花部、羯磨部，以圖示法表現修行者依五部諸尊入三摩地的觀修法，故而取名為心觀。題跋之前，大幅描繪一名僧人以跪坐之姿，雙手捧持柄香爐，可知卷末所繪是善無畏之像，更顯示此圖是出自善無畏（六三七—七三五）法系。換言之，空海（七七四—八三五）繼承的金剛界圖像是金剛智（六七一—七四一）法系，相對來看，圓珍則繼承正統善無畏系的金剛界圖像。〈五部心觀〉以纖細、蒼勁的線條精細描繪諸尊和印契，作品饒富生趣及高尚之感，唐代中央畫壇之作在今日已逸，卻可從〈五部心觀〉充分窺知精髓。

東寺觀智院的五大虛空藏菩薩像，是入唐僧惠運（七九八—八六九）或其弟子三修（八二九—九〇〇）於九世紀前期迎歸日本，這五尊木雕佛像傳達了晚唐密教信仰的意象，堪稱是現存唯一例證。據學者推測，佛像的製作地點應在歸返日本的出航地明州（浙江省寧波），像材選用中國櫻木，採一木造雕法，就是從頭軀至蓮座皆以同材一體雕成，不施內刳處理，頭髮或眼瞳、胸飾等以捏塑方式另行製作，由上述技法可知有別於日式木雕像的手法。明州是江南國際貿易港，海運發展繁盛，亦是佛教文化發信地。這五尊虛空藏菩薩的造像，在對於了解唐代明州造像發展趨勢上，提供極為寶貴的訊息。此後至宋、元時期，日本與明州之間的人文、物資往來愈發活絡，其中，以陸信忠為代表的寧波佛畫師之作在日本廣為傳世，如此盛況正反映了當時趨勢。

第四節　佛舍利與佛塔

一、阿育王塔與仁壽舍利塔

在佛教美術中，與禮拜像同被視為重要作品的，就是與佛舍利信仰相關的各種造形。七世紀時，唐僧道宣（五九六—六六七）舉出釋尊示寂後的遺物有「牙齒髮爪之屬，頂蓋目睛之流，衣缽瓶杖之具，坐處足蹈之跡」（《集神州三寶感通錄》上卷），中國佛教徒遠赴西天的重要目的，就是在西北印各地寺院巡禮奉拜祭祀用的釋尊遺物。其實這些神聖遺物皆是虛構，卻是祭祀者和禮敬者寄望佛陀尚存於世的心願所衍生的產物，其中又以佛舍利最具代表性。佛舍利是指釋尊火化後的靈骨，正如「荼毘如珠、如金屑，而成馱都」般的描述，是略帶抽象概念之物，質地堅固異常，能出現增生或放光等奇瑞之象。佛舍利不僅是一種追崇釋尊的心靈寄託，更象徵生命、不死、重生、豐饒多產的寓意，被眾人視為賜予現世、來生福樂的祥瑞之寶。尤其對為政者而言，佛舍利能實現或確保百姓蒙受其利，故而深表關切。相傳阿育王在供奉釋尊靈骨的七大塔中蒐集舍利，藉此驅役鬼神，一日之內建成八萬四千座塔。從這個傳說中，可推知是基於上述背景因素而蒐求佛舍利。

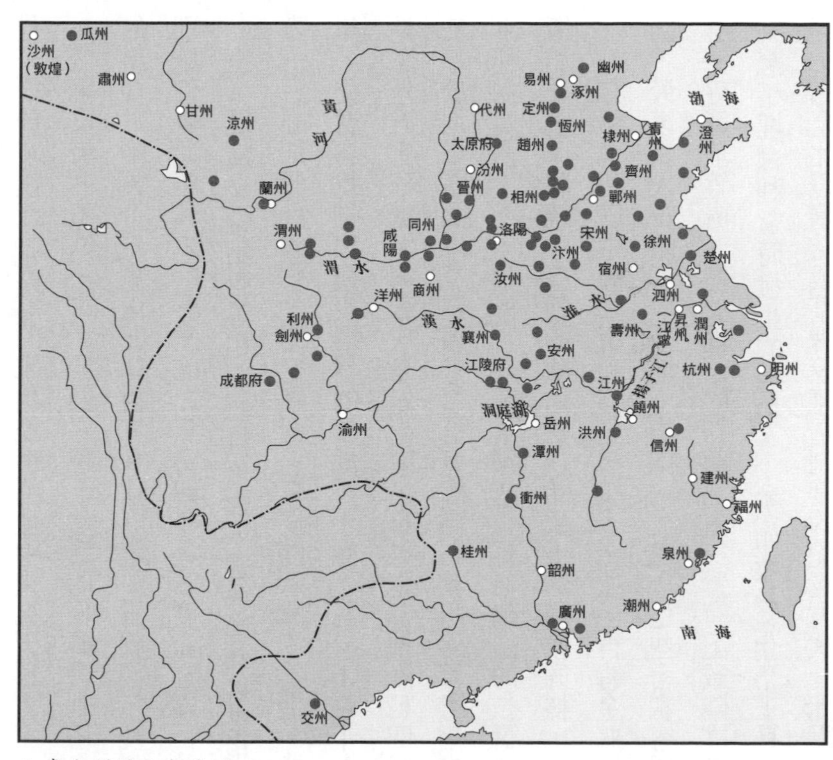

仁壽舍利塔分布地圖

有關阿育王的上述傳說，在中國尤為盛大宣傳，聲稱是阿育王建造的舍利塔遠及中土，各地寺院、遺蹟紛紛假稱為阿育王所造，其中最著名的是會稽鄮縣（浙江省寧波）阿育王寺、建康（南京）長干寺塔。前者是吳越國王錢弘俶格外篤信佛道，於十世紀仿效阿育王行蹟，鑄造八萬四千座錢弘俶塔，故而為人所知。後者是長干寺塔內的舍利受到歷代尊崇，歷經梁、隋、唐三朝輾轉於數地，又經千餘年歲月，直至西元一九六〇年代，終於在鎮江甘露寺的宋代鐵塔遺址中重見天日。

隋文帝（五八一—六〇四在位）建造的仁壽舍利塔，堪稱是中國佛教造形史上最重大的事件。隋文帝結束南北朝對立、建立統一王朝後，晚年為供奉早年梵僧所賜的舍利，分別於仁壽元年（六〇一）、二年、四年，三度在全國百餘州建造舍利木塔，共計一百一十一座。從隋文帝詔敕等相關史料可知，這些舍利塔是根據朝廷中央送達的佛舍利和「造像」（亦即設計圖），明定在同一日辰同時開工建造。換言之，首次的建造時間是仁壽元年，先在各州選出高爽清靜的寶地三十處，訂於十月十五日午刻準時同建。第二次的遴選地點是五十一處，第三次是三十處，日辰定為佛誕日四月八日午刻，全國各地將舍利同時安奉於地下石函中。這項盛舉恰可解釋為參照阿育王傳說而推行的國營事業，並將舍利供養利益廣澤天下。此外，依照全國統一規格建造的仁壽舍利塔，猶如秦始皇透過統一度量衡和文字、將統一皇朝的威信普告諸天下的施政同樣，相信必然富於政治意義。

仁壽舍利塔中的佛舍利首先被裝入金瓶，再將金瓶裝入琉璃瓶，塗香泥封蓋後放入銅函，最後裝入石函，埋至地下約深一丈處。這些舍利容器的出土地點包括位於陝西省耀縣神德寺遺址等處。埋於地下的石函上方，置有記載隋文帝願文石刻銘板，塔旁豎立石碑，刻記奉埋舍利當時發生的瑞象——例如放彩光或生香氣、天降甘露芳華、瑞鳥來迎——等，完全比照墓誌或墓碑等墓造制度的配置方式，此點頗耐人尋味。這些瑞兆，恰與天子向邦內或海外誇示已獲天命之際所舉行的「封禪」瑞象十分相似，欲掌握天意，以確保文帝統治的必然性。文帝有一著名之舉，就是在剛登基後即下令製作神尼像，奉置於全國各地舍利塔內。這位神尼就是尼僧智仙的尊號，文帝幼時受其撫育，智仙曾預言文帝日後必登九五之尊。隋文帝晚年時對智仙崇敬愈深，更將之神格化，由此可推知當時仁壽舍利塔內可能供有神尼像。以佛誕日為期，將佛骨奉埋於舍利塔內，在此同樣安奉象徵母性神格化的神尼像，此舉不僅是追善供養智仙，更蘊涵了文帝祈願自身與佛陀同樣重獲永生，成為替統一國家帶來繁榮的守護者。總而言之，仁壽舍利塔可說是一種視覺裝置，能讓萬民莫忘這位招來和平、統一的偉大天子。

二、中華形象、印度形象

有關中國佛塔的形式，如同第一節說明的笮融記載般，原本是以中國傳統樓閣建築為雛形，形式分為兩大主流，就是有多層木造瓦頂的樓閣式塔，以及在砌磚形式「磚築塔」中常見的以短簷層層相接的密檐式塔。根據推測，前述的仁壽舍利塔應屬於木造多層的樓閣式塔。若試舉史上的著名佛塔，不可遺忘的是北魏洛陽城的象徵性建築，亦即永寧寺的木造九層塔。此塔由靈太后胡氏於熙平元年（五一六）建都洛陽之際籌建，根據考古挖掘的結果，證實的確如《魏書》〈釋老志〉與《水經注》記載，塔基邊長達三十八公尺，塔高逾一百公尺。基壇中安奉的舍利已失，附近有大量塑像殘片出土，可知塔內原本有裝飾精妙的彩色塑像。根據楊衒之《洛陽伽藍記》所述，菩提達摩遊化西域後，繼而訪參中土之際，目睹永寧寺塔的威容如此壯麗，讚歎此塔不僅是世間所無，佛界亦未曾有，更為此念誦佛號，合掌數日。這篇記載被視為禪宗始祖達摩的初出史料，姑且不論事實真偽如何，卻充分蘊涵了中國佛教已凌駕佛陀故土印度或西域的氛圍。

縱然如此，在中國舍利信仰中，隱含一種意圖縮減中、印之間時空隔閡的心理情結。例如先前所舉的仁壽舍利塔之例，根據《廣弘明集》〈舍利感應記〉所述，從都城迎請舍利至各州的處置方式，規定必須依照「阿含經舍利入拘屍那城法（舍利即指佛骨）」。具體而言，就是運送者應端整容儀，備妥寶蓋、幡旗、花台、像輦、佛帳、薰香、音樂，手中各執香花。運送舍利之際，眾人環繞四周，以贊唄梵音相和，從初始階段就嘗試採取擬似體驗的方式，彷彿感受到昔日印度末羅族人在佛滅度聖地送殯的情景。

此外，在《涅槃經》等典籍中，幾乎不曾見到如何將荼毘後的佛舍利運送各地的過程，但在造形上卻有不少引人好奇的圖像，陝西省藍田縣法池寺出土的舍利石函浮雕即是最好之例。此浮雕製作年代是七至八世紀，石函四面皆有以佛舍利為題材的刻繪，其中一面刻有穿胡服者，扛送覆著布幔和寶蓋裝飾的大輦輿，另一面則是穿漢服者，正在迎接翻山越嶺而來的騎象人物，兩幅皆屬於運送舍利的祝祭圖像。其中最值得矚目的是後者圖中的騎象人物，這名只身穿條帛、短裙的南方異族人，就是所謂定型化的崑崙人形象。崑崙人騎象運舍利來朝的形象，亦出現於西安出土的舍利容器「都管七箇國」銀盒（有蓋容器），盒面上以南方異族將象徵祥瑞的舍利珍寶攜入華夏世界的圖樣做為主題，光就此點來看，頗為耐人尋味。總之，這些圖像的製作目的，是為了顯示石函或盒內的舍利取自梵土（儘管實際上是在中土製成），是如假包換的真佛舍利。

至於將運送佛舍利視為朝野一大盛事的例子，則是唐代歷帝為之狂熱的法門寺佛指舍利。法門寺位於唐都長安以西約一百公里的岐州（陝西省扶風），塔下地宮每三十年開啟一次，將釋尊指骨舍利取出後迎請至長安宮內，供養一段期間後再送返寺內。這項例行活動歷經大唐一朝，未曾間斷。據傳法門寺故地曾建一座阿育王塔，西魏時期曾整頓寺院，隨著北周滅佛、隋末局勢混亂，寺院再度荒廢，唐初修繕後受舍利信仰影響，迅速恢復隆盛。唐代第三位登基者高宗，是首位以皇權介入舍利信仰的君主。顯慶五年（六六〇），就在朝廷尚未關注舍利信仰之際，高宗偶然聽聞此年適逢法門寺三十年一度開啟地宮，試著祈願後果然獲得靈驗，從此點燃了高宗對舍利信仰的狂熱火苗。

今日法門寺一夕成名的原因，除了發現塔基下的地宮外，更由於大量供奉品的出土。這些出土品包括前述的佛指舍利四顆，以及唐代一級工藝品等物。發現地宮的契機是西元一九八一年秋季，原本重建於明代的法門寺磚塔在集中豪雨侵襲下崩塌，因而在復建時發現這批文物。後續挖掘之後，發現地宮由甬道和前室、主室、後室的三室石槨（石室）構成，甬道鐫刻懿宗（八五九—七三在位）、僖宗（八七三—八八在位）等人於咸通十四年（八七三）供養舍利的原委，另置有鐫刻寺史的《大唐咸通啟送岐陽真身誌文》之碑，以及當時布施的寶器目錄《監送真身使隨真身供養道具及恩賜金銀寶器衣物帳》之碑。根據此碑記載，可知包括了精美裝飾各種佛教圖樣的七重套盒型舍利寶函、附有立體曼荼羅式台座的捧真身菩薩像等、數量高達一百二十一件的金銀器，以及七百餘件絹織品、瓷器、玻璃器物等供奉品的出處來源。這些珍寶完整保存唐代的宮廷文化精粹，恰可媲美日本朝廷向奈良東大寺盧舍那大佛獻納的正倉院寶物，從這兩者所藏的至寶來看，可分別了解唐代後期、前期的美術工藝水準之精妙，光就此點來看，實是彌足珍貴。法門寺與正倉院聚集寶物的主要條件，皆在於出自俗權對佛教的篤信、虔敬。這些文物得以歷經千餘年傳存至今，關鍵因素還是在於保存地點是佛教信仰地區，如此方能超越廢佛和王朝更迭，不斷為屢次重建、保存而費心思量。

根據前述的《真身誌文》碑所載，運送舍利的隊伍自法門寺出發後，在抵達長安前的三百里路程中不分晝夜趕路。隊伍一逕東行，從長安城西北側的開遠門入京，以儀仗隊伍、官私樂隊做為先導，在西域色彩濃厚的街上蜿蜒而行，最後自皇城西側開敞的安福門入宮。據說懿宗等人在安福門上眺見舍利入城，便拾階而下來到門前頂禮。這種盛大儀式不僅限於懿宗在位時期而已，相信必然大規模舉行多次。如此不分朝野、舉國狂熱的現象，終於在憲宗（八〇五—二〇在位）在位時期、亦即第五次重啟地宮之際，爆發一樁著名事件，就是素以耿介詩人著稱的韓愈（七六八—八二四），因批判崇拜「夷狄」佛骨導致觸怒龍顏，最後面臨貶謫的命運。自西方運來的法門寺舍利，無論是憧憬西方的佛國形象，抑或中華域外的夷狄形象，皆同時背負這兩種形象。

據傳最初送迎和供養法門寺舍利的高宗，曾敕令建造「朕等身阿育王像」，並將此像安奉於舍利塔內。這尊與高宗等身大小的阿育王像，不單只是高宗將個人比擬為阿育王這個藉佛舍利的威德力量為世界帶來安寧、繁榮的理想聖王形象。誠如前節所述，光就南北朝以後的文獻和金石史料記載來看，阿育王像是指源自阿育王所造的釋迦像。換言之，與高宗等身的阿育王像，正結合了佛陀、印度轉輪聖王阿育王、唐高宗三重形象。

實際上，此例顯現出中國佛教美術的特質透過世俗權力，不斷擺盪於中華形象與印度形象之間。無論是與唐高宗等身大的阿育王像中具備的印度聖王形象，或是運送舍利、僅穿一條短裙的崑崙人形象，皆是完全在中土幻想出來的印度形象，同時也是象徵佛國意涵的記號形象。究竟該從對佛教故地懷有憧憬的角度，還是從審視化外之地的中華意識角度來看，見解仍莫衷一是。然而，更應該留意的，是在中國佛教信仰孕生的美術領域中，依舊存在著中華世界尚處於邊陲地帶的矛盾心理，時而濃、時而淡的縈繞不去。

專欄五

中國佛教協會（The Buddhist Association of China）

張文良（中國人民大學佛教與宗教學理論研究所副教授）

所謂中國佛教協會，就是由中華人民共和國各民族的佛教徒所組成的聯合組織。協會在虛雲、圓瑛、趙樸初等佛教界知名人士的提議下，於西元一九五三年六月在北京創立，本部設於當地廣濟寺。全國佛教徒代表大會是協會最高權力機構，透過大會遴選協會理事與常務理事、副會長、會長等職。首屆會長由圓瑛法師擔任，現任會長是傳印法師，協會常設機構包括祕書長室、教務部、辦公室、國際部、綜合研究室、《法音》編輯部、中國佛教文化研究所、金陵刻經處（南京市）等。理事會（以及做為顧問機構的諮議委員會）的主要任務，則是在各省和自治區、直轄市佛教協會（分會）從事教務指導及監督。

中國佛教協會的成立旨趣如下：

（一）與政府合作實踐宗教信仰自由政策，依法維護佛教徒權益；（二）推廣佛教教義，發揚佛教優良傳統，鞏固佛教界本體建設，推展各種佛教事業；（三）促進全國各民族的佛教徒團結一致，參與社會主義物質文明與精神文明建設，呼籲為改革開放、經濟建設、祖國統一、世界和平做出貢獻。

中國佛教協會自西元一九五三年成立，至六六年發生「文化大革命」為止，在教務管理及人才培育、學術研究與國際佛教界交流等方面，皆發揮指導功能，留下卓越業績。此外亦刊行《現代佛學》會報、編輯《中國佛教》系列叢書出版。西元一九五六年，協會在北京法源寺創立中國佛學院，至六六年為止優秀畢業生輩出，為培育中國佛教人才貢獻良多，更透過參與國際會議或互訪等活動，與斯里蘭卡、緬甸、泰國、日本等國的佛教界積極交流，向世界傳揚中國佛教的重要性。

然而在「文化大革命」時期，中國佛教協會亦難逃政治風暴的摧殘，蒙受極大迫害。十年之間，許多寺院慘遭破壞，被充當其他機構利用，僧侶被迫還俗，趙樸初等協會負責人下放農村，被迫從事勞改。在此情況下，導致協會自創始以來積極推廣的活動及各種事業完全停頓。

協會自西元一九七九年之後逐漸恢復活動，一年後，以召開第四屆全國代表會議為分水嶺，在首任會長趙樸初的強力指導下，終於步上軌道。曾遭破壞的各地寺院在修復後對外開放，成為信徒的活動場所。其中，北京雍和宮、法源寺、上海玉佛寺、龍華寺、江蘇省蘇州靈岩寺、南京棲霞寺、浙江省杭州靈隱寺和天台國清寺、廣東省南華寺、福建省鼓山湧泉寺、蘇州西園寺、寒山寺、揚州大明寺、西安慈恩寺、開封大相國寺、洛陽白馬寺等，共計一百四十七座寺院，經政府指定為重點寺院，成為名副其實的中國佛教重鎮。其他如深圳市弘法寺、海南省南山寺等寺剎於近年創立，且逐漸發展為新信仰中心。

至於人才培育方面，除了重興中國佛學院，亦設立靈岩山分院和棲霞山分院，並在上海、福建、四川、甘肅、西藏地區創設佛學院，這些機構多數成為培育佛學研究者和寺院管理人士的基地。佛教文化事業方面，金陵刻經處為信徒刊印經典，中國佛教圖書文物館從事佛教文物發掘、拓本、整理、研究等項目。在佛教研究領域設立中國佛教文化研究所，匯集學者從事佛教研究，發行《法音》、《佛教文化》、《佛學研究》等雜誌。

中國佛教協會推行的國際交流活動日益發達，尤其在與日本佛教界交流上獲得豐碩成果。西元一九八五年，在趙樸初與京都市的佛教大學前校長水谷幸正共同提議下，於北京召開「中日佛教學術交流會議」。此後每兩年在中、日兩國召開一次會議，西元二〇〇八年在中國江蘇省召開第十二屆會議。趙樸初曾於西元一九九三年提出構想，盼能建立中、日、韓三國佛教友好交流的「黃金紐帶」關係，並基於此構想，於西元一九九五年在北京召開第一屆「中國韓國日本佛教友好交流會議」，此後每年輪流在三國舉行會議，對促進彼此佛教交流極有助益。

中國佛教協會做為中國大陸佛教發展的門戶，在與香港、臺灣佛教界交流方面發揮重大功能。尤其在香港建立天壇大佛、在港、臺供養佛牙舍利等方面，協會積極提供協助，貢獻良多。

文獻介紹

趙樸初，〈中國佛教的過去和現在〉（《法音》一九八七年第四號）。

趙樸初，〈中國佛教協會四十年〉（《趙樸初文集》下，一二三三－一二四〇頁）。

釋聖輝，〈中國佛教協會五十年〉（《法音》二〇〇三年第十號，十六－二十七頁）。

第六章

中國佛教現狀

陳繼東
青山學院大學教授

第一節　清朝佛教遺產

一、皇朝更迭造成的變化與重生

中國佛教研究的泰斗鎌田茂雄曾對日、中、韓的現今佛教發展提出假說，指出日本佛教保留了濃厚唐代遺風，韓國佛教可不時從中發現宋代影痕，中國佛教則近乎完全秉承明、清佛教傳統。從中國佛教史來看，確實每當皇朝更迭之際，佛教便產生鉅變，尤其清朝時期轉變成型，形成近現代中國佛教的根柢。誠然中國佛教自近代以後，受時局板蕩所影響，必須應付諸多變化，迫於面臨改變，方得以傳存至今。中國佛教在今日堪稱是背負了清朝佛教遺產，經徹底清整後力圖重生的一段歷史。

二、清末日僧所見的中國佛教

所謂的清朝佛教，是指西元一六四四至一九一一年，統治中國最後一個皇朝滿清時期發展的佛教。清朝有三大特徵，亦即滿人統治、重視儒家、崇奉西藏佛教，對固有傳統佛教則多採政策設限，故對當時傳統佛教造成嚴重影響，導致被迫面臨轉變的命運。

當時佛教界的變化，可從以下小插曲略知端倪。西元一八七三年，日僧小栗栖香頂（一八三一－一九〇五）入華，約留居北京寺院一年。小栗栖香頂出自真宗東本願寺派（今真宗大谷派），曾向中國僧侶提出二十三問，欲知中國禪林的發展型態。這二十三問內容經具體分析後可歸納為四類：1.寺院日課的日常儀規；2.施主葬祭；3.僧職制度；4.佛僧與皇朝的關係。從這些問題可窺知中國寺院的日常活動、組織型態、教學水準、經濟基盤及社會地位。小栗栖香頂同樣依據二十三問加以答覆，記下日本寺院在明治初期的發展型態，主要是以日本寺院的具體經營為基礎，藉此推估中國寺院型態，在對照兩方差異後掌握中國佛教界發展現狀。比較及檢討這二十三問後，發現兩國佛教型態堪稱毫無完全一致之處。當時日本（尤其是真宗）與中國佛教存有超乎想像的懸殊差異。這種結果應該令中國僧人本然（生卒年未詳）、小栗栖香頂頗感訝異。在此舉出雙方的基本差異。

第一，採用不同經典。在日本寺院，日課採用的讀經是《法華經》、《般若心經》、《阿彌陀經》等，中國寺院則是早晚讀誦《禪門日誦》。日本寺院盛行講經，中國寺院則雖屬教門寺院，亦不講經。

第二，佛教徒的喪儀形式有別。日本寺院在檀家（施主）臨終之際赴其家或在寺內誦經，中國則是僧侶必前往檀家誦經。誦經內容也不盡相同，日本僧侶念誦《心經》和《阿彌陀經》，中國僧侶則念誦《金剛般若經》、《心經》、《法華經》，喪儀皆以施行懺法為主。日本寺院是亡者經三日後入土為安，中國北京寺院則是亡者入殮後暫置於寺院。

第三，出家程序各異。日本寺院規制嚴格，規定程序為七歲入寺，習讀佛典，兼習儒學，年至十五歲，需經審核其修學資格，此後呈報教部省，如此方准出家。在中國，則不問老幼皆可隨意出家。

第四，僧侶與國家關係不同。每年日本迎新春之時，由階位最高的僧官入京晉見天皇，中階僧官訪晤政府要官，中國僧侶則是自雍正時期以後，完全不准入朝。日本僧侶自古在天皇疾恙或水旱災害、疫疾發生之際舉行禳災儀式，近年予以廢除。原本在天皇薨逝時舉行的佛教喪儀，此時改為神道葬（神葬祭），如此轉變令小栗栖香頂悲歎不已。中國皇帝駕崩之際，漢僧和喇嘛偕同誦經，遇乾旱天災則請僧祈雨，道士祈雪。

從這些基本差異為開端，此外還包括兩國鑽研佛典的情況、教團制度型態、佛教與民眾或國家之間關係等，皆在資料中有具體述明。

在此其中可發現，許多差異是唯有清代才出現的轉變。例如出家制度改革方面，原本為出家舉行的試經（考試）制度在清初即遭廢除。此外，暗記持誦長達千年以上的漢譯咒文，在清代亦遭廢除，另行依據西藏佛教經文重新音譯。連寺院日課亦求統一化，出現新課誦本《禪門日誦》。

歷來研究趨勢著重於清代沿襲明代佛教制度，例如塚本善隆探論滿清皇朝的佛教政策時曾指出：「亡明的清朝由滿族構成，卻繼承並鞏固明代儒家國家體制，佛教政策同樣承襲前朝」、「清初的僧道官制是延用明朝洪武年間制定的準則」（塚本善隆《中國近世佛教史の諸問題》，大東出版社，一九五七年，二二七、二三二頁）。的確，清朝尊儒家為聖學，對佛教採威壓利誘的雙重手段，設置僧道官制統管佛教，如此皆沿襲明代政策。縱觀整個清代，可發現舊制度轉變甚鉅，呈現當朝獨一無二的特徵。

三、清朝佛教的變革

所謂清朝佛教絕非沉滯不變，反而在滿清皇朝征服中國及統治下，受到北方民族文化和宗教影響，逐步浮顯各種變化。尤其西藏佛教在清代得以維持優勢地位，這究竟對固有傳統佛教造成何種影響，至今相關研究仍極為稀少。以下列舉三項實例，分別是廢除試經制、廢除漢譯咒文、出現統一課誦本《禪門日誦》來介紹清朝佛教變遷。

（一）廢除試經制

所謂的試經制，是指欲成為正式出家僧尼者必經的國家應試制度。具體而言，就是一種公認甄試制度，舉行讀經及解經能力測試，將稱為「度牒」的官方文書授予合格者，如此方正式出家。據說此制度始於唐代，一直沿用至明代，不僅成為佛教在漢地發展的重要特色之一，亦是不斷孕育中國佛教人才的系統。然而，清世祖於順治二年（一六四五）定都北京後，卻立即下詔廢除試經制。乾隆三十九年（一七七四），原本由國家授予出家僧尼的身分證明書度牒亦遭廢除。這兩項政策徹底改變昔日的出家制度，不僅意味著固有傳統佛教為國家所疏離，亦失去造就佛教人才的制度保證。換言之，從此不問通解經典與否，人人不分背景皆可隨意出家，如此一來，恐招致佛教界的知識結構瓦解，這項政策就此沿用至清朝覆滅為止。清末之際，佛教界面臨了近代社會轉變期，在動盪時代中迫切尋求生機，對政策合理與否開始存疑，發現清初廢除試經制正是造成清末佛教界陷入衰落淵底的原因，故而提出省思。

上述問題在清末民初完成的《清朝續文獻通考》中已有指證，若先從明朝制度檢視，首先可發現一般給牒的舉試是從經、律、論三藏中出題，對錄取者給牒，未錄取者不准得度，眾多僧侶故能通曉佛典。清初廢除僧侶入試（試經制）後，據說精研三藏的僧伽寥然可數。必須關注的是《清朝續文獻通考》指出，明代以來實施的「試經制」因廢於順治二年，成為導致學僧減少的關鍵課題。

清末著名居士楊文會（一八三七—一九一一）矢志重興佛法教育，創立佛教學校，培育兼具經書義理和近代知識的人才。楊文會強烈批判清初廢除試經制的弊端，據其看法認為，廢止按例舉行的試經制，是導致至清末為止原本標榜「不立文字」的禪僧淪為「不識文字」的愚僧，以及佛教界步向衰廢的原因。民國初年積極推廣佛教的印光（一八六二—一九四〇），有「淨土第一尊宿」之稱，對楊文會的觀點亦表認同。印光批判清世祖（一六四四—六一在位）廢除試經，廣開出家之道，卻釀成佛法衰退之弊源。

廢除試經制的目的，既非依據佛教主張眾生平等（人人皆可出家）的論說原理，亦非謀求限制出家人數或鞏固國財以達經濟效益，而是滿清皇朝欲在初期統治天下的過程中，求取民心安定、恢復社會秩序，管理並護持佛、道教界所採取的措施。在此政策堅持下，招致佛教界知識結構解體，僧眾素質低落，無法孕生優秀領導人士。《佛祖統紀》曾述及試經度僧猶如漢家以科舉取士，最可尊尚。倘若廢止試經制，不啻等同廢止國家科舉制。至乾隆年間，度牒亦面臨廢除的命運。與僧團衰微的情況對照之下，居士佛教在清代卻達於鼎盛，理由之一也在於上述的制度問題。清末以來大興佛法教育的重要原因，正出於對這段歷史痛切反省。

（二）廢除漢譯咒文

清朝佛教與西藏佛教在關係上亦出現制度變革。乾隆三十八年（一七七三）頒布《四體合璧大藏全咒》，理由是基於過去的漢譯咒文「不符梵音」而被廢止，改由「正音」藏語為基準，將在中國持誦千年以上的漢譯真言「一字一句」悉皆改譯，新咒語在全國寺院流傳普及。如此一來，漢譯真言的威力首度面臨無力化，遭致全盤否定。讀誦真言咒原本是佛教體制內的宗教儀式，卻在國家干涉下重向制度化。這項龐大的國家事業，徹底改變漢字文化圈的佛教傳統。

《四體合璧大藏全咒》於乾隆三十二年（一七六七）開始翻刻，卻早在二十年前就已著手籌備，和碩莊親王允祿奉敕特別籌設經咒館，章嘉呼圖克圖負責纂修，首先編訂辭典《同文韻統》和《阿禮嘎禮》，根據音韻傳寫的規則，縝密校勘漢譯《大藏經》及藏譯大藏經《甘珠爾》的咒文，重新根據梵語原音譯出，校訂訛誤並統一用語。此書完編後刊印兩百部，在故宮萬善殿設研修講課，召集北京四十餘座寺內的幼僧前來受教。乾隆三十八年（一七七三）敕命廣布流通，與早先刊行的大藏經《龍藏》同樣頒布於全國各大寺院。《四體合璧大藏全咒》完編之際，高宗敕令的內文概略如下：

> 大藏經中咒語，乃諸佛祕密心印，非可以文義強求，是以概不翻譯。惟是咒中字樣，當時譯經者，僅依中華字母約略對音，與竺乾梵韻，不啻毫釐千里之謬。甚至同一漢字亦彼此參差，即如「納摩」本音，上為「諾牙切」，下為「模倭切」，而舊咒或作「曩謨」，或作「奈麻」，且借用「南無」者尤多，皆不能合於正；其他牽附乖離類此者，難以縷數。嘗命莊親王選擇通習梵音之人，將全藏諸咒詳加訂譯，就正

> 於章嘉國師。凡一句一字，悉以西番本音為準；參之蒙古字，以諧其聲；證之國書，以正其韻；兼用漢字，期各通曉。編為《四體合璧大藏全咒》，使唄唱流傳，脣齒喉舌之間無爽銖黍。而於咒語原文，一無增省，且按全藏諸經卷帙，編次字樣，並為標注，以備檢查。書既成，序而壽之，剞劂列為八函。茲裝潢蕆工，著交該處查明京城及直省寺院，向曾頒過藏經者各給發一部。俾緇流人眾，展卷研求，瞭然於印度正音本來如是，不致為五方聲韻所淆。庶大慈氏微妙真言，闡揚弗失，不可謂非震旦沙門之幸。若僧徒等因傳習已久，持誦難以遽調，憚於改易字音者，亦聽其便。將此傳令各僧眾等知之。

文中指出漢文缺失，強調編纂旨趣全以漢僧為重，尤其是敕文最後提及：「若僧徒等因傳習已久，持誦難以遽調，憚於改易字音者，亦聽其便」，此言透顯一種親切之感，原因在於漢地佛教人士反對突然採用新咒，對新譯咒文普及懷有抗拒之心。

這種抗拒，可從高宗新頒布的敕令略知梗概：

> 甲戌諭軍機大臣等敕保奏，（中略）即如喇嘛所念之經，傳自西竺，而內地僧人俱以漢音傳習，不無舛誤。朕節次將大藏咒，俱令照西番譯出。不過欲釐正譌舛，亦非

有意崇尚喇嘛，而廢絀僧人也。（《東華續錄》乾隆一百十，第十六—十七頁）

此敕令是為《四體合璧大藏全咒》編纂的正當性提出辯駁，也意味著以藏語為基礎的咒文窒礙難行。然而，終究無法盡廢新譯咒文，北方寺院反能廣為推行。究竟南方寺院的推廣成效如何已不得而知，但在南方普遍使用的課誦本《禪門日誦》中的咒文，仍遵循舊時漢譯。基於此，在考察南北佛教差異之際，更應考量這項特點。

（三）《禪門日誦》的形成與發展

清朝佛教發生變遷，不僅是由於國家權力介入，亦受到教團內部變化造成的影響。其中一項因素就是寺院日課漸趨統一，誠如「天下和尚一本經」般，《禪門日誦》成為寺院課誦本。自十八世紀起至現代中國發展的歷程中，以禪宗為首的各宗寺院皆廣泛使用《禪門日誦》。其編者和真正編成年代不明，只知現存最早的讀本是刊行於清雍正元年（一七二三），內容是以「朝時課誦」和「暮時課誦」為主，以經、贊、咒文等多種形式構成。

現存《禪門日誦》有十種版本，刊行年代及地點、內容皆顯著不同，顯示流傳過程中必須因應需求不斷變革。有關這段變革軌跡，今後應加以整理及闡明。

過去研究往往輕易將《禪門日誦》視為單純的科儀用書，其實不僅是寺院常規，更是掌握清代佛教界總教義的最基本書之一。關於此點，姑蘇的沙門明誠（生卒年未詳）在《日課便蒙略解》序文（撰於道光七年，一八二七年）中有明確提示：「吾教早晚課誦，豈止為童蒙初習而設？又豈止為應酬常住規矩而設？實乃吾輩成佛道之通法也」，這是從教理上強調《禪門日誦》的重要性。換言之，明誠指出《禪門日誦》不僅是佛教教理及實踐入門書，亦非僅是提供如何熟稔佛寺生活規制，而是為了皈依佛門者欲成就佛道所提供的共同教理及方法。如此顯示了《禪門日誦》不單是考察中國佛教禮儀方法的重要文獻，若欲了解中國佛教界至清末對佛教的綜合理解和知識背景，此書更是不容輕忽之著作。

除此之外，尚有《禪門佛事》一書傳存於世，若與現存《禪門日誦》諸版本對照，兩書就內容上來看應屬同源。《禪門佛事全部》刊行於道光二年（一八二二），可做為與《禪門日誦》比較或對照如何編成、流傳的新素材。

值得注目的，是現存十種《禪門日誦》版本皆在南方刊行，根據筆者調查，以最早在西元一七二三年刊行的廣州海幢寺本為始，尚有福州湧泉寺本、浙江天童寺本和杭州瑪瑙寺本、常州天寧寺本和南京金陵刻經處本、武昌正覺寺本、安徽九華山祇園寺本等，皆在南方寺院或經坊刊印，無一例外。對照之下，《禪門佛事》的現存四種版本皆刊印於北京，內容全取自《禪門日誦》，增刪程度卻不如後者，這點亦是在思考中國佛教南、北差異之際不可忽視的課題。

第二節　復興近代中國佛教

一、楊文會傳法活動顯示居士佛教的盛行

本章開頭介紹過日僧小栗栖香頂，據其觀察，顯然可發現清末寺院佛教已呈疲弱之勢。在此情況下，確實出現救亡圖存之舉，這股勢力就是由稱為「居士佛教」的在家修行者所組成，其中又以楊文會（一八三七－一九一一）最具代表。楊文會在南京創設「金陵刻經處」，廣為刊印流通佛典，自西元一八七八年起六年之間，因擔任外交官而出使歐洲，在此期間洞察世界局勢，並在倫敦結識日本近代著名的佛教學者南條文雄（一八四九－一九二七），返國後在南條協助下，從日本傳回多部漢地已佚的佛典，陸續出版之後，促使中國佛教研究從此復甦發展。

西元一八九三年，楊文會在上海結識了為印度佛教振興而奔走的達摩波羅（一八六四－一九三三），兩人對在全球弘揚佛教的志向所見一同。楊文會遂於六年後，參考日本佛法教育推廣經驗創立佛教學校，培育具近代思想的人才進入佛教界。後又與在中國傳教的英國傳教士李提摩太（Timothy Richard）共同英譯《大乘起信論》，著手準備向西方國

家布教。楊文會與當時在中國傳法的日本真宗關係密切，卻在西元一八九九年之際，因思想對立與小栗栖香頂發生論爭，進而批判真宗教義。楊文會與清末改革家和革命人士往來甚密，他們認為佛教是改革中國社會的思想機制。另一方面，楊文會與知名近代思想家譚嗣同（一八六五—九八）、章太炎（炳麟，一八六八—一九三六）等亦有交流，給予深遠影響。在這些豐富多元的活動中，楊文會對中國佛教應有型態逐步深思考量，其中一項重要成果，就是建構以復古與統合為目標的「馬鳴宗」。

二、馬鳴宗的成立與背景

西元一九〇四年之際，楊文會在致友信函中透露創立馬鳴宗的構想，就是以《大乘起信論》為根本，依據《大宗地玄文本論》（以下略稱《玄論》）的「金剛五位」判教，目的在於以新教判總括釋尊教法，開闢匡正過失、偏見之要道。據傳《大乘起信論》與《玄論》皆是出自馬鳴（一—二世紀）所撰，楊文會根據這兩部經論推立教判理論，是史上絕無僅有的嶄新思想。

眾所周知，《大乘起信論》對中國佛教史影響甚鉅，清末楊文會以此為依據試圖創立馬鳴宗，可說重新提示《起信論》的重要性。另一方面，中國自古幾乎未曾註疏或探討《玄論》，楊卻以《玄論》為基礎教判，亦是獨具創見之處。不難想像，楊文會的思想特徵與當時中國佛教存在的問題有關。中國佛教思想史上，許多組織體系是基於特定的教判理論來檢證印度佛教的多元性。入清後，卻因清代前期教理嚴重衰微，高僧稀減，佛教與思想界幾乎斷絕淵源。甚至到清末，佛教內部在遭受喪失國家保護等外在因素打擊下，混亂對立逐增，陷入與固有思想傳統極為疏離的狀態，重整佛教界及確立新佛教的應有型態，成為當時最大課題，亦構成其確立思想史的背景。楊文會嚴辭批判彼時佛教人士無學無能，將儒、道二家納入視野，欲從思想體系來理解或能成為眾人心靈寄託的佛教思惟。

所謂清末這段時期，就是中國傳統社會處於末代皇朝的終期，亦是轉型為近代社會的過渡期。中國佛教處於夾縫間，不僅維持千年以上傳統，同樣必須順應時勢求變革。對楊文會而言，創立金陵刻經處傳印佛典、恢復世人佛教信仰，不啻是因應時代課題的最初步，並進而精研佛典、倡導佛學教育、設立研究會，從各方面嘗試振興佛教、構築綜合思想體系。楊文會將這段摸索及努力過程，宣稱是對釋迦的「復古」。所謂復古，即指回歸本師釋尊的遺教。釋尊遺教為「禪門掃除文字，單提『念佛的是誰』一句話頭，以成為佛作祖之基」（〈佛學研究會小引〉《等不等觀雜錄》卷一），並非標榜「不立文字」的禪佛教。釋迦的真實教理亦即所謂的「頓漸、權實、偏圓、顯密等種種法門」，必須應諸機根，歸導信解行證，強調淨土實踐之重要。所謂復古，並非單純回歸釋迦宣說的經典，而是整合過去發展諸法門，避免強調各教說的歧見或各宗優勢，而是意指佛說一味法的調和、融合思想，這正是楊文會倡導「馬鳴宗」的基本性格。

三、楊文會的教判思想

以楊文會的立場來看，《大乘起信論》是佛教入門論典，亦是融貫宗（禪）、教，通達諸經的佛教基本論述。其思想核心為「一心二門」，總攝大乘佛教，與教、律、禪、淨諸宗相通。總而言之，楊文會強調《大乘起信論》的融通性，嘗試依據其論融合中國各宗派，為此撰寫《大宗地玄文本論略註》，以《大乘起信論》的「一心二門」理論為基礎提出具體的教判思想。

《玄論》始見於《高麗大藏經》，主題在於探討菩薩修行次第具有五十一相位。今日雖探討《玄論》與《大乘起信論》、《釋摩訶衍論》具有密切關聯，另一方面，卻有主張認為《玄論》是假託唐代馬鳴造、真諦譯的偽作。然而，楊文會對《玄論》作者卻絲毫不存疑惑，認定《玄論》、《大乘起信論》、《釋摩訶衍論》皆出自於馬鳴菩薩和龍樹菩薩親撰。

楊文會針對《玄論》的教判定位提出觀點，可歸納為以下三項：1.此論以金剛五位總括一切佛說，此乃佛法「宗本」，亦是總綱；2.此論應諸機根；3.此論示說信心位成佛，故為「圓中之圓，頓中之頓」。

《玄論》第三分的「一種金剛道路大抉擇分」，主張契入佛教真理的金剛道路有五位，各道路必有五十一位。所謂「金剛五位」就是1.無超次第漸轉位；2.無餘究竟總持位；3.周遍圓滿廣大位；4.一切諸法俱非位；5.一切諸法俱是位。所謂五十一位，是指十種愛樂心、十種識知心、十種修道心、十種不退心、十種真金剛心，以及大極自然陀羅尼地。其中，從愛樂心至不退心的四十心位稱為「虛假光明分」，楊文會將這些心位設定為契入信、住、行、向這十地之前的菩薩修行次第、將真金剛心的十種心位設定為十地，最終的大極自然陀羅尼地則設定為究極佛果。

《玄論》說明一信心中具一切位，一信心位中具餘五十心，大極地位亦具足餘五十心。

楊文會對此說法有以下詮釋，首先所謂的「一種金剛道路」，是指一乘究竟的堅固無礙之道，其中所含的「金剛五位」如下：

1. 無超次第漸轉位……經三阿僧祇劫次第漸進的法門
2. 無餘究竟總持位……一念頓悟法門
3. 周遍圓滿廣大位……一切圓融、無盡圓滿法門
4. 一切諸法俱非位……一切皆空法門

5.一切諸法俱是位……一切皆真法門

楊文會進而論述1.與2.是「生滅門」，2.與4.是「真如門」，3.是真如、生滅二門的融合概念。

換言之，楊文會顯然以五位來掌握《玄論》內容，欲將五位教法徹底對應《大乘起信論》的「一心二門」論。如此說來，楊文會是將《玄論》的整體思想強行套用於《大乘起信論》來作解讀。

楊文會並將經典和宗派歸納整理，分歸於「金剛五位」之中：

1.無超次第漸轉位……除了《華嚴經》、《梵網經》、《大乘起信論》之外，說明累劫修行、圓證各位的一切經論皆歸於此法門。

2.無餘究竟總持位……歸於此位的經典是《楞嚴經》，宗派是禪宗、密宗。此位機根各異，或有從信位入頓證得圓滿菩提而入佛果，或有從大極地直入佛果。從大極地直入佛果者即是禪宗。主張凡聖不二、即身成佛的密宗亦歸於此法門。

3.周遍圓滿廣大位……歸入經典為《華嚴經》，宗派是華嚴宗。此位是一念同時具足五十一位，這五十一位又各自圓滿五十一位的重重無盡法門。

4.一切諸法俱非位……歸入經典是《般若經》，宗派為禪宗。此位是般若波羅蜜如同大火燒盡一切差別對立。菩薩行此智慧之時證得空如來藏，出離四句（根據有、無、非有非無、亦有亦無的四種思惟方式所形成的差別）百非（否定有、無等一切概念）。

5.一切諸法俱是位……歸入宗派為天台宗，此位依不空如來藏，一切存在唯金剛身（法身）示現而已。

此教判是以佛教全體為對象，以大乘佛教為中心，其中可發現一種趨勢，就是重視在中國成立的宗派更甚於經論。此外，不將「金剛五位」視為有高低次序的修行階位，而是強調各別平等的證悟之道。因此強調了分別歸屬於金剛五位的諸經各宗並無高低、優劣之別，而是象徵根本一致的佛說。這正是承襲了唐代以來教判論主張「佛說一味法」的調和、融合流脈。

四、邁向宗派統合之道

楊文會關注於《大乘起信論》與《大宗地玄文本論》的融通性，強調大乘佛教各派的根本宗旨一致。如此立場與當時中國的佛教型態不無關係，這是基於清末出現宗派對立，產生互斥傾向所致。楊文會對於禪宗的未識文字、不讀經論、不通義理等時弊尤為疾言痛批，強調統合宗、教之重要。

經典刊行方面，楊文會在南京創設金陵刻經處，致力於佛典刊行，特別受到日本佛教學者南條文雄等人協助，從日本傳回中國北魏、隋唐以來散佚的數百種典籍。楊文會從中擷選各派的重要著述刊行，其中包括吉藏、窺基、法藏、曇鸞、善導等人的撰著，寄望各宗典籍研究發展。如此一來，不難推知楊文會除了肯定諸宗派的思想價值，更嘗試提高對統合諸宗派的理論層面要求。

「馬鳴宗」的創立晚於楊文會與日本真宗（大谷派）僧侶論爭之後，是針對論爭時的問題提出統合性答辯。中國佛教思想史上首度提倡的「馬鳴宗」，不僅是總括傳統佛教，亦成為中國佛教從疲弊邁向重生之道的處方箋。

繼楊文會之後，中國佛教界指導者分別是由太虛和歐陽漸擔任，兩人皆是楊文會門生，堪稱是將其師理念更為徹底履行的人物。太虛在教判論中汲取哲學和科學、宗教等概念，與佛教諸要素相融合，試圖建構更具綜合性的體系。歐陽漸則將據傳為馬鳴造的《大乘起信論》等經論視為偽書，近乎全盤否定宋代以後受《起信論》影響的佛教思想，但求回歸以唯識理論為基軸的印度佛教，諸如此類的行動更加貫徹了復古志向。

第三節　未完成的佛教改革

一、社會近代化與排佛

中國佛教復興運動始於二十世紀初期，但絕非一條坦順之道，在家居士和革命家振興佛教、善用佛教資源之際，滿清政府卻不斷以政策進行迫害。西元一八九八年，清廷為推動近代教育，提案沒收佛寺用地，改作教育及社會福利設施之用。這項稱為「廟產興學」的政策，從西元一九〇四年起在全國大規模實施，招致大量佛像被破壞，寺院改為教育校舍之用，部分僧尼被迫還俗。許多僧侶為避受打擊，紛紛皈依當時在中國傳法的日本佛教勢力，甚至衍生為外交問題。

中國佛教界面臨四分五裂之下，為求救亡圖存，開始出現促進團結行動，組織各種團體，最後迫使清廷停止迫害政策。佛教界本身亦採自保之策，開放部分寺院做為學校和醫院用地，主動推行教育福利活動。民國成立以後，排斥迷信宗教運動愈演愈烈，政府為求解決公家機關設置地點，以及國民教育資金匱乏等問題，佛寺再度成為鎖定目標。佛教界為了確保生存之地，開始籌建各種近代化組織，卻因內部糾紛與外在環境驟變等影響，組織難以久續，佛教界分裂的困局與清末同樣絲毫未變。

二、太虛的佛教革命

在此情況下，佛教界出現一位重要人物太虛（一八九〇—一九四七），浙江人氏，西元一九〇四年（十四歲）出家，依止於中國佛教界的改革先驅者敬安（別號八指頭陀，一八五一—一九一二），在天童寺受具足戒，由其師取字為太虛。當時滿清政府正積極推動「廟產興學」，敬安為化解危機而挺身而出，太虛在旁盡心輔助。太虛曾在楊文會創立的新式佛學校「祇洹精舍」修學，此後該校因經費不足廢輟，太虛只修習半年，所獲教育和思想卻深遠影響日後在佛法教育改革上的思想及行動。此外，太虛與投身革命行列、立志推翻清朝的「革命僧」栖雲、宗仰等人有所交流，亦嗜讀章炳麟的佛教理論、孫文的三民主義，以及社會主義、無政府主義的相關思想著述，就此奠定了改革佛教組織及參與佛教社會事業的志向。

太虛像（法鼓文化資料照片）

不久，太虛為改革當時佛教時弊，便以佛教真理為依據，開始從頹勢中摸索佛教應如何適應國家社會的復興之道。其想法強烈受到清末的改革思想及社會主義、三民主義等影響。民國初年，太虛在南京組成佛教協進會，演說中提倡佛教主張的「三大革命」，亦即教理革命、教產革命、教制革命，主張佛教應更注重現世人生問題，而非一味拘泥於死後問題。統治者曾利用佛教的神鬼迷信、吉凶禍福來推行愚民政策，今後佛教必須成為研究宇宙人生真諦、指導世人進步的指標。換言之，教理革命的主張是指佛教教義不應沿襲舊時型態，而是隨順時勢，求新求變。教制革命牽涉到佛教制度和組織，必須擺脫封建家長制。教產革命則是主張寺產是佛教界全體的公有資產，應破除師弟相承、派閥侵占造成寺產私有化的弊習，並能供養老僧、成立培育佛教青年菁英的學校。

太虛將這些革命志業逐步落實，西元一九一六年撰寫《整理僧伽制度論》，不斷從基礎修正昔日出家制和寺院應有型態的改革案。四年後，太虛主宰的雜誌《海潮音》創刊號連載《整理僧伽制度論》，掀起了撼動中國佛教界的風波。簡要而言，太虛提出的主張是提昇出家人學識、促進僧侶增進勞動、實踐寺院經濟自給自足、停辦商業性追善法會、廣泛從事社會奉獻和推動教育。

海潮音
覺社編發之月刊
黎元洪題

《海潮音》創刊號書影（法鼓文化資料照片）

這項改革案中，最值得矚目的是主張將中國佛教歸為八宗，促進宗派意識明確化、潛心深研各宗教義，設置全國性的佛教機構做為整合佛教界的指導部門。八宗的各宗名則更新如下：華嚴宗為「清涼宗」、法華宗為「天台宗」、淨土宗為「廬山宗」、律宗為「南山宗」、三論宗為「嘉祥宗」、法相宗為「慈恩宗」、禪宗為「少室宗」、密宗為「開元宗」，皆依各宗的相關宗山或寺名、年號重新另取。太虛認為八宗皆是優秀法門，各宗並無高下優劣之別，是殊勝極致的教門。

與日本宗派佛教相較之下，太虛倡導的特徵是八宗並非各自獨立或具排他性，而是形同佛教內部的專業分工化，不僅專門學習和實踐某一宗派教義或歷史、科儀，亦向其他宗派學習，避免成為單純的宗派佛教，而是融合統一的佛教界。如此才可寄望將過去淪為有名無實的宗、教、律、淨、密，以專業方式踐修履行。太虛所懷的目標，正是重振昔日中國佛教史上的興盛宗派，以及克服單一宗派佛教，團結整個佛教界，建構成為統合組織。

太虛進而配合中國行政區，劃分為縣、道、省、國四個教區，在各縣設置「行教院」指導戒律儀禮，設置「法苑」專門處理追善法會，又設「蓮社」提供所有信徒念佛三昧的場地，設四座「宣教院」做為化育民眾之用，亦設置比丘尼寺院。各道在都市郊外設置八宗的寺院和醫院、幼兒院。各省設置「持教院」，重點在於「行政院」與「宣教院」的規律指導及弘法活動，並設立收容年滿七歲以上孩童的孤兒院。最後，在首都創設管理全國佛教界的最高機構「佛法僧園」。其他尚有開設佛教銀行、管理寺院財政，為了防止僧侶或寺內侵吞私產，對各事業提供公平民主的財政體制。此外，亦詳定各種事項及規制。不可否認的，此項改革案是參照日本佛教宗派體制與本山末寺組織，甚至包括基督教會組織的模式。

太虛對中國佛教進行大規模改革，無疑包含許多理想主義，卻完全對應中國佛教的現狀問題。這項改革案不僅透過整頓僧伽制度來改革僧侶編制，同時亦組織「佛教正信會」指導在家信眾，促進實踐以佛教為基本的倫理和政經社會。對太虛而言，當務之急就是如何嚴導僧團生活、順應時代變遷、藉由轉型為合理化的現代組織，建立可實踐真佛教的教團。這種烏托邦式的理想決定了太虛的終生目標，成為此後改革中國佛教界的原動力。

中國佛教界對太虛提出的改革，絕非抱持樂見其成的心態。對保守勢力而言，太虛無非是傳統佛教破壞者，故以「護持傳統」之名竭力阻撓改革。太虛集結改革勢力，組成各種全國性佛教組織，創設多所佛教學校培育具有改革能力的儲備人才，刊行大量出版品訴求「新佛教」理念。太虛為求改革，終其一生背負著與保守勢力相搏的命運，最終還是宣告失敗。然而，此後卻陸續出現年輕的佛教界人士贊同其理念，繼續摸索落實理想的方法。如今臺灣佛教四大教團，亦即星雲法師的「佛光山」、聖嚴法師的「法鼓山」、證嚴法師的「慈濟功德會」、惟覺法師的「中台禪寺」，正是具體實踐太虛推行的僧伽制度改革案。

三、邁向世界佛教的構想

實際上，太虛的夢想不僅限於中國，自西元一九二〇年代開始思索如何推展佛教全球化。太虛認為中國佛教必須兼具近代化和世界化，此主張源自於對近代物質文明和世界紛爭的反省。

根據太虛的見解，與其說將世間紛爭、衝突不絕歸咎於資本主義和帝國主義，倒不如說這些災難是與物質欲望有關，原因在於物質欲望成為近代科技、

臺灣法鼓山（法鼓文化資料照片）

消費傾向的後盾所致。佛教教示的無我、十善、開悟，才是消除近代物質主義毒害的解藥。這些主張成為推動中國佛教全球化的契機。西元一九二三年，太虛在中國成立「世界佛教聯合會」，翌年召開首屆會議，除了歐洲代表之外，尚有來自日本的知名佛教學者佐伯定胤、木村泰賢與會參加。以此聯合會做為基礎，兩年後，在日本實踐召開「東亞佛教大會」的目標。太虛在會上表明前述主張，繼而訪問歐洲，表達成立世界佛教組織「世界佛學院」的構想，在巴黎尋覓設置據點。當時正值中日戰爭期間，太虛向日本佛教徒發出呼籲，促請發起反戰運動，並接受中華民國政府邀請，遠赴東南亞訪問佛教國家，兼而聲援協助祖國。太虛主張應在斯里蘭卡建構世界佛教組織，批判西洋物質主義文化是引發當時世界大戰的原因，為此倡說解脫這些欲望的方法，就是在全球更積極弘揚佛教精神。太虛向斯里蘭卡的佛教學者馬拉拉賽克拉博士（G. P. Malalasekera，一八九九—一九七三）提出訴求，說明必須設立世界佛教組織，並獲得贊同。馬拉拉賽克拉博士於西元一九五〇年、亦即太虛示寂三年後履行約定，在可倫坡發起「世界佛教徒聯誼會」（World Fellowship of Buddhist）。

的確，若從擔任推行運動的人才與發展領域來看，太虛提倡的世界佛教運動，應是著重國內宣傳更甚於放眼世界。就某種意味來說，這堪稱是一種策略，目的在於讓陷入困局的國內佛教改革運動得以進展。佛教全球化是近代以來眾多中國佛教人士的共同目標，太虛正以實質行動體現，其所面臨的失敗，必然為後世留下難能可貴的遺產。

四、提倡「人生佛教」

除了組織制度改革，太虛亦推行將佛教落實於現實中的活動。西元一九二五年起，太虛推出「人生佛教」理念，終生貫徹此主張。這是太虛提倡另一項佛教改革的重大理念，亦是留給今日中國佛教的至要遺產。

「人生佛教」主張兩個重點，首先，是對過去佛教最注重祭祀亡魂鬼神提出批判。太虛宣揚應重視現實人生更甚於亡者、重視人間社會更甚於鬼神世界。他認為佛教本意在於解決生活問題，如此方能從中解決死亡問題。根據太虛觀點，舊時佛教注重弘法利生，卻更堅信死後必有輪迴、來世將由人入鬼道、或由鬼轉人道，就此專事經懺法會，最後淪為死者佛教，佛教變質為「鬼教」。如此現象導致現代社會批判佛教乃是非人生、非倫理，有鑑於此，太虛指出佛教必須改革成以人生為本的宗教。

其次，是將佛教教理分為大乘教法、三乘教法、五乘共法。其中，五乘共法是從人乘依次漸進為天乘、聲聞乘、緣覺乘、菩薩乘的進化論，將人生視為進化的基礎。根據太虛主張，昔日中國佛教過於偏重天乘及其他二乘（聲聞、緣覺），但求來世增福消厄及自我救贖，就此輕忽現實人生社會，蔑視佛教履行究竟真理的菩薩行實踐。其實佛教開示五乘中的人乘，就是指現實人生及社會是首要環節，且能涵攝整個五乘，更以人乘為根本開示五乘的共通教法。人乘的基本內容包括八正道、五戒、十善等，太虛稱之為五乘共法，指出最重視人生道德，修習五乘者皆應學習和實踐。佛教自新文化運動推行以來，在遭受批判為非人生、非倫理的聲浪高漲中，太虛駁斥這些輿論，認為這是起因於只知佛法有出世的三乘教法，不曾理解普遍大乘教法與五乘共法的意義，故有此類批判。太虛力倡佛法根本其實就是五乘共法，尤其在於闡明人生道德方面，換言之，就是教導眾人勤修善思善行適於人生社會的合理道德。

「人生佛教」不僅改善個人生活道德，並要求體現菩薩悲心，為人奉獻及謀求社會全體福祉。太虛將救度眾生的菩薩大悲心稱為「大愛」，能明察理解人苦，發大慈悲救濟心，不謀己利，純粹以利他為目的。這種「大愛」，亦是人生佛教不可欠缺的要素。人生佛教積極投入社會參與，絕非為求迎合世俗，其思考模式是出自於佛教真理、亦即宇宙浩瀚的生命本質、以生（人生）之實相為基礎。據太虛所述，此乃「契理契機」，意指以佛陀倡導的永恆真理為本，佛教應順應時勢所趨和眾人需求，以提供解惑之便。實踐此行，就意味著追求佛教的本體改革。

太虛雖非近代佛教界唯一知名人物，但其深具領導魅力，並能配合中國社會邁向近代化的發展步調，對今日依舊影響不斷，如此具有號召力的佛教人士應是無人能及。太虛的主張雖受國內局勢不穩所影響，尤其受到中日戰爭、國共內戰的波及受挫，但今日在臺灣、中國大陸仍以「人間佛教」的形式踏實履踐其理念。

第四節　面臨分歧的中國佛教現狀

一、共產黨政權下的統制與改造

西元一九四九年，中國共產黨內戰勝利後建立中華人民共和國，中華民國政權轉移臺灣，中國佛教就此分歧為二，各自發展歷史。

「新中國」成立不久，佛教便在馬克斯理論主張「宗教是人民鴉片」的基礎下接受革命改造。新制定的憲法明文規定尊重「信仰自由」，實際上卻破壞佛寺，沒收寺產。自西元一九五〇年六月起實施土地改革，對宗教造成莫大影響，導致佛寺、教會所有地、其他資產，甚至連寺院或教會本體皆遭沒收及非法侵占。遭沒收的寺院改為學校或產院、兵營、兵器庫等政府機構，各地寺院的普通僧尼則對高階僧侶進行階級鬥爭，有些禪師及和尚不堪受苦而輕生，僧尼本身亦被迫務農或做工，必須憑勞動自求活路，以致大批棄寺庵而去。中國人民政府自西元一九五一年起獎勵出家人還俗結婚，據說投入婚姻者甚多。在此情況下，有些寺院標榜自力更生，政府視其為模範寺院，認為此舉才符合唐代百丈懷海（七四九—八一四）提倡的「一日不作、一日不食」精神，當作新中國的革新佛教。

人民政府為修正這項偏激政策，西元一九五二年十一月在北京發起「中國佛教協會」組織，由包括西藏佛教在內的佛教各派共同組成，翌年六月正式成立。獲選為會長的圓瑛法師（一八七八—一九五三），是曾與太虛對立的保守派要員，因有疾在身，就任三個月後病逝，繼而由內蒙代表喜饒嘉措（shes rab rgya mtsho，一八八四—一九六八）續任會長。太虛寄望成立統一的中國佛教會，在基於上述型態列入政府管理後，不僅意味著團結佛教界，政府順利推展宗教政策，亦顯示在少數民族政策方面有推波助瀾之效。

中國佛教協會發行的會誌《現代佛學》在此時創刊，傳遞政府實施佛教政策、促進佛教改革，並與各國佛教組織結盟，目的之一則是為新中國促進外交。《現代佛學》負責人巨贊法師（一九〇八—八四）是當時最活躍的僧侶，曾受學於太虛，積極支持佛教近代化改革。巨贊認為成立新中國，堪稱是落實佛教改革的時機到來，故而提倡激進改革方案，諸如促進佛教徒從事生產活動、廢除寺院科儀、佛教學術化、破除迷信等。支持巨贊意見的人士中，即有日後擔任中國佛教協會會長的在家居士趙樸初（一九〇七—二〇〇〇）。然而，西元一九六六年發生「文化大革命」，包括佛教在內的一切宗教紛受迫害，所有僧侶被迫還俗，許多寺院再度遭受重創及侵占，中國佛教協會活動就此停頓。

西元一九七六年毛澤東去世，十年文化大革命終告結束，鄧小平在兩年後執政，中國面臨「改革開放」時代。宗教政策面臨修正，佛教古蹟和文物被列為國家文化遺產保護，亦被視為對國際關係、觀光事業發展有所助益的範疇，再度深受重視。許多僧侶回歸寺院，修復廟剎或重建組織、培育人才、設立慈善機構並推展活動、促進國際交流事業。西元一九八〇年，中國佛教協會在開放宗教宣言下重啟活動，在協會指導下推行沒收土地歸還運動、出版佛教經籍著作，在北京開設新中國佛學院之外，並在地方設立多所佛學院。中國佛教協會會長異例是由在家居士趙樸初出任，其與共產黨淵源深厚，在政治層面上可致力維護佛教。

二、現代佛教的復興實例——南普陀寺

近年，中國南方福建省廈門市的「南普陀寺」發展卓越，受到許多研究學者關注，被視為當今最富裕、活動最積極的代表寺院之一（足羽與智子，二〇〇〇；王達傳〔David. L. Wank〕，二〇〇〇），其復興過程，堪稱集聚了中國佛教發展三十載的歷程。

南普陀寺在二十世紀初受到廈門富裕階層護持，形成佛教改革與近代化運動的一大重鎮，陸續有兼具知名思想家、運動家身分的僧侶自全國各地集聚而來。西元一九二四年，南普陀寺改為公有寺「十方叢林」，不久寺內創設「閩南佛學院」，首任校長正是以推動佛教近代化而聞名的太虛。中日戰爭期間許多南普陀寺僧侶遷居東南亞，當地有大量來自福建的華僑居住。僧侶們在當地透過華僑社會和既有佛教寺院協商，積極創立新寺院，從

事弘法活動。中國政府進入改革開放期後，在東南亞培育的佛教組織網開始提供資金人才，成為迅速振興南普陀寺的一大推動力。有關於此，本節就以足羽與智子和王達傳的研究成果為主軸加以解說。

一九八〇年代以來，南普陀寺歷經振興四階段。其一是開放與修復寺院，交涉沒收土地歸還。其二是恢復僧尼教育。太虛創設的閩南佛學院再度復校，自行培育兼具教養及實踐力的僧尼，成績優異的畢業生，可成為學院教師或從事寺院經營組織等要務，或擔任重要中、小寺院住持，甚至派遣至海外寺院。其三是確保財源與管理營運。在依照政府提出「自力更生」的宗教政策下，必須自行籌措維持與經營、管理寺院和僧侶生活等必要經費，為此將素食食堂或照相館、商品店等企業設於寺內。尚有來自收售門票或教本的售款、香油錢及禮懺費用、直接供養住持等宗教活動的收入等，積極推展經濟活動。其四是整頓自行管理機構。例如南普陀寺是在寺內設置佛教協會，設有六大部門（維那、庫房、衣缽、法務、企業、教務），各部門負責僧人由方丈任命。

從各階段中顯示寺院復興的重要課題，可彙整為以下三項：1.經濟自立；2.培育人才；3.佛教組織重組及活絡化。尤其值得關注的是與第三項的佛教組織有關，就是在寺內設置信徒（居士）協會「居士林」。原因在於居士林不同於只能在寺內從事佛教活動的僧侶，可自由前往一般信徒家中訪問，或從事社會福利和信仰活動，顯得社會意義重大。南普陀寺於西元一九九六年設立「南普陀寺慈善基金會」，成為發展佛教社會事業的劃時代壯舉。

以上三項課題的推展過程絕非順遂，而是與國家與地方政府屢次發生衝突及不斷折衷、對決和妥協後的成果。國家（地方政府）對於寺院經濟自主，採取藉由擴大雇用、華僑資金流入，以期待及支持促進地區經濟活絡化，另一方面，卻嫌忌培植寺院完全獨立自主。換言之，政府意在與寺院利潤分配，故而採取強硬姿態，干預寺院人事任命。在培育佛教人才方面，國家（地方政府）認同寺院應具備自主管理能力、強化與國家交涉能力的教育不可或缺，在此同時，卻對佛教教義詮釋及推廣普及（思想和價值）抱持戒心，認為此將不利於共產黨意識型態宣傳。面對佛教組織重組及活絡化的情況，國家雖認同佛教在貧富差距擴大的經濟改革中，為協助弱勢者、維護並改善道德等方面貢獻良多，卻也過度疑懼佛教轉變為反體制勢力。中國佛教在此政治背景下，發展依舊制限重重。

三、加速經濟成長與寺院變異

中國在實施改革開放政策下經濟發展顯著，致使社會整體產生鉅變，其變化如此激烈，亦對佛教發展造成衝擊。國有工廠和農場陸續民營化後，昔日受國家保障的雇用及醫療、福利等優惠逐漸終止，邁向市場經濟的大轉變，自根柢撼動擁有十三億人口的中國。

眾人的精神狀態，從原本在社會主義計畫經濟時代中，即使貧困亦有國家承擔，相對較能平穩安居的生活情況，轉變為必須面臨追求富足欲望、生存方式抉擇、成敗兼同歷練、居民大規模遷移，甚至謀求參政及民主化等因素，導致人心惶然不安。這種狀態造成社會繁榮、富裕階級出現，卻加速貧富差距擴大。過去在社會主義體制下遭受迫害的集團活動，亦即所謂的私營企業或社會活動團體、宗教集團活動等逐漸浮上檯面。有些研究者甚至分析認為，這些現象意味著市民社會擺脫國家統治，迅速成長謀求自立。在這些社會結構變遷與民眾精神狀態變化中，可說中國佛教應隨順當今社會形式，因應民眾宗教需求，以求自行蛻變才是。

隨著市場經濟波動，佛教亦產生各種變異。擔任南普陀寺教務長的年輕輩僧侶濟群，是現任蘇州西園寺戒幢佛學研究所所長，亦是現今中國佛教界最為活躍的學僧，不僅勤修梵行，著作宏富，亦獲得諸多信眾支持。濟群曾受記者採訪，在中國佛教協會的會誌《法音》（二〇〇三年七月號）中對談「佛教在商業浪潮中的反思」，提出市場經濟對佛教造成的問題，並提供因應之策。

首先提到市場經濟破壞佛教寺院的靜謐，將專心修行的聖域改為觀光設施的問題。許多寺院為配合政府經濟發展政策，變相成為旅遊觀光景點，寺院生活條件獲得改善，卻失去純樸的修行風氣。換言之，隨著寺院日趨觀光化，僧侶漸投身於寺院商業活動，具體而言，例如發生「經懺活動盛行」、「設立服務行業」、「恢復求神問卜」等情形。所謂經懺，是指誦經懺法等儀式。懺法是指一切實施懺悔的方法，主要依據諸經典籍，舉行懺悔過失及罪行的儀式。昔日有天旱祈雨、消災除厄、治療病疫等為求現世利益而舉行的經懺，如今寺內積極舉行超薦供養祖先，成為中國寺院的重要收入來源，甚至出現專門從事經懺佛事的經懺僧或經懺道場。

這些活動根據儀式規模及日數決定時價，以致僧侶怠於寺內修行、鑽研經典等修業。設立服務行業方面，僧侶為配合經營餐廳或禮品店、旅館，被迫出面接應香客，無暇顧及修行。至於求神問卜方面，長久以來，中國寺院將看相算命視為迷信，禁止從事類似活動，如今將出家僧視為相士的現象卻廣為盛行。濟群指出這些與寺院經濟活絡化相關的各種活動，其實正損害寺院道場形象，甚至憂懼多數寺院憑靠經濟活動謀求經濟自主，反讓寺院對民眾的依賴關係愈形薄弱，逐漸喪失社會教化功能及精神層面的威信。

其次是寺院私有化問題。不同於日本式的各宗派由本山末寺管理，中國寺院是採取「十方叢林」與「子孫廟」制度。十方叢林是教團（僧團）公產，住持任期為三年或五年，無法形成私有化。子孫廟則是由住持及其弟子經營，寺院視同為私產。濟群認為子孫廟可獲得國家法律認同，卻嚴重違反戒律，基於僧團立場，絕不應認同其存在。

第三是寺院成為投資對象的問題。個人或企業眼見寺院經濟日益繁榮，便將之視為投資目標。如今中國出現一種現象，就是寺院逐漸脫離既有形象，從原本供養佛、法、僧，以及成為信徒依歸的宗教設施，漸而轉為蓄財工具。濟群為此提出警言，認為如此情況不僅褻瀆佛教神聖性，必然會引導佛教趨於衰亡。

最後，濟群呼籲已能經濟自主的寺院，應培育佛教人才，弘宣佛法，致力於推廣社會慈善事業，這些重要課題，將關乎中國佛教存續和未來發展。

四、社會主義國家與佛教的應有型態

對於上述佛寺的變遷或變象，中國佛教是根據「人間佛教」理論來作說明。中國佛教在西元一九七九年後推行的改革開放路線下，被迫做出思想建構，藉以說明佛教在中國社會傳延的正當性。換言之，就是政府要求佛教界順應社會主義的國家體制，提出可能統攝佛教全體的思想。趙樸初於翌年就任中國佛教協會會長之際，為此重新提出太虛主張的「人間佛教」與「人間淨土」。西元一九八三年，趙樸初發表的〈中國佛教協會三十年〉報告中，對於「人間佛教」有如下說明：

> 在當今的時代，中國佛教向何處去？什麼是需要我們發揚的中國佛教的優良傳統？這是我們要認真思考和正確解決的兩個重大問題。對於第一問題，我以為在我們信奉

的教義中應提倡人間佛教思想。它的基本內容包括五戒、十善、四攝、六度等自利利他的廣大行願。（中略）佛陀出生在人間，說法度生在人間，佛法是源出人間並要利益人間的。我們提倡人間佛教的思想，就要奉行五戒、十善以淨化自己，廣修四攝、六度以利益人群，就會自覺地以實現人間淨土為己任，為社會主義現代化建設這一莊嚴國土、利樂有情的崇高事業貢獻自己的光和熱。

文中對「人間佛教」的理解，正承自於太虛的主張。有關整合佛教界的問題，則彙整為三項傳統，亦即中國佛教具備農禪一致（農業與坐禪並重）、重視學術研究、重視國家友好交流。當時受到無神論教育批判佛教等宗教為迷信的風潮影響下，這些提議發揮重要功能，改變對佛教產生的偏見，敦促佛教形象一新，促進團結中國佛教各宗派，讓佛教應有形象與方向性更為明確，並成為指導中國佛教界的意識型態。

這項理論尚未構成一個完整體系，其中包含三個概念。第一是明確提倡菩薩行，藉此讓佛教與社會銜接；第二是明示佛教徒的修行基本內容；第三是表明佛教對社會懷有的抱負，亦即提出明確目標為「淨化世間，建設人間淨土」。這些概念表明了佛教對社會主義國家體制並非危害，反而可發揮重要功能。同時對於佛教各宗派，則提示「人間佛教」並非一種獨立佛教，而是超越各種利害關係，盡可能創造最大限度的共同利益。

五、佛教在現實人生中扮演的角色

近年在中國盛行探討「人間佛教」或「人生佛教」，多少是受臺灣興盛發展的「人間佛教」理論所影響。濟群雖是探討此議題的代表者，但相較於「人間佛教」，更傾向主張「人生佛教」。其理念認為「人生佛教」的主旨有別於以神為本的其他宗教，而是強調以人為本。佛陀既以人身修道成佛，又能超脫世間普濟眾生，畢竟還是重視人本立場。佛教提倡三世說之目的，是為能讓眾生獲得現世樂、來世樂、涅槃究極樂。現在是過去的終達點，亦是未來的出發點，原始佛教教理最重視如何改善生命當下。無論是日常生活或修行，皆以重視當前、把握現下為前提，此亦符合佛教因果原理。換言之，就是如是因受如是果。若欲冀求良好未來，就應認真經營現有人生歲月。

濟群的「人生佛教」包含三項主題，首先是提倡人生佛教目的在於解決現實人生的一切問題。其次是以樹立完美人格通達成佛之道。第三則是佛陀既修得完人證果，人生佛教即是涵括自人成佛的所有修行道程。至於如何區別人生佛教與傳統佛教，人生佛教針對中國佛教傳統發展中的弊害提出兩個立足點：為現實人生而存，以及透過更符合現代的形式詮釋教化方法及教義。

濟群進而指出今日中國對佛教產生的四種誤解：

1. 鬼神化的佛教：流行經懺佛事造成多數人懷有強烈誤解，認為佛教不啻是供奉鬼神（亡魂）的手段而已。這點顯然違背以人為本的佛教精神。

2. 來世化的佛教：推廣淨土思想招致許多信眾學佛欣求來世，誤以為終老後才修行佛道。

3. 哲學化的佛教：認為佛法唯有學識高深的僧侶才可鑽研，一般人終究望塵莫及。

4. 學術化的佛教：有些學者視佛學為專門領域，將佛教做為文化現象研究，導致研究與自我現實人生脫節，絲毫未曾考量以佛教教理為基礎安身立命。這些學術成果對文化傳承具有意義，對現實人生卻少有助益，無法指引眾人信仰佛教。

在此被批判為「鬼神化」的佛教，並非否定臨終關照或亡魂供養，而是反對將救濟亡魂視為奉事佛教的最高旨趣。「來世化」並非否定佛教主張關心來世，而是反對漠視現實，唯將欣求來世極樂視為修習目標。至於「哲學化」的佛教，亦非否定哲學探究，而是反對將修學佛法拘泥於哲學研究之框限。對於「學術化」的佛教，縱然承認其研究價值，卻反對學術研究是修學佛法的唯一目的。人生佛教是為針砭上述弊病所提出的理念，目的在於回歸以佛法為根基的人本精神，為社會民眾提供健康的人生觀和生活型態。

這些想法顯然深受太虛思想所影響，中國佛教今日面臨的問題，與太虛當時情況類似之程度，足以令人訝然。然而，今日卻尚未出現像太虛般深具領導魅力的精神領袖。在所謂社會主義的國家體制中，該如何確立並維持佛教主體性、將此權益法制化、擴大續存場域的問題依舊懸而未決。佛教教團所應具備的型態及方向性，今日尚在摸索之中。

六、結語

今日中國佛教背負著清朝佛教遺產，邁向追求近代化轉變和重生之途。清代近三百年歷史中，佛教絕非停滯不前，而是變化多端，造成過去傳統受其影響，引發巨大變革。清初廢除考核出家人的試經制度，招致佛教界知識結構解體，僧侶素質低落，難以培育優秀領導人才。如此成為佛教界在清末墮入衰敗淵底的遠因，故而提出反省。另一方面，科儀必備的「咒文」根據西藏佛教為基準重新改譯後，因涉及否定既有傳統，在推行過程中擴大南、北佛教差異。《禪門日誦》與《禪門佛事》問世後，寺院日課趨於統一化，不容否認的，卻窄化佛教徒的知識範疇。這些變遷至清末為止，皆被視為負面遺產，故而展開修正行動。

面對缺乏優秀僧侶的情況下，在家居士取而代之成為佛教界主角，楊文會成為振興清末中國佛教之際貢獻最為卓越的人物，例如：佛典刊行及普及；設立佛教學校；與阿納伽里卡．達磨波羅（Anagarika Dharmapala）、南條文雄、基督教傳教士等人士進行國際交流；與清末改革思想家維持深厚關係等。楊文會被尊稱為振興近代佛教之父，其中最大貢獻是徹底處置清朝佛教的負面遺產，回歸中國佛教本流，欲建構重振中國佛教的理論體系，更為此發起「馬鳴宗」。「馬鳴宗」試圖喚起唐、宋時期既有各宗的教義體系，並在現代復甦，藉此回歸釋尊真實教理。如此復古與統合的志願，明確提示了近代中國佛教發展方向。

然而楊文會因居士身分，無法改變以寺院為主導的佛教界，最終仍由其創設的新式佛教學校中的年輕學僧太虛肩負此重任。太虛早年即對革命思想懷有共鳴，有志從事佛教改革，西元一九一六年完成《整理僧伽制度論》，決定日後人生方向。這項改革綱領可說在中國佛教界掀起狂瀾，在遭受頑抗下不斷充實內容，最後雖以失敗告終，但綜觀其因，與其說是太虛的龐大改革案過於天馬行空，倒不如說是敵視佛教的政治勢力介入，以及中日戰爭、國共內戰爆發才是導致改革功敗垂成的主因。儘管如此，太虛思考推廣全球佛教的意義，訴諸佛教普遍性及全球化，透過創設「世界佛教聯合會」，促進全球佛教界人士互動交流，在日本、歐洲、東南亞等地皆獲得實質反響。無需贅言，這項行動亦成為輔助國內面臨改革瓶頸的策略。在此同時，太虛提出積極倡導社會參與理論，亦即「人生佛教」與「人間淨土」，內容主張以佛教教理立本，藉此改良現今社會，促進人類進步，進而改善世界，如此將更勝於追求來世幸福，這些思想至今仍薪火相傳。

中華人民共和國於西元一九四九年成立後，佛教就此面臨前所未有的困局。面對共產主義及社會主義、共產黨指導的強烈意識型態下，佛教界的因應能力備受考驗。自西元一九七九年起推行的「改革開放」，促使中國佛教出現新氣象，例如重建中國佛教協會或修復寺院、重組寺院及在家信徒組織制度、普及佛法教育、增加信眾、重新展開國際交流等，復興中國佛教的機兆看似愈益興盛。然而，佛教協會成為政府與佛教界的仲介者，擔任溝通之務，但在整合佛教界、採取更具主體性的行動上，依舊備受限制。甚至在市場經濟迅速發展中，佛教應有型態在世俗化波動下徹底動搖。如此情況下，太虛提倡的「人生佛教」重新受到重視，面臨臺灣推行的「人間佛教」，中國則強調「人生佛教」理念。誠如年輕輩僧侶濟群提出的構想，佛教融入社會雖受限制，佛教對個人生活及道德所付出的貢獻則備受重視，今後中國佛教的發展方向，可說仍處於摸索階段。

專欄六

居士佛教

邢東風（愛媛大學教授）

相對於僧侶佛教，居士佛教是指以居士為主體的佛教，或是在家信眾從事的各種佛教活動及成果。佛教徒是由僧侶和在家居士構成，居士（在家信眾）遠多於僧侶，故而活動在整體佛教中占有舉足輕重之地位。

漢文中的「居士」，原與隱士、處士近乎同義，意指德學兼備、隱居不仕者。中國佛教亦稱在家修行的豪富者為居士，並有「大居士」之稱，絕大多數是屬於具特定社會地位的官僚或文人。實際上，居士也包含一般在家眾，舉凡皈依佛、法、僧三寶、修五戒及八齋戒的在家信眾皆稱為居士。佛教「四部弟子」中的優婆塞（Upāsaka）、優婆夷（Upāsikā），則是指個別在家修行的男女居士。居士必須常遵五戒，在特定期間修八戒齋，其中亦有受菩薩戒者。與居士佛教關係密切的經典，例如《佛說維摩詰經》或《佛說齋經》等在三國時期已由支謙譯出，成為居士們精神生活層面的支柱。

佛教初傳之際，許多僧侶是來自西域的異邦人，中國因禁止本國百姓出家，最初的中國佛教徒全是居士身分。中國人撰著的佛書中，最早期著作亦出自於居士之手，東漢時期的《牟子理惑論》即為其代表。

居士從事宗教活動之際，一般是利用本業以外時間，範圍擴及佛教各面向，其中包括延續佛教傳承的必要活動。居士不僅在家奉佛守戒，更經常參加儀式或法會等寺教活動，有些人士則在特定期間入寺修行。居士常奉僧侶為師，與僧伽交流頻繁。文人或士大夫與僧侶親交往來更是屢見不鮮，名僧身側總是不乏知名居士相為應和。尤其是禪宗流行之後，文人及士大夫參禪，與僧侶贈答詩文蔚為風潮，宋代文豪蘇東坡即是典型之例。有些居士修行識聞已臻高境、受到僧俗尊禮，知名者如魏晉南北朝的劉遺民、傅大士，唐代白居易、龐居士等。附帶一提，龐居士之女靈照也是深具涵養的著名女居士。其他尚有居士從事譯經註疏、撰著廣宣教理、編纂佛史典籍、為僧侶或寺院撰碑文傳記、創作佛教文學作品等，或有建寺立像、繪畫、翰墨等在藝術及技術層面上奉獻心力的居士。此外，一般對僧寺供養或布施，項目包括金錢、土地、建築、造像、器具、勞務、飲食等，亦從經濟層面護持佛教教團的永續事業。

居士推行的護法活動對中國佛教貢獻甚鉅，佛教在歷史上不斷受儒、道勢力攻擊，時而受國家權力壓迫，居士卻不斷運用政治地位及社會影響力護持佛教，更為此提出辯駁及著述來論證佛教之合理性，為佛教爭取道義上的地位。

居士從事的宗教活動，通常是以「結社」方式進行，結社最早始於東晉慧遠創立的「白蓮社」，此後歷代出現各種結社，最後演變為近代的居士林。結社通常是由僧侶和居士組織的地方佛教團體，成員大多數為居士。他們透過結社共同從事造像、建塔、念佛、齋會、供養、俗講、法會等活動。一般而言，講經主要是由僧侶負責，偶由居士擔任，南北朝時期的梁武帝曾屢次親授講經，據說包括僧俗在內，聽眾總是超過一萬逾名。

在中國，印度佛典中登場的維摩詰居士深受眾人敬愛，相關經典和故事廣為流傳。若將唐代詩人王維的名與字合併，即為「維、摩詰」，這個富於象徵性的實例，顯示維摩詰居士曾在當時如此深受中土敬慕。

近代以後，居士們具有明確的主體意識，從事各種宗教活動之餘，亦積極參與社會政治活動。當時著名的思想家或革命家、社會活動家、藝術家、文學家、學者等多為居士，與當時日漸衰微的僧侶佛教形成鮮明對比。有見解認為，居士佛教格外注重「居士佛教」的用語，特別在此時期限定使用。

近代居士佛教中，最具影響力的人物和團體就是楊文會（一八三七－一九一一）及其創設的金陵刻經處，以及歐陽竟無（一八七一－一九四三）及其創立的支那內學院。金陵刻經處與支那內學院分別創立於西元一八九七年、一九二二年，是屬於經營佛教出版品及相關研究、教育等各項活動的團體，致力於蒐羅和整理、出版佛典與推動佛典普及化，推廣佛教研究和教育等事業，對中國近代佛教發展影響極為深遠。新中國成立之後，最負盛名的居士則是趙樸初（一九〇七—二〇〇〇）。

文獻介紹

牧田諦亮，《民眾の佛教——宋から現代まで》（中村元、笠原一男等編，《アジア佛教史，中國編II》），佼成出版社，一九七六年。

潘桂明，《中國居士佛教史》上、下冊，北京：中國社會科學出版社，二〇〇〇年。

釋東初，《中國佛教近代史》，台北：東初出版社，一九七四年。

心泰，《佛法金湯編》十六卷，《卍續藏經》第一四八冊。

朱時恩，《居士分燈錄》二卷，《卍續藏經》第一四七冊。

彭際清，《居士傳》五十六卷，《卍續藏經》第一四九冊。

年表
參考文獻

年表

〔年表製作：菅野博史（創價大學教授）；柳幹康（東京大學大學院博士）〕

西元	年號	中國宗教史	中國一般史、其他
九五一	後周　廣順元		郭威（九〇四—九五四／九五一—九五四在位）立後周（—九六〇），建都汴。
九五二	南唐　保大十	泉州招慶寺文僜之弟子靜、筠兩禪師編纂《祖堂集》。	
九五五	後周　顯德二	世宗（九二一—九五九／九五四—九五九在位）禁止私度僧，廢除無敕額寺院。取佛像鐘磬鑄錢（三武一宗的第四度廢佛）。 吳越忠懿王造八萬四千佛塔，收藏《寶篋印心咒經》。	

九五八	顯德五	法眼文益（八八五—九五八）示寂。	
九六〇	北宋　建隆元	太祖敕令停止廢佛，度童行八千人。	趙匡胤（太祖，九二七—九七六／九六〇—九七六在位）廢帝自立。建宋（—一一二七年），都汴京。
九六一	建隆二	太祖命弟光義（太宗）任功德使，取締僧尼、道士。高麗僧諦觀（生卒年未詳），攜天台三大部入吳越。	
九七〇	開寶三	永明延壽（九〇四—九七五）約於此時撰成《宗鏡錄》。	
九七一	開寶四	《蜀版大藏經》（《開寶藏》．《敕版》）開版，九七七年完成。九八三年於開封印經院刊印。	薛居正（九一二—九八一）編《舊五代史》（九七四年）。
九七九	太平興國四		北漢亡，北宋統一中國。
九八二	太平興國七	建譯經院於太平興國寺，太宗命天息災（生卒年未詳）譯經。翌年更名傳法院，與印經院共刊經典。	李昉（九二五—九九六）等奉敕編《太平公記》（九八一年）。

西元	年號	佛教	一般
九八三	太平興國八		李昉等人奉敕編《太平御覽》。遼恢復舊國號契丹。
九八七	遼　統和五	希麟（生卒年未詳）撰《續一切經音義》。	
九八八	北宋　端拱元	贊寧（九一九—一〇〇一）撰《宋高僧傳》。	
九九六	至道二	遵式（九六四—一〇三二）於四明寶積寺舉行淨業會。	
一〇〇四	景德元	四明知禮（九六〇—一〇二八）撰《十不二門指要鈔》，尚著有《十義書》、《觀心二百問》。道原（生卒年未詳）撰《景德傳燈錄》。	訂澶淵之盟。
一〇〇八	大中祥符元		真宗（九六八—一〇二二／九九七—一〇二二在位）在泰山舉行封禪之儀。陳彭年撰《大宋重修廣韻》。

一〇一〇	大中祥符三	太平興國寺、天下諸路皆立戒壇，嚴格規定出家受戒。	契丹入侵高麗，陷開京。
一〇一三	大中祥符六	楊億（九七四—一〇二〇）、惟淨（生卒年未詳）等人撰《大中祥符法寶錄》。	王欽若（九六二—一〇二五）等人奉敕編《冊府元龜》。
一〇一九	天禧三	道誠（生卒年未詳）編《釋氏要覽》。	張君房（生卒年未詳）修編《大宋天宮寶藏》，此後抄編其概要為《雲笈七籤》。
一〇二七	天聖五	惟淨編《天聖釋教錄》。	
一〇三〇	天聖八	長水子璿（？—一〇三八）撰述《楞嚴經疏註》。	
一〇三四	景祐元	王隨刪訂《景德傳燈錄》，以《傳燈玉英集》入藏。	
一〇四一	慶曆元	歐陽修（一〇〇七—一〇七二）撰《本論》三篇駁斥佛老。	西夏建國（一〇三八—一二二七年）。
一〇四七	慶曆七	河北彌勒教徒王則之亂。	

一〇四九	皇祐元	楊岐方會（九九二—一〇四九）示寂，弟子彙編《楊岐方會禪師語錄》。	儂智高之亂（一〇四九—一〇五三年）。
一〇五二	皇祐四	雪竇重顯（九八〇—一〇五二）示寂，後人彙編《雪竇頌古》。	周敦頤（一〇一七—一〇七三）撰《太極圖說》、《通書》。
一〇五七	遼 清寧三	房山四大部石經刻造完成。《契丹版大藏經》於興宗時期（一〇三一—一〇五五）開版，道宗時期（一〇五五—一一〇一）完成。	張載（一〇二〇—一〇七七）撰《東銘》、《西銘》、《正蒙》、《易說》。
一〇六一	北宋 嘉祐六	契嵩（一〇〇七—一〇七二）撰《輔教編》，倡說儒、佛一致。	歐陽修等編纂《新唐書》（一〇六〇年）。
一〇六四	治平元	戒珠（九八五—一〇七七）撰《淨土往生傳》。	契丹再度恢復舊國號遼（一〇六六年）。
一〇六九	熙寧二	黃龍慧南（一〇〇二—一〇六九）示寂，後人彙編《黃龍慧南禪師語錄》。	王安石（一〇二一—一〇八六）始行改革，稱「新法」，一〇七六年失勢。

一〇七二	熙寧五	日僧成尋（一〇一一—一〇八一）入宋，此後撰《參天台五台山記》等。	程顥（一〇三二—一〇八五）。程頤（一〇三三—一一〇七）。
一〇七五	熙寧八	福州等覺禪院《等覺禪院版大藏經》開版（—一一一二年）。	
一〇八四	元豐七	王古（生卒年未詳）撰《新修往生傳》。	司馬光（一〇一九—一〇八六）撰《資治通鑑》。罷黜新法黨（一〇八五年）。
一一〇〇	元符三	元照（一〇四八—一一一六）撰《四分律行事鈔資持記》，批判允堪（一〇〇五—一〇六一）所著《會正記》，律宗二分為會正派、資持派。	范祖禹（一〇四一—一〇九八）撰《唐鑑》、《太史集》。米芾（一〇五一—一一〇七）撰《寶晉英光集》、《海嶽名言》。
一一〇九	大觀三	徽宗禁止有額寺院成為功德院，並奪免稅權。大觀年間，孔清覺（一〇四三—一一二一）創白雲宗。	

一一一二	政和二	邊知白編《觀音感應集》。福州《開元寺版大藏經》開版（—一一五一年）。	
一一一五	政和五		女真族完顏阿骨打（一〇六八—一一二三／一一一五—一一二三在位）稱帝，立國號大金（—一二三四年）。
一一一七	政和七		徽宗（一〇八二—一一三五／一一〇〇—一一二五在位），自稱「教主道君皇帝」。
一一一九	宣和元	徽宗敕令佛教道教化，改稱佛為「大覺金仙」，服以天尊之衣，稱菩薩為「仙人大士」、僧為「德士」、尼為「女德」，服巾冠、持木笏，寺稱為「宮」、院為「觀」、住持為「知宮觀事」，禁留銅鈸塔像。	金國制定女真文字。
一一二〇	宣和二	恢復佛號、僧尼之稱。	

一一二三	宣和五	慧洪（一〇七一—一一二八）撰述《禪林僧寶傳》。	金滅遼（一一二五年）。
一一二六	靖康元	湖州《思溪版大藏經》開版（—一一三二年）。	靖康之變。金軍陷宋都開封。
一一二七	南宋　建炎元		宋徽宗、欽宗遭金國所虜。徽宗之子高宗（一一〇七—一一八七／一一二七—一一六二在位）南逃，建南宋（—一二七九年），都臨安。
一一三五	紹興五	圜悟克勤（一〇六三—一一三五）示寂，後人彙編《碧巖錄》。	
一一三七	紹興七	大慧宗杲（一〇八九—一一六三）任徑山能仁禪院住持。	
一一四二	紹興十二		紹興和議（一一四一年）。劉德仁（一一二二—一一八〇）創真大道教。

一一四三	紹興十三	法雲（一〇八八—一一五八）編《翻譯名義集》。	蒙古自金獨立。
一一四七	紹興十七	自一一四七至一一七三年之際，《金版大藏經》（《趙城藏》）開版。	金遷都汴京（一一六一年）。
一一六四	隆興二	祖琇（生卒年未詳）撰述《隆興佛教編年通論》。	朱熹（一一三〇—一二〇〇）撰《四書集註》、《易本義》、《詩集傳》、《通鑑綱目》。
一一六六	乾道二	白蓮宗子元（？—一一六六）示寂。	陸九淵（一一三九—一一九三），其子陸持編《陸象山全集》。
一一六八	乾道四	日僧榮西（一一四一—一二一五）入宋，至明州。	王重陽（一一一二—一一六九）於山東半島寧海初傳全真教（一一六七年）。
一一八七	淳熙十四	榮西再度入宋。一一九一年返日宏傳臨濟宗。	高麗僧知訥（一一五八—一二一〇）撰《修心訣》、《圓頓成佛論》、《真心直說》、《華嚴論節要》。

一一九三	紹熙四	密菴（庵）咸傑（一一一八—一一九三）示寂，後人彙編《密菴和尚語錄》。	
一一九九	慶元五	宗曉（一一五一—一二一四）撰述《樂邦文類》。	約於此時發生慶元黨禁。
一二〇二	嘉泰二	宗曉編纂《四明教行錄》。	鐵木真（一一六七—一二二七）統一蒙古，獲稱號成吉思汗（一二〇六年）。
一二二三	嘉定十六	萬松行秀（一一六六—一二四六）撰《從容錄》。 日僧道元（一二〇〇—一二五三）入宋，一二二七年返日，弘傳曹洞宗。	蒙古軍陷燕京，占據華北（一二一五年）。 丘長春（一一四八—一二二七）應成吉思汗招請赴西域，全真教自此盛行（一二二二年）。
一二二九	紹定二	慧開（一一八三—一二六〇）編撰《無門關》。	蒙古滅西夏（一二二七年）。
一二三二	紹定五	蘇州《磧砂版大藏經》開版（—一三〇五年）。	蒙古入侵高麗（一二三一年）。

一二三五	端平二	日僧圓爾（一二〇二—一二八〇）入宋，一二四一年返日。	金滅（一二三四年）。高麗《高麗大藏經（重刻本）》完成（一二三六年）。
一二四六	淳祐六	蘭溪道隆（一二一三—一二七八）渡日。	拔都（一二〇七—一二五六）奉窩闊台汗之命西征（一二三六—一二四三年）。
一二四九	淳祐九	日僧心地覺心（一二〇七—一二九八）入宋，一二五四年返日之際攜歸《無門關》。	
一二五一	蒙古　憲宗元	海雲印簡（一二〇一—一二五七）執掌天下釋教事。	
一二五三	憲宗三	藏僧八思巴（一二三五—一二八〇）入蒙古，世祖忽必烈受其戒。	旭烈兀（一二一八—一二六五）西征。
一二五四	南宋　寶祐二	紹雲（生卒年未詳）撰《五家正宗贊》。	

一二六〇	蒙古　中統元	忽必烈汗尊八思巴為帝師。 兀庵普寧（一一九七—一二七六）受蘭溪道隆、圓爾招請渡日。	忽必烈汗（一二一五—一二九四／一二六〇—一二九四在位）即位，發行「中統元寶交鈔」。 一二六四年遷都大都。
一二六九	南宋　咸淳五	志磐（生卒年未詳）撰《佛祖統紀》。 杭州《普寧版大藏經》開版（—一二九〇年）。	八思巴創蒙古文字。
一二七一	元　至元八		蒙古改國號為大元。
一二七四	至元十一		元軍侵攻日本（文永之役）。 馬可波羅（一二五四—一三二四）至上都。
一二七九	南宋　祥興二	無學祖元（一二二六—一二八六）奉北條時宗招請渡日，成為鎌倉圓覺寺開山始祖。	南宋滅亡。
一二八一	元　至元十八	佛、道論爭於長春宮舉行，道教論敗。除《老子道德經》之外，焚毀一切道經，道士剃髮為僧或還俗。	元軍再度侵攻日本（弘安之役）。

一二八七	至元二十四	慶吉祥等人奉敕編纂《至元法寶勘同總錄》，歷時三年完成。	焚毀道藏偽經，立「焚毀諸路偽道藏經之碑」（一二八五年）。
一二九一	至元二十八	祥邁奉敕命撰《辯偽錄》，辯述道教偽說（一說為一二八六年）。	方濟會修道士孟德高維諾（一二四七—一三二八）至大都，終生從事傳教，於大都建三座教堂，將聖經譯為蒙古語等傳法活動，獲五千名信徒（一二九四年）。
一三〇五	大德九	普度（？—一三三〇）編纂《蓮宗寶鑑》。	賜天師張與才為太素凝神廣道真人之稱號，命其掌理江南道教（一二九六年）。
一三〇八	至大元	禁白蓮社。	編成《大元一統志》（一三〇三年）。
一三二二	至治二	省悟（生卒年未詳）編《律苑事規》。	科舉再興（一三一三年）。
一三二四	泰定元		周德清撰《中原音韻》。
一三三五	至元元	德輝（生卒年未詳）奉詔編纂《敕脩百丈清規》。	

一三四一	至正元	念常（一二八一—？）撰《佛祖歷代通載》。	方國珍叛亂（一三四八年）。
一三五一	至正十一		劉福通（一三二一—一三六三）等紅巾賊軍起義（—一三六六年）。
一三五四	至正十四	覺岸（一二八六—？）撰《釋氏稽古略》。	張士誠叛亂（一三五三年）。羅貫中（生卒年未詳）約於此時編《三國志演義》、《水滸傳》。
一三六八	明　洪武元	明太祖詔令白蓮社、大明教、彌勒教等為邪教，禁止信仰。又建善世院，命僧侶慧曇統理佛教界，並建玄教院，命道士張正統管道教界。	朱元璋（一三二八—一三九八／一三六八—一三九八在位）陷大都，即帝位。明（—一六四四年）都南京。元朝自大都遷都開平，發展北元政權。
一三七二	洪武五	製作周知冊（僧侶名冊），頒行於天下各寺。《明南藏版》開版。	制定《大明律》（一三七三年）。發行「大明寶鈔」（一三七五年）。

一三八一	洪武十四	道衍（一三三五—一四一八）撰《諸上善人詠》、《淨土簡要錄》。	製作《賦役黃冊》，實施里甲制。
一三八五	洪武十八	道衍奉明太祖招請，成為四皇子燕王朱棣（後為成祖）軍師。	
一三八六	洪武十九	福建白蓮教徒彭玉琳之亂。	編訂《魚鱗圖冊》（一三八七年）。靖難之變（一三九九—一四〇二年）。
一四〇四	永樂二	道衍還俗，撰《道余錄》。	明成祖（一三六〇—一四二四／一四〇二—一四二四在位）即位（一四〇二年）。
一四〇七	永樂五		編纂《永樂大典》。鄭和自南海返國（此為首次，共達七次）。
一四一〇	永樂八	《明北藏版》開版（—一四四一年）。	

一四一一	永樂九	鄭和（一三七一—一四三四）迎請佛牙返南京。	胡廣（一三七〇—一四一八）等人奉敕編《性理大全》（一四一五年）。
一四二〇	永樂十八	唐賽兒自稱白蓮教佛母，起叛亂。	遷都北京（一四二一年）。
一四二四	永樂二十二	頒《敕脩百丈清規》於天下叢林。	土木之變（一四四九年）。
一四八八	弘治元	裁決藏僧。	
一五二二	嘉靖元	世宗（一五〇七—一五六六／一五二二—一五六六在位）破壞玄明宮佛像與城內寺院，繼續崇道廢佛。	此時善書盛行，關聖帝君、碧霞元君信仰亦普及。
一五二五	嘉靖四	詹陵撰《異端辯正》批判佛、道。	
一五六五	嘉靖四十四	蔡伯貫（？—一五六六）於四川發動白蓮教徒之亂。	此時吳承恩撰《西遊記》、馮夢龍撰《平妖傳》、陸西星撰《封神演義》。
一五八九	萬曆十七	開始刊行《萬曆版大藏經》（《徑山藏》）（？—一六七七年）。李圓朗之亂。	張居正（一五二五—一五八二）從事改革（一五七三—一五八二年）。

一五九九	萬曆二十七		努爾哈赤（一五五九—一六二六／一六一六—一六二六在位）制定滿州文字。
一六〇一	萬曆二十九		利瑪竇至北京建教會。
一六〇二	萬曆三十	屠隆撰《佛法金湯錄》。	製成《坤輿萬國全圖》。李贄（一五二七—一六〇二）獄中自盡，著有《華嚴經合論簡要》。
一六〇三	萬曆三十一	紫柏真可（一五四三—一六〇三）示寂，著有《紫柏老人集》等。	
一六〇六	萬曆三十四	《萬曆版》甘珠爾開版。	
一六一五	萬曆四十三	雲棲袾宏（一五三五—一六一五）示寂，著有《竹窗隨筆》、《雲棲法彙》等。	努爾哈赤建後金（清）（一六一六—一九一二年）。
一六一七	萬曆四十五	如惺撰《大明高僧傳》。	此時東林與非東林黨之間黨爭愈演愈烈。
一六二一	天啟元	《理塘版大藏經》（《麗江版》）開版（—一六二四年）。	薩爾滸之戰（一六一九年）。

一六二二	天啟二	山東發生白蓮教徒徐鴻儒之亂。	
一六二三	天啟三	憨山德清（一五四六—一六二三）示寂，著有《夢遊全集》等。	
一六三六	崇禎九	元賢（一五七八—一六五七）撰《楞嚴經略疏》。	董其昌（一五五五—一六三六）歿，著有《畫禪室隨筆》等。後金改國號為清。
一六三八	崇禎十一	幻輪編《釋鑑稽古略續集》。	朝鮮成為清朝藩屬國（一六三七年）。
一六四二	崇禎十五	漢月法藏撰《五宗原》。達賴喇嘛五世阿旺羅桑嘉措（一六一七—一六八二）得蒙古豪族顧實汗為後盾，成為西藏政、教最高領袖。	
一六四四	清　順治元	清廷迎請達賴五世入華。	李自成（一六〇六—一六四五）陷北京，思宗自縊。清軍破李自成軍，都北京。明朝名存實亡。明宗室與官僚於中國南方建南明，繼續抗清。

一六四五	順治二	恢復浴佛、止用刑、禁屠殺。對僧尼、道士均等給牒。	
一六四六	順治三	禁白蓮、大成、混元等諸教。	
一六五四	順治十一	隱元隆琦（一五九二—一六七三）渡日入興福寺，後於一六六一年創建黃檗山萬福寺，成為日本黃檗宗開祖。	
一六五五	順治十二	蕅益智旭（一五九九—一六五五）示寂，著有《閱藏知津》、《毘尼集要》、《法華經玄義節要》等。	
一六五六	順治十三	禁止無為、白蓮、聞香等諸教。	黃宗羲（一六一〇—一六九五）撰《南雷文定》、《明儒學案》、《明夷待訪錄》。 顧炎武（一六一三—一六八二）撰《日知錄》、《音學五書》。 王夫之（一六一九—一六九二）著有《王船山遺書》。

一六六二	康熙元		明永曆帝父子遭弒於雲南，明朝徹底覆亡。鄭成功歿於臺灣。清聖祖即位（一六五四－一七二二／一六六二－一七二二在位）。
一六七三	康熙十二		吳三桂等人發動三藩之亂（－一六八一年）。日本鐵眼道光完成《黃檗版大藏經》（《鐵眼版》）（一六八一年）。
一六八三	康熙二十二	《西藏大藏經》（北京版）開版。	在臺鄭氏勢力滅亡，清領有臺灣。
一六九二	康熙三十一	《康熙版》甘珠爾開版。	聖祖祭祀泰山（一六八四年）。簽訂尼布楚條約（一六八九年）。

一七〇三	康熙四十二		聖祖祭祀泰山。劉智撰《天方性理》，集回教教理之大成。羅馬教皇克里門十一世敕書禁止基督教徒參加中國典禮（一七〇四年）。
一七一一	康熙五十	宗喀巴創黃教，壓制紅教擴大勢力。	編成《佩文韻府》。編成《康熙字典》（一七一六年）。
一七二四	雍正二	《雍正版》甘珠爾開版。	全面禁止基督教傳教（一七二三年）。
一七三一	雍正九	《卓尼版》甘珠爾開版。	編成《古今讀書集成》（一七二五年）。簽訂《恰克圖條約》（一七二七年）。
一七三二	雍正十	《那塘版》甘珠爾開版。	成立軍機處（一七二九—一七三五、一七三七—一九一一年）。

一七三三	雍正十一	世宗（一六七八—一七三五／一七二二—一七三五在位）編《御撰語錄》。 《乾隆版大藏經》（《龍藏》）開版（—一七三八年）。 《德格版》甘珠爾開版。	
一七四二	乾隆七	《德格版》甘珠爾開版。	高宗（一七一一—一七九九／一七三五—一七九五在位）自一七四八年至一七九〇年共十次祭祀泰山。 驅逐外籍傳教士（一七四八年）。
一七七三	乾隆三十八	高宗敕命漢文《大藏經》譯為滿文，一七九〇年完成。 《卓尼版》丹珠爾開版。	教皇克里門十四世廢除耶穌會。
一七七四	乾隆三十九	山東發生白蓮教徒王倫之亂。	

一七七五	乾隆四十	彭際清（一七四〇—一七九六）述《無量壽經起信論》。	編成《四庫全書》（一七八一年）。 首位出使清朝的英國使節馬戛爾尼（一七三七—一八〇六）要求締結通商條約，因拒絕對皇帝行中國禮儀而談判宣告失敗（一七九三年）。
一七九六	嘉慶元	劉之協等人發動白蓮教徒之亂（—一八〇四年）。	錢大昕（一七二八—一八〇四）著有《唐石經考異》、《經典文字考異》、《十駕齋養新錄》、《二十二史考異》。 趙翼（一七二七—一八一四）撰《甌北詩話》、《廿二史箚記》。 王鳴盛（？—一七九七）撰《尚書後案》。

一八一三	嘉慶十八	林清等人在北京及河南起義，發動天理教徒之亂。	禁止洋人傳教（一八〇五年）。嚴禁輸入鴉片（一八一五年）。
一八四〇	道光二十		鴉片戰爭開戰（—一八四二年），簽訂《南京條約》（一八四二年）、《望廈條約》、《黃埔條約》（一八四四年），此後列強正式入侵中國。
一八五一	咸豐元	洪秀全（一八一二—一八六四）發動太平天國之亂（—一八六四年），大量佛寺遭受致命打擊。	太平天國立南京為首都（一八五三年）。雲南穆斯林叛亂（一八五五年）。
一八五六	咸豐六		發生亞羅號事件，第二次鴉片戰爭開戰（—一八六〇年）。
一八五七	咸豐七		新疆發生回變。

一八五八	咸豐八	劉儀順（一七七八—一八六八）創立燈花教，在貴州起兵稱白號軍發動叛亂。	簽訂《璦琿條約》、《天津條約》。
一八六〇	咸豐十	禁止吃齋念佛者。	簽訂《北京條約》，被迫允許基督教自由傳教。曾國藩（一八一一—一八七二）任欽差大臣。
一八六二	同治元		陝西、甘肅、新疆發生回變（東干族叛亂）。同治中興（—一八七四年）。慈禧太后勢力抬頭。展開洋務運動。
一八六三	同治二		左宗棠（一八一二—一八八五）任閩浙總督，鎮壓太平天國軍。
一八六六	同治五		左宗棠任陝甘總督，鎮壓回變。

一八七一	同治十		左宗棠平定回變。左宗棠奉任欽差大臣（一八七五年）。
一八八四	光緒十		中法戰爭開戰，簽訂《天津條約》（一八八五年）。
一八九四	光緒二十		中日甲午戰爭開戰（—一八九五年）。東學黨之亂。
一八九七	光緒二十三	楊文會（一八三七—一九一一）設立金陵刻經處。	初次遣送留學生赴日（一八九六年）。
			發動戊戌政變（一八九八年）。
一八九九	光緒二十五		俄國地理學會中亞探險隊出發（—一九〇一年）。
一九〇〇	光緒二十六	道士王圓籙在敦煌莫高窟發現大量古籍（敦煌文獻），向地方官呈報卻未獲理會。	義和團事件（—一九〇一年）。
			斯坦因（一八六二—一九四三）首次至東突厥斯坦探險。

一九〇一	光緒二十七	日僧河口慧海（一八六六—一九四五）抵拉薩，翌年返國。	簽訂英日同盟（一九〇二年）。 以格倫威德爾（一八五六—一九三五）為主要隊員的德國第一次探險隊出發（一九〇二—一九〇三年）。 日本刊行《卍字藏》（一九〇二年）。
一九〇四	光緒三十		以阿爾伯特·馮·勒寇克為主要隊員的德國第二次探險隊（—一九〇五年）前往吐魯番、哈密。 日俄戰爭開戰（—一九〇五年）。
一九〇五	光緒三十一	德國第三次探險隊（—一九〇七年）在庫車鑿取克孜爾千佛洞壁畫。	廢除科舉。 中國同盟會成立。
一九〇六	光緒三十二	斯坦因第二次探險隊（—一九〇八年）取得敦煌文獻。	

一九〇七	光緒三十三	佛教遭受迫害，寺院成為學校或兵營。	第二次俄羅斯探險隊（—一九〇九年）。
一九〇八	光緒三十四	伯希和（一八七八—一九四五）取得敦煌文獻。第二次大谷探險隊出發（—一九〇九年）。	頒布《憲法大綱》。奧登堡第一次探險（一九〇九—一九一〇年）。
一九〇九	宣統元	羅振玉（一八六六—一九四〇）運送敦煌文獻至北京，收藏於京師圖書館。	
一九一〇	宣統二	第三次大谷探險隊（—一九一四年）於一九一二年於敦煌收集部分文書。	發動辛亥革命（一九一一年）。
一九一二	中華民國　元	天童寺敬安（一八五一—一九一二）等人創立「中國佛教總會」。	孫文（一八六六—一九二五）於一月在南京就任臨時大總統，建立中華民國。宣統帝（一九〇六—一九六七／一九〇八—一九一二在位）於二月退位，清朝滅亡。袁世凱（一八五九—一九一

			六）於三月在北京就任臨時大總統。日本編成《大日本續藏經》（一九一二年）。
一九一三	民國二	河口慧海二度入藏（—一九一五年）。	孫文二次革命失敗，逃亡日本。袁世凱正式成為大總統。斯坦因第三次探險隊出發（—一九一六年）。宣布西藏獨立宣言。
一九一四	民國三	奧登堡第二次探險（—一九一五年）取得敦煌文獻。斯坦因再度於敦煌發現佛典版木等文物。	以阿爾伯特·馮·勒寇克為主要隊員的第四次探險隊出發（—一九一六年）。
一九一五	民國四	頒布《管理寺廟條例》三十條。	陳獨秀（一八七九—一九四二）等人刊行《新青年》。袁世凱復辟帝制。第一次世界大戰開戰（一九一四—一九一八年）。日本對華提出二十一條要求。

一九一九	民國八		發動五四運動。中國國民黨成立。
一九二〇	民國九	《海潮音》創刊。 紅槍會、無極會等新興宗教更積極發展祕密結社活動。	北洋軍閥發動直皖戰爭。
一九二一	民國十	太虛（一八九〇—一九四七）創立武昌佛學院並成為院長。 各地設立佛教會、居士林。	中國共產黨成立。
一九二四	民國十三	美國蘭登・華爾納（一八八一—一九五五）組成華爾納探險隊，鑿取敦煌壁畫。 中華佛教聯合會成立。 世界佛教大會在廬山舉行。 中國密教重興會成立。 梁啟超（一八七三—一九二九）撰《大乘起信論考證》	第一次國共合作（—一九二七年）。 蒙古人民共和國獨立。 日本刊行《大正新脩大藏經》。底本為高麗海印寺本（一九二四—一九三四年）。
一九二五	民國十四	太虛撰《僧制今論》。	發生五卅慘案。蔣介石（一八八七—一九七五）就任國民革命軍司令官。

一九二八	民國十七	邰爽秋發起「廟產興學運動」，煽動廢佛運動。太虛等人組織「中國佛學會」、圓瑛（一八七八—一九五三）等人組成「中國佛學總會」，展開改革護法運動。	國民黨展開北伐（一九二六—一九二八年）。國民政府統一全國。
一九二九	民國十八	成立中國佛教會。	魯迅（一八八一—一九三六）。
一九三〇	民國十九	胡適（一八九一—一九六二）發表《神會和尚遺集》。	斯坦因第四次探險隊出發。
一九三一	民國二十		發動滿州事變。中華蘇維埃共和國臨時政府成立於瑞金。
一九三三	民國二十二	山西省趙城縣廣勝寺發現《金版大藏經》（《趙城藏》）。	
一九三五	民國二十四	始印《金刻大藏經》。	共產黨長征（一九三四—一九三六年）。

一九三六	民國二十五	《拉薩版》甘珠爾開版。	共產黨發表八一宣言。西安事變。
一九三七	民國二十六		發動日華事變。發動盧溝橋事變，中日戰爭開戰（－一九四五年）。第二次國共合作（－一九四五年）。
一九三八	民國二十七	太虛就任中國佛教會理事長。湯用彤（一八九三－一九六四）著《漢魏兩晉南北朝佛教史》。	
一九三九	民國二十八	陳垣（一八八〇－一九七一）刊行《釋氏疑年錄》。	
一九四〇	民國二十九	印光聖量（一八六二－一九四〇）示寂。	
一九四一	民國三十		太平洋戰爭開戰（－一九四五年）。
一九四七	民國三十六	中國佛教總會成立。	

一九四九	民國三十八		中華人民共和國成立，毛澤東（一八九三—一九七六）就任中國共產黨主席及國家主席。
一九五〇	民國三十九	壓制一貫道等會、道、門的政治運動。	締結中蘇友好同盟。朝鮮戰爭開戰（—一九五三年）。
		刊行雜誌《現代佛學》（—一九六四年）。	
一九五三	民國四十二	中國佛教協會成立，推舉圓瑛為會長。	第一次五年計畫（—一九五七年）。
一九五六	民國四十五	中國佛學院設立於北京。	中國道教協會成立（一九五七年）。實施大躍進政策（一九五八—一九六〇年）。
一九五九	民國四十八	達賴喇嘛十四世（一九三五—）流亡印度。	發動西藏起義。劉少奇（一八九八—一九六九）就任國家主席。

一九六四	民國五十三	舉行玄奘三藏圓寂一千三百年紀念法會。	中印邊界紛爭（一九六二年）。文化大革命開始（一九六六—一九七六年）。
一九六七	民國五十六	星雲（一九二七—）創建佛光山。	中俄邊界紛爭（一九六九年）。
一九七二	民國六十一		美國總統尼克森訪問中國。中日恢復邦交。
一九七六	民國六十五		周恩來、毛澤東去逝。打倒後繼者華國鋒等四人幫。
一九七九	民國六十八	呂澂（一八九六—一九八九）刊行《中國佛學源流略講》。	中美恢復邦交。指定深圳、珠海、汕頭、廈門為經濟特區。
一九八二	民國七十一	山西省應縣佛宮寺發現《契丹版大藏經》。	
一九八四	民國七十三	刊行《中華大藏經》（影印版），底本為《金版大藏經》（《趙城藏》）。	指定海南省為經濟特區（一九八八年）。

一九八九	民國七十八	聖嚴（一九三一—二〇〇九）創建法鼓山。	鄧小平南巡講話（一九九二年）。 第十四次中國共產黨黨大會提出社會主義市場經濟（一九九二年）。 江澤民（一九二六—）就任國家主席（一九九三年）。
一九九八	民國八十七	中華電子佛典協會（CBETA）成立。	香港回歸（一九九七年）。
二〇〇〇	民國八十九	趙樸初（一九〇七—二〇〇〇）去世。	澳門回歸（一九九九年）。 加入WTO（二〇〇一年）。
二〇〇五	民國九十四	印順（一九〇六—二〇〇五）示寂。	胡錦濤（一九四二—）就任國家主席（二〇〇三年）。
二〇〇六	民國九十五	第一屆世界佛教論壇於杭州召開。	舉辦北京奧運（二〇〇八年）。

※本年表製作之際，參考前例年表如下：

1.任繼愈主編，《佛教大辭典》附錄〈佛教大事年表〉，江蘇：鳳凰出版社，二〇〇二年。

2.方廣錩主編，《中國文化大觀系列》附錄〈中國佛教大事年表〉，北京：北京大學出版社，二〇〇一年。

3.范文瀾，《唐代佛教》附錄〈隋唐五代佛教大事年表〉，重慶：重慶出版社，二〇〇八年。

4.沈起編著，《中國歷史大事年表（古代史卷）》，上海：上海辭書出版社，一九八三年。

5.小川環樹、西田太一郎、赤塚忠編，《新字源》附錄〈中國文化史年表〉，角川書店，一九九七年。

6.齋藤昭俊監修，《佛教年表》，新人物往來社，一九九四年。

7.藤堂恭俊、塩入良道，《アジア佛教史，中國編Ⅰ，漢民族の佛教》附錄年表，佼成出版社，一九七五年。

參考文獻

【第一章】　土田健次郎

岡田武彥，《宋明哲學序說》，文言社，一九七七年。
小川隆，《臨濟錄——禪の語錄のことばと思想》，岩波書店，二〇〇八年。
近藤一成，《宋代中國科舉社會の研究》，汲古書院，二〇〇九年。
島田虔次，《朱子學と陽明學》，岩波新書，一九六七年。
清水茂，〈北宋名人の姻戚關係——晏殊と歐陽脩をめぐる人人〉（《東洋史研究》二〇—三），一九六一年。
內藤湖南（虎次郎），《中國近世史》，弘文堂書房，一九四七年。
牧田諦亮，《民眾の佛教——宋から現代まで》（中村元、笠原一男等編《アジア佛教史，中國編II》），佼成出版社，一九七六年。
牧野巽，《近世中國宗族研究》，日光書院，一九四九年。
吉川幸次郎，〈「俗」の歷史〉（《東方學報（京都）》十二—四），一九四二年。

吉川幸次郎，《宋詩概說》（吉川幸次郎、小川環樹編，《中國詩人選集》二集第一卷），岩波書店，一九六二年。
吉川忠夫，《真人と聖人》（長尾雅人等編，《岩波講座，東洋思想十四，中國宗教思想二》），岩波書店，一九九〇年。
湯用彤，〈謝靈運《辨宗論》書後〉（天津《大公報》十月二十三日《文史週刊》第二期、一九四六年，收於《魏晉玄學論稿》），北京：人民出版社，一九五七年。
湯用彤，〈魏晉思想的發展〉（收於《魏晉玄學論稿》），北京：人民出版社，一九五七年。
余英時，《朱熹的歷史世界》，台北：允晨文化實業股份有限公司，二〇〇三年。
李約瑟（Joseph Needham）著，吉川忠夫等譯《中國の科學と文明，第三卷，思想史》下冊，思索社，一九七五年／原著一九五六年，
◎宋代思想史的概圖與道學形成史，亦論及道學與佛教的關聯
土田健次郎，《道學の形成》，創文社，二〇〇二年，
◎宋代儒家與佛教的關聯
土田健次郎，〈三教圖への道——中國近世における心の思想〉（《シリーズ東アジア佛教五，東アジア社會と佛教文化》），春秋社，一九九六年。

土田健次郎，〈朱子學と禪〉（《思想》四月號），岩波書店，二〇〇四年

◎朱子學思想

土田健次郎，〈朱熹の思想における心の分析〉（《フィロソフィア》七十八），一九九一年。

土田健次郎，〈朱熹理氣論の再檢討〉（內藤幹治編，《中國的人生觀、世界觀》），東方書店，一九九四年。

土田健次郎，〈朱熹の思想における認識と判斷〉（日本中國學會創立五十年紀念論文集編集小委員會編，《日本中國學會創立五十年紀念論文集》），汲古書院，一九九八年。

◎朱子學與東亞

土田健次郎，〈東アジアにおける朱子學の機能——普遍性と地域性〉（早稻田大學アジア地域文化エンハンシング研究センター編，《アジア地域文化學の構築》），雄山閣，二〇〇六年。

◎研究史

土田健次郎，〈日本における宋明思想研究の動向〉（《日本思想史學》三十七），二〇〇五年。

【第二章】 野口善敬

※元代至明代中期的相關參考文獻，在《元代禪宗史研究》〔附錄〕〈元代佛教關係著書、論文一覽〉有詳細資料。
荒木見悟，《明代思想研究》，創文社，一九二七年。
荒木見悟，《佛教と陽明學》（レグルス文庫116.），第三文明社，一九七九年。
荒木見悟，《陽明學の開展と佛教》，研文出版，一九八四年。
荒木見悟，《雲棲袾宏の研究》，大藏出版，一九八五年。
荒木見悟，《憂國烈火禪——禪僧覺浪道盛のたたかい》，研文出版，二〇〇〇年。
大藪正哉，《元代の法制と宗教》，秀英出版，一九八三年。
窪德忠，《モンゴル朝の道教と佛教》，平河出版社，一九九二年。
竺沙雅章，《宋元佛教文化史研究》，汲古書院，二〇〇〇年。
塚本善隆，〈明、清政治の佛教去勢——特に乾隆帝の政策〉（《塚本善隆著作集，第五卷》），大東出版社，一九七五年。
野上俊靜，《元史釋老傳の研究》，野上俊靜博士頌壽紀念刊行會，一九七八年。
野口善敬，〈費隱通容の臨濟禪とその挫折——木陳道忞との對立を巡って〉（《禪學研究》第六十四號），一九八五年。

野口善敬，〈明末に於ける《主人公》論爭——密雲圓悟の臨濟禪の性格を巡って〉（《九州大學哲學年報》第四十五號），一九八六年。
野口善敬，〈《本來無一物》は外道の法〉（《禪文化研究所紀要》第十八卷），一九九二年。
野口善敬，〈雍正帝と佛教〉（《町田三郎教授退官紀念，中國思想史論叢》），一九九五年。
野口善敬，〈漢月法藏と士大夫たち——雍正帝から魔藏とばれた僧侶〉（《東洋古典學研究（廣島大學）第二集》），一九九六年。
野口善敬，《元代禪宗史研究》，禪文化研究所，二〇〇五年。
野口善敬，〈玉林通琇の禪と《主人公》論爭——名僧の條件〉（《東洋古典學研究（廣島大學）》第二十四卷），二〇〇七年。
長谷部幽蹊，《明清佛教教團史研究》，同朋舍出版，一九九三年。
牧田諦亮，《民眾の佛教——宋から現代まで》（中村元、笠原一男等編，《アジア佛教史，中國編II》），佼成出版社，一九七六年。
間野潛龍，《明代文化史研究》，同朋舍，一九七九年。
山口瑞鳳，《チベット》下冊，東京大學出版會，二〇〇四年。

江燦騰，《晚明佛教叢林改革與佛學諍辯之研究——以憨山德清的改革生涯為中心》，台北：新文豐出版公司，一九九〇年。

Jigs med nam mkha，著，外務省調查部譯，《蒙古喇嘛教史》，生活社，一九四〇年

釋妙舟，《蒙藏佛教史》（民國二十四年序刊本影印），江蘇：廣陵古籍刻印社，一九九三年。

張聖嚴，《明末中國佛教の研究》，山喜房佛書林，一九七五年。

陳垣著，野口善敬譯註，《清初僧諍記》，中國書店，一九八九年。

陳垣，《明季滇黔佛教考》，台北：中華書局，一九六二年。

【第三章】 陳繼東

淺井紀，《明清時代民間宗教結社の研究》，研文出版，一九九〇年。

歐大年（Daniel L. Overmyer）著，林原文子監譯，《中國民間佛教教派の研究》，研文出版，二〇〇五年。

鎌田茂雄，《中國四大靈山の旅》，佼成出版，一九八七年。

秦孟瀟主編，《中國佛教四大名山圖鑑》，柏書房，一九九一年。

譚偉倫主編，《民間佛教研究》，北京：中華書局，二〇〇七年。
陳繼東，〈《禪門日誦》再考〉（《印度學佛教學研究》一〇六，〔五十三—二〕），二〇〇五年。
沈佐民，〈九華山佛教地藏文化與當地民俗文化形成和諧社會的互動〉（《世界宗教研究》第三期），中國社會科學院世界宗教研究所，二〇〇六年。
日比野丈夫、小野勝年，《五台山》（東洋文庫五九三），平凡社，一九九五年。
馬西沙，《中國民間宗教簡史》，上海：上海人民出版社，二〇〇五年。
喻松青，《民間祕密宗教經卷研究》，台北：聯經出版社，一九九四年。

【第四章】　西尾賢隆

秋宗康子，〈禪昌寺舊藏《南禪寺一切經》墨書奧書について〉（《兵庫縣の歷史》第二十四號），一九八八年。
石井正敏，〈成尋——一見するための百聞に努めた入宋僧〉（元木泰雄編，《古代の人物》六），清文堂出版，二〇〇五年。
伊藤幸司，〈中世日本の港町と禪宗の展開〉（歷史學研究會編，《シリーズ港町の世界史三，港町に生きる》），青木書店，二〇〇六年。

上田純一，《九州中世禪宗史の研究》，文獻出版，二〇〇〇年。
榎本涉，〈榮西入唐緣起からみた博多〉（五味文彥編《中世都市研究》十一），二〇〇五年。
榎本涉，〈板渡の墨蹟から見た日宋交流〉（《東京大學日本史學研究室紀要》十二號），二〇〇八年。
大久保良峻，〈異境へ——出帆と受法〉（大久保良峻編，《日本の名僧三，山家の大師最澄》），吉川弘文館，二〇〇四年。
岡村圭真，〈惠果阿闍梨との出逢い〉（和田秀乘、高木訷元編，《日本名僧論集第三卷，空海》），吉川弘文館，一九八二年。
小野勝年，《入唐求法行歷の研究》上、下冊，法藏館，一九八二—八三年。
梶浦晉，〈日本現存の宋元版大藏經——剛中玄柔將來本と西大寺藏磧砂版を中心に〉（《金澤文庫研究》二九七號），一九九六年。
川添昭二，〈鎌倉末期の對外關係と博多——新安沉沒船木簡、東福寺、承天寺〉（大隈和雄編，《鎌倉時代文化傳播の研究》），吉川弘文館，一九九三年。
川添昭二，〈博多圓覺寺の開創、展開——對外關係と地域文化の形成〉（《市史研究ふくおか》創刊號），二〇〇六年。

神田喜一郎，《東洋文獻叢說》，二玄社，一九六九年。

桂華淳祥編，〈金元代石刻史料集——靈巖寺碑刻〉（《大谷大學真宗總合研究所紀要》二十三號），二〇〇六年。

佐伯有清，《高丘親王入唐記》，吉川弘文館，二〇〇二年。

佐伯弘次，《日本の中世九，モンゴル襲來の衝擊》，中央公論社，二〇〇三年

佐久間龍，〈戒師招請をめぐる問題〉（速水侑編，《論集日本佛教史二，奈良時代》），雄山閣出版，一九八六年。

佐藤秀孝，〈入元僧古源邵元の軌跡〉（《駒澤大學佛教學部研究紀要》六十號），二〇〇二年。

白石虎月，《東福寺誌》，思文閣出版，一九七九年。

高木訷元，〈唐僧義空をめぐる諸問題〉（《高木訷元著作集》第四卷），法藏館，一九九〇年。

田中健夫編，《善鄰國寶記、新訂續善鄰國寶記》，集英社，一九九五年。

玉村竹二、井上禪定，《圓覺寺史》，春秋社，一九六四年。

玉村竹二，《日本禪宗史論集》上、下之一，思文閣出版，一九七六—七九。

竺沙雅章，〈宋元版大藏經について〉（《杏雨》七號），二〇〇四年。

塚本善隆，《塚本善隆著作集》第六、七卷，大東出版社，一九七四—七五年。
辻善之助，《海外交通史話》，內外書籍，一九三〇年。
中尾良信，〈榮西に於ける宋朝禪の受容〉（《駒澤大學佛教學部論集》十一號），一九八〇年。
西尾賢隆，《中世の日中交流と禪宗》，吉川弘文館，一九九九年。
西尾賢隆，〈板渡の墨蹟〉（《禪文化研究所紀要》二十六號），二〇〇二年。
西尾賢隆，《中國近世における國家と禪宗》，思文閣出版，二〇〇六年。
西尾賢隆，〈山內一豐と南化玄興〉（《日本歷史》七一二號），二〇〇七年。
西岡虎之助，《西岡虎之助著作集》第三卷，三一書房，一九八四年。
橋本雄，〈中國の師から日本の弟子へ——大宰府崇福寺圓爾宛無準師範尺牘寫〉（《東風西聲》三號），二〇〇七年。
廣渡正利編，《博多承天寺史（補遺）》，文獻出版，一九九〇年。
藤善真澄，《參天台五台山記の研究》，關西大學東西學術研究所，二〇〇六年。
牧田諦亮，《策彥入明記の研究》，法藏館，一九五五—五九年。
村井章介，〈寺社造營料唐船を見直す——貿易、文化交流、沉船〉（《シリーズ港町の世界史一，港町と海域世界》），青木書店，二〇〇五年。

村井章介，〈大智は新安沉船の乘客か〉（《日本歷史》六九四號），二〇〇六年。
森克己，《森克己著作選集二，日宋貿易の研究》，國書刊行會，一九七五年。
羅常培、蔡美彪編，《八思巴字與元代漢語》，北京：中國社會科學出版社，二〇〇四年。

【第五章】 肥田路美

石松日奈子，《北魏佛教造像史の研究》，ブリュッケ，二〇〇五年。
稲本泰生，〈小南海中窟と僧稠禪師——北齊石窟研究序說〉（《北朝隋唐中國佛教思想史》，法藏館，二〇〇〇年）。
岩井共二，〈中國南北朝時代における如來像の中國式服制出現に關する試論——三教交渉を軸として〉（宮治昭先生獻呈論文集編集委員會編，《汎アジアの佛教美術》），中央公論美術出版，二〇〇七年。
岡田健，石松日奈子，〈中國南北朝時代如來像の著衣形式の研究〉上、下（《美術研究》三五六、三五七號），一九九三年。
岡田健，〈龍門石窟への足跡——岡倉天心と大村西崖〉（東京國立文化財研究所，《今、日本の美術史學をふりかえる》），平凡社，一九九九年。

岡田健，〈中國陝西省北宋時代石窟造像の調查研究——子長縣鍾山石窟を中心として〉（《平成十三年度—十五年度科學研究費補助金研究成果報告書》），二〇〇四年。
小野勝年，〈新昌、石城寺とその彌勒像——江南巨大石佛の史的遍歷〉（《佛教藝術》一六三號），每日新聞社，一九八五年。
金子典正，〈中國佛教初傳期に於ける佛像受容の時態に關する一考察——佛像付搖錢樹の視座から〉（《美術史》一六〇號），美術史學會，二〇〇六年。
金子典正，〈三國—西晉時代の神亭壺にみる佛像と成立の背景〉（《佛教藝術》二九七號），每日新聞，二〇〇八年。
鎌田茂雄，《中國佛教史，第一卷，初傳期の佛教》，東京大學出版會，一九八二年
川本芳昭，《中國の歷史五，中華の崩壞と擴大（魏晉南北朝）》，講談社，二〇〇五年。
金文京，《中國の歷史四，三國志の世界（後漢三國時代）》，講談社，二〇〇五年。
久野美樹，《中國の佛教美術——後漢代から元代まで》，東信堂，一九九九年。
氣賀澤保規，〈四川樂山凌雲寺大佛の歷史と現狀——世界第一の石佛〉（《佛教藝術》一七九號），每日新聞社，一九八八年。
氣賀澤保規，〈扶風法門寺の歷史と現狀——佛舍利の來た寺〉（《佛教藝術》一七九

號），每日新聞社，一九八八年。
小泉惠英，〈南北朝時代の佛教美術〉（東京國立博物館《中國國寶展》圖錄），朝日新聞社，二〇〇〇年。
小杉一雄，〈裳懸座考〉（《佛教藝術》五號），一九四九年。
小杉一雄，《中國佛教美術史の研究》，新樹社，一九八〇年。
小杉一雄，《中國美術史——日本美術の源流》，南雲堂，一九八六年。
佐佐木功成，〈仁壽舍利塔考〉（《龍谷大學論叢》二八三），一九二八年。
曾布川寬，《中國美術の圖像と樣式》，中央公論美術出版，二〇〇六年。
塚本善隆，《中國佛教通史》第一卷，鈴木學術財團，一九六八年。
常盤大定，《支那佛教の研究，第一》，名著普及會，一九七九年（初版一九三八年）。
友田真理，〈中國初期佛塔における露盤の存在意義について〉（《奈良美術研究》七號），早稻田大學奈良美術研究所，二〇〇八年。
長岡龍作，〈佛像の意味と上代の世界觀——內と外の意識を中心に〉（《講座日本美術史第三卷，圖像の意味》），東京大學出版會，二〇〇五年。
肥田路美，〈張僧繇の畫業と傳說——特に唐時代における評述のあり方をめぐって〉（《東洋美術史論叢》），雄山閣，一九九九年。

肥田路美，〈變と雲——大構圖變相圖における意味と機能をめぐって〉（《早稲田大學大學院文學研究科紀要》四十五輯第三分冊），二〇〇〇年。

肥田路美，〈佛蹟仰慕と玄奘三藏の將來佛像——七軀の釋迦像の意味をめぐって〉（《早稲田大學大學院文學研究科紀要》四十八輯第三分冊），二〇〇三年

肥田路美，〈佛教磨崖造像からみた四川地域〉（早稲田大學アジア地域文化エンハンシング研究センター編，《アジア地域文化學の構築》），雄山閣，二〇〇六年。

肥田路美，〈龍門奉先寺洞の盧舍那佛像〉（《佛教藝術》二九五號），毎日新聞，二〇〇七年。

肥田路美（早稲田大學奈良美術研究所編），《佛教美術からみた四川地域》，二〇〇七年。

水野清一，《中國の佛教美術》，平凡社，一九六八年。

宮治昭，〈佛像の起源に關する近年の研究狀況について〉（《大和文華》九十八號），大和文華館，一九九七年。

村田治郎，《中國建築史叢考》（《村田治郎著作集三，佛寺、佛塔編》），中央公論美術出版，一九八八年。

八木春生，《中國佛教美術と漢民族化——北魏時代後期を中心として》，法藏館，二

〇〇四年。
吉村怜，《天人誕生圖の研究——東アジア佛教美術史論集》，東方書店，一九九九年。
榮新江主編，《唐代宗教信仰與社會》，上海：上海辭書出版社，二〇〇三年。
金申，《佛教美術叢考》，北京：科學出版社，二〇〇四年。
宿白，〈中國石窟寺考古〉（《中國大百科全書‧考古學》），北京：中國大百科全書出版社，一九八六年。
宿白，《中國石窟寺研究》，北京：文物出版社，一九九六年。
李玉珉，〈寶山大住聖窟初探〉（《故宮學術季刊》第十六卷第二期），一九九八年。
重慶大足石刻藝術博物館、重慶市社會科學院大足石刻藝術研究所編，《大足石刻銘文錄》，重慶：重慶出版社，一九九九年。
南京博物院、龍谷大學等編，《佛教初傳南方之路文物圖錄》，北京：文物出版社，一九九三年。

【第六章】　陳繼東

足羽與志子，〈中國南部における佛教復興の動態——國家、社會、トランスナショナリズム〉（菱田雅晴編，《現代中國の構造變動五，社會—國家との共棲關係》），東京大學出版會，二〇〇〇年。

足羽與志子，〈「宗教」の成立と民族——スリランカと中國の近代佛教改革者にみるコスモポリタニズムのゆくえ〉（黑田悅子編，《民族の運動と指導者たち——歴史のなかのひとびと》），山川出版社，二〇〇二年。

小竹文夫，〈現代中國の宗教政策〉（塚本博士頌壽紀念刊行會，《塚本博士頌壽紀念佛教史學論集》），一九六一年。

末木文美士，曹章祺，《現代中國の佛教》，平河出版社，一九九六年。

陳繼東，〈清初試經制廢止考〉（木村清孝博士還曆紀念會編，《東アジアの佛教——その成立と展開》），春秋社，二〇〇二年。

陳繼東，《清末佛教の研究——楊文會を中心として》，山喜房佛書林，二〇〇三年。

塚本善隆，《塚本善隆著作集五，中國近世佛教史の諸問題》，大東出版社，一九七五年。

王達傳（David. L. Wank），〈佛教復興の政治學——競和する機構と正當性〉（菱田雅晴編，《現代中國の構造變動五，社會—國家との共棲關係》），東京大學出版會，二〇〇〇年。

Pittman, Don A., *Toward a Modern Chinese Buddhism: Taixu's Reforms*, University of Hawaii

Press, 2001.

專欄一　小島毅

荒木見悟，《佛教と儒教》，平樂寺書店，一九六三年。
小島毅，《宋學の形成と展開》，創文社，一九九九年。
島田虔次，《朱子學と陽明學》，岩波新書，一九六七年。
武內義雄，《支那思想史》，岩波書店，一九三六年。
土田健次郎，《道學の形成》，創文社，二〇〇二年。

專欄二　馬淵昌也

荒木見悟，《佛教と陽明學》（レグルス文庫），第三文明社，一九七九年。
荒木見悟，《佛教と儒教》（新版），研文出版，一九九三年。

專欄三　程正

鎌田茂雄，《中國四大名山の旅》，佼成出版社，一九八七年。
秦孟瀟主編，丘茂譯，《中國佛教四大名山圖鑑》，柏書房，一九九一年。

白化文，《寺院與僧人》，河南：大象出版社，一九九七年。
工藤元男編著，《中國世界遺產の旅，第三卷，四川、雲南、チベット》，講談社，二〇〇五年。

專欄四　磯部祐子

澤田瑞穗，《增補寶卷の研究》，圖書刊行會，一九七五年。
磯部祐子，〈浙江における灘簧系演劇の再興〉（《富山大學人文學部紀要》第四十五號），二〇〇六年。
周作人，〈劉香女〉（張明高、範橋編，《周作人散文》），北京：中國廣播電視出版社，一九九二年。
程寅錫，〈吳門新樂府‧聽宣卷〉（清‧張應昌，《清詩鐸》下），中華書局，一九六〇年。

專欄五　張文良

張琪，《當代中國佛教史綱要》（《研究動態》第六號，總第五十號），一九九八年。
趙樸初，《趙樸初文集》上、下冊，北京：華文出版社，二〇〇七年。

專欄六　邢東風

鎌田茂雄，《新中國佛教史》，大東出版社，二〇〇一年。

牧田諦亮，〈民眾の佛教——宋から現代まで〉（中村元、笠原一男等編《アジア佛教史，中國編II》），佼成出版社，一九七六年。

釋東初，《中國佛教近代史》，台北：東初出版社，一九七四年。

潘桂明，《中國居士佛教史》上、下冊，北京：中國社會科學出版社，二〇〇〇年。

索引

編錄重要相關人物、寺院、文獻等項目。

一畫

二畫

三畫

四畫

五畫

六畫

七畫

八畫

九畫

十畫

十一畫

十二畫

十三畫

十四畫

十五畫

十六畫

十七畫

十八畫

十九畫

二十畫

二十一畫

二十二畫

二十三畫

二十四畫

二十五畫

作者簡介

土田健次郎

一九四九年生於東京都，早稻田大學第一文學部畢業，同大學院文學研究科博士課程學分取得中退。博士（文學）。早稻田大學文學學術院教授。專門領域為中國宋代思想、日本江戶時代思想。著作包括：《道學の形成》、《近世儒學研究の方法と課題》（編著）、《聖教要錄、配所殘筆》（譯作），以及論文〈朱子學と禪〉、〈三教　への道——中國近世における心の思想〉等。

野口善敬

一九五四年生於福岡縣，九州大學文學部哲學科（中國哲學史）畢業，同大學院文學研究科博士課程中退。博士（文學）。花園大學文學部佛教學科教授（特聘），臨濟宗妙心寺派長性寺住持。專門領域為中國近世禪宗思想史、臨濟宗學。著作包括：《元代禪宗史研究》、《訳注・清初僧諍記》、《東沢瀉》、《ナムカラタンノーの世界》等。

陳繼東

一九六三年生於中國安徽省，北京大學哲學系畢業，北京大學哲學系中國哲學研究所碩士，東京大學大學院人文社會系研究科博士課程學分取得滿期中退。博士（文學）。曾任北京大學哲學系專任講師、武藏野大學人間關係學部副教授，現任青山學院大學國際政治經濟學部教授。專門領域為中國佛教史、日中佛教交流、中國近代思想史。著作有《清末佛教の研究》，主要論文有〈近代佛教の夜明け——清末、明治佛教界の交流〉、〈哲學と宗教の狹間——近代中國思想における佛教の位置〉等。

西尾賢隆

一九四二年生於石川縣，花園大學佛教學部畢業，大谷大學大學院博士課程學分取得。現任花園大學特聘教授，博士（文學）。專門領域為中國佛教史、日中交流史。主要著作有《中世の日中交流と禪宗》、《中國近世における國家と禪宗》等。

肥田路美

一九五五年生於東京都，早稻田大學第一文學部美術史專修畢業，同大學院文學研究科博士課程學分取得中退。博士（文學）。早稻田大學文學學術院教授。專門領域為中國美術史、佛教美術史。主要編著有《佛教美術からみた四川地域》、《中國四川唐代摩崖造像——蒲江、邛崍地　調查研究報告》、《淨瑠璃寺と南山城の寺》及多篇論文。

小島毅

一九六二年生，東京大學大學院人文科學研究科碩士課程修了。東京大學人文社會系研究科副教授。專門領域為儒教史、東亞王權理論、文部科學省科學研究費輔助金特定領域研究「東アジアの海域交流と日本伝統文化の形成」（二〇〇五—〇九年度）擔任計畫總主持人。著作有《中國近世における礼の言說》、《宋學の形成と展開》、《東アジアの儒教と礼》、《義經の東アジア》、《海からみた歷史と伝統》、《中國の歷史07．中國思想と宗教の奔流》、《近代日本の陽明學》、《靖國史觀》、《足利義滿　消された日本國王》等。

馬淵昌也

一九五七年生，東京大學大學院中國哲學專門課程（博士）、駒澤大學大學院佛教學專攻（博士後期）課程學分取得中退。文學碩士、碩士（佛教學）。現任學習院大學外國語教育研究中心教授。專門領域為中國中、近世知識人思想史（隋唐佛教、宋明儒學）。

主要論文有〈劉宗周から陳確へ——明代儒教から清代儒教への轉換の一側面〉、〈清涼澄觀の安國批判をめぐって——初發心成佛と一生有望〉等。

程正

一九七一年生於上海市，駒澤大學佛教學部禪學科畢業，同大學院人文科學研究科佛教學專攻博士後期課程修了。博士（佛教學）。駒澤大學佛教學部禪學科副教授。專門領域為中國禪宗史。主要著作及論文有《禪學研究入門〔第二版〕》（合著）、〈淨覺——その人と思想〉、〈俄藏敦煌文獻中に發現される禪籍について〉、〈唐代社會における《般若心經》の位置づけ〉等。

磯部祐子

一九五五年生於宮城縣，東北大學大學院文學研究科博士課程學分取得中退。富山大學人文學部教授。專門領域為中國文學。主要著作有《中國地方劇初探》（合著）、《北方の河》（翻譯、解說），主要論文有〈中國民間演劇の再燃〉等論文、共同著作多部。

張文良

一九六六年生於中國河北省，中國人民大學哲學系畢業，東京大學人文社會系研究科博士課程修了。博士（文學）。中國佛教文化研究所研究員、中國人民大學哲學院副教授。專門領域為中國佛教史、中國華嚴思想史。著作有《澄觀華嚴思想研究》，另有論文、共同著作、譯文等著作豐富。

邢東風

一九五九年生於中國北京市，北京師範大學哲學系畢業，中國人民大學研究所中國哲學史研究科博士課程修畢。博士（哲學）。中國人民大學哲學系副教授、愛媛大學法文學部人文學科教授。專門領域為中國思想史、中國禪宗史。主要著作有《禪悟之道——南宗禪學研究》、《禪宗與禪學熱》、《神會語錄》、《馬祖語錄》，另有論文、共同著作、譯文等著作豐富。

國家圖書館出版品預行編目資料

中國文化中的佛教：中國Ⅲ 宋元明清 / 沖本克己,
菅野博史編輯；辛如意譯. -- 初版. -- 臺北市：
法鼓文化, 2015.04
面； 公分
ISBN 978-957-598-669-8（平裝）

1.佛教史 2.文集 3.中國

228.207 104004490

新亞洲佛教史 08

中國文化中的佛教 —— 中國Ⅲ　宋元明清

中国文化としての仏教 —— 中国Ⅲ　宋元明清

編輯委員	沖本克己
編輯協力	菅野博史
譯者	辛如意
中文版總主編	釋果鏡
中文版編輯顧問	釋惠敏、于君方、林鎮國、木村清孝、末木文美士
中文版編輯委員	釋果鏡、釋果暉、藍吉富、蔡耀明、廖肇亨、陳繼東、陳英善、陳一標
出版	法鼓文化
封面設計	化外設計
內頁美編	小工
地址	臺北市北投區公館路186號5樓
電話	(02)2893-4646
傳真	(02)2896-0731
網址	http://www.ddc.com.tw
E-mail	market@ddc.com.tw
讀者服務專線	(02)2896-1600
初版一刷	2015年4月
初版三刷	2022年12月
建議售價	新臺幣520元
郵撥帳號	50013371
戶名	財團法人法鼓山文教基金會一法鼓文化
北美經銷處	紐約東初禪寺 Chan Meditation Center (New York, USA) Tel: (718)592-6593 E-mail: chancenter@gmail.com

A New History of Buddhism in Asia – Vol. 8：China III, Song, Yuan, Ming and Qing Dynasties：Buddhism in the Context of Chinese Culture